입양은 평생의 과정이다

입양 성공의 요건

입양 성공의 요건

초판 1쇄 인쇄 2013년 8월 26일
초판 1쇄 발행 2013년 9월 6일

지은이 배태순 | **펴낸이** 박재규 | **펴낸곳** 경남대학교 출판부

주소 경남 창원시 마산합포구 경남대학로7(월영동) | **전화** 055) 249-2074 | **팩스** 0505) 999-2115
전자우편 ko10@kyungnam.ac.kr

값 17,000원 | **ISBN** 978-89-8421-353-1-93330

입양은 평생의 과정이다

입양 성공의 요건

배태순 지음

경남대학교출판부

글을 시작하며

본인이 입양과 처음 인연을 맺게 된 것은 이화여자대학교 재학 시에, 서울의 홀트아동복지회에 실습을 나가게 된 때이다. 그 이후 미국 미시건대학교University of Michigan 사회복지대학원 재학 시에 미시건주정부의 사회복지부 아동복지과 국제입양프로그램Intercountry Adoption Program에 실습이 배정되면서 입양에 더 깊은 관심을 갖게 되었다고 하겠다. 곧이어 대학원 졸업 후에 실습 받은 위 기관의 주정부 전문사회복지사로 발령받은 후는 본격적인 입양과의 인연이 시작되었다고 하겠다.

입양전문인으로 위 기관에서 3년여의 기간 동안 입양아동들의 복지를 위해 입양가족들과 일을 했지만, 솔직히 지금 본 저서를 마감 짓는 이 시점만큼 그 때는 입양아동의 상실감과 그들의 뼈에 사무치는 뿌리에 대한 욕구를 충분히 이해해 주지는 못했던 것 같다. 그 당시의 입양아동들에게 더 깊은 공감적인 이해를 해주지 못한 미안함과 아쉬운 마음을 가지면서, 지금은 다들 어떻게 성장하여 자신들의 삶을 잘 이끌고 있는지 궁금하다.

본인이 지금까지의 연구를 통해 입양아동들이 느끼는 그들의 친생부모 상실에 대한 고통을 보면서, 아마도 한 인간이 태어나서 가장 슬픈 사건은 자신에게 생명을 준 친생부모에 의해 성장되지 못한다는 것이 아닐까하는 생각이 든다.

우리가 중장년이 다 되어서 부모상을 당하여도, 고아가 된 슬픔을 뼈저리게 느끼게 된다. 하물며 어린 입양된 아동들은 친생부모를 상실한 슬픔의 고통에 더하여, 자신이 얼마나 끔찍했으면 그들이 나를 버렸을까하는 유기된 느낌과 죄책감도 동시에 가지게 된다고 하니 그 고통의 무게가 얼마나 크겠는가. 그러므로 입양부모는 입양아동의 탄생과 관련된 그의 과거에 대해, 아동과 어려서부터 얘기가 되어야만 한다. 이렇게 함으로써 아동은 자신의 출생에 대해 알게 되고, 입양된 것은 자신의 잘못이 아니라는 점도 알게 된다. 그러나 이러한 입양얘기가 소통되지 못하면, 아동은 자신에 대한 혼란으로 인해 정서적인 안정감을 갖지 못하게 되고, 자신이 누구인가에 대한 정체감 형성이 어렵게 된다.

우리 인간들의 모든 고통은 상실감에서 발생한다고 한다. 그 상실이 인간적인 관계의 상실이나 물질적인 상실이던지 간에. 그러나 우리가 주목하여야 할 점은, 입양아동이 친생부모와 헤어진 것에 대해 느끼는 상실loss은 일반적인 상실과 그 특성이 다르다는 점이다. 즉 마감closure이 없는 상실이라는 것이다. 그러므로, 입양아동을 위해서는, 그의 탄생 때부터 입양되기까지의 얘기는 반드시 입양부모와 함께 공유되어야만 한다 하겠다. 즉 입양아동의 탄생과 그의 친생부모에 관한 얘기가 입양부모와 함께 자유로이 소통되지 않는다면, 입양아동의 복지는 실현되지 못하며, 진정한 입양의 성공은 요원하다 하겠다.

입양의 성공은 입양부모가 입양아동의 친생부모 상실에 기인된 본질적인 고통을 깊이 이해하는 것이며, 이 고통을 사랑으로 함께 공유해 나가는 것이라 하겠다: 즉, 입양부모가 친생부모의 상실에 대한 입양아동의 고통을 얼마나 더 깊이 깨닫는가의 여부에 따라, 아동의 친생부모와 다시 연결되고 싶은 그의 욕구를 더 잘 이해할 수 있게 되고, 아동의 탄생과 친생부모에 대한 정보를 수집하여 아동과 함께 공유하게 되며, 가능하면 친생부모와 접촉하여 그 접촉을 계속 유지할 수 있게 되는 것이다.

(이것이 완전개방입양이다.)

미국의 입양아동들 중에서, 친생부모와 직접적으로 접촉하면서 성장하는 입양아동들이, 접촉이 없거나 간접적으로 접촉하는 입양아동들에 비해, 자기가치감이 훨씬 더 높고 더 행복하다는 연구결과들은 바로 이런 이유에서인 것이다. 그러므로 성공적인 입양을 원하는 입양부모는 입양아동의 친생부모상실에 대한 크나큰 고통을 깊이 이해하며, 이러한 마감이 없는 상실에 그가 잘 대처하도록 돕는 방법으로서, 아동의 탄생시점부터 그의 과거에 대해 얘기해 주는 얘기하기의 태도와 기술을 먼저 터득하여야 한다는 것이다. 이렇게 하면서 입양아동의 생애 책life-book을 함께 만들어 나간다면, 이 책은 또한 입양아동의 상실에 대한 삶의 큰 위안이 될 것이다.

끝으로, 본 연구자의 연구를 위해 참여한 국내와 미국의 입양부모님들께 다시금 감사드리는 바이다. 또한 연구자료수집을 위해 국내 입양부모님들과 연결될 수 있도록 도와주신 국내 입양기관의 입양담당선생님들께도 심심한 감사의 말씀을 드린다. 본 저서 후반부에 워드작업을 도운 제자 이지은 조교에게도 고마운 마음을 전한다.

본 연구는 경남대학교 학술연구비지원으로 연구되었으며, 경남대학교 언론출판국 김미숙님의 노고에도 감사드린다.

2013년 7월 배태순

| 차례 |

제3장 성공적인 입양의 요건: 입양아동의 과거와의 연결에 대한 욕구의 이해

제4장 성공적인 입양의 요건: 불임입양부모의 불임에 기인된 친자녀 상실에 대한 갈등 및 해결

제5장 성공적인 입양의 요건: 입양아동의 과거와의 재연결의 욕구와 입양부모의 심리적 갈등의 융화

제6장 국내 입양 파양 사례 연구

제7장 성공적인 입양 사례: 한 해외입양아海外入養兒, 케이티Katie의 경우

제8장 국내 입양의 실무와 미국 입양의 실무는 어떠한가

제9장 성공적인 입양을 위한 입양부모의 과업: 입양 전前의 과업

제10장 성공적인 입양을 위한 입양부모의 과업: 입양 후後의 과업

제11장 입양아동의 정체감 형성과 입양부모의 역할

제12장 입양부모의 입양에 대해 이야기하기의 과업

제13장 결론 및 권고사항

부록 1 참고논문:

부록 2 참고칼럼:

부록 3 기타:

제 1 장

현대 사회에서의 입양入養

1 _ 입양의 의미

2 _ 입양은 어떻게 이루어지나?

제 1 장: 현대사회에서의 입양入養

1 _ 입양의 의미

입양은 아동복지적인 관점에서 한 아동이 그의 친부모에 의해 양육되는 것이 영구적으로 불가능한 경우에(혼외출산, 미혼모에 의한 출산, 혹은 친부모의 사망이나 이혼 및 경제적 빈곤 등의 사유로 인해) 사회가 아동을 양육보호해 줄 수 있는 다른 영구적인 가정을 제공해 주는 사업을 뜻한다. 이 처럼 아동을 위해 친부모 가정을 대신하는 영구적permanent 가정이 입양가정adoptive home이며, 이것은 사회의 보호형태로서 아동에게 제공되는 아동복지사업이다. 입양아동의 관점에서 보면 입양은 한 아동이 자신이 태어난 친 가정親家庭, birth family을 떠나서 친 가정이 아닌 다른 가정의 자녀가 되는 것을 말한다 하겠다.

2 _ 입양은 어떻게 이루어지나?

한 아동의 복지에 대한 사회적인 책임: 입양은 사회의 책임이다

현대 민주사회에서의 입양은 아동의 복지실현을 위한 아동복지의 중요한 한 실천방법으로서 수행되어지고 있으며, 이것은 변화된 가족의 구조와 밀접히 관련된다 하겠다.

가족구조의 변화

현대 산업사회에서 가족의 구조는 산업사회 이전의 (확)대가족extended family체계에서 핵가족nuclear family체계로 바뀌게 되었다. 이것은 아동의 복지적인 측면과 관련하여 본다면, 아동의 복지가 위험에 처할 확률이 증가되었다고 할 수 있는 것이다. 그 이유는 산업사회가 되기 이전에는 부모가 사망이나 질환 등으로 인해 자녀에 대해 부모역할을 할 수 없게 되었을 때, 이웃이나 친척(대가족)이 그 역할을 대신 수행해 줄 수 있는 자연적인 보호망이 존재했었기 때문이다. 따라서 아동에 대한 그 지역사회내內의 상호부조가 존재함으로 해서 아동들은 버려지거나 유기될 위험이 적었던 것이다.[1]

그러나 현대 산업사회에서의 핵가족을 지향하는 가족구조의 변화는, 인구의 도시집중과 더불어 (확)대가족내內의 형제 및 친척들에 대한 상호지원의 의무감을 약화시켜 왔다. 사회적으로도 개인의 핵가족에 대한 책임과 의무감이 대가족에 대한 의무감보다 우선적인 것으로서 널리 수용이 되고 있다.

이러한 현대 사회에서의 가족구조의 핵가족화는 아동의 복지적인 관점으로 볼 때에는 아동복지의 문제가 될 수 있다. 즉 핵가족의 부모가 사망이나 질환, 혹은 이혼 등의 이유로 아동을 양육하고 보호할 수 없게 되는 경우에, 아동을 대신 양육보호할 수 있는 대가족체계의 자연적 보호망이 더 이상 굳건하게 존재하지 않는다는 것을 뜻하기 때문이다.[2]

따라서 현대 산업사회에서의 아동복지의 위험은 아동들이 그들의 기본적인 생존의 욕구와 성장·발달의 욕구를 충족하기 위해서는 오로지 그들의 부父나 모母에게만 의존하여야 한다는 사실이다. 이것은 아동의 친부모가 사망·질환·수감·가출 등의 이유로 인해 아동을 직접 양육보호할 수 없는 경우에, 아동을 대신 양육보호할 수

---

1. 배태순, "산업사회의 兒童福祉를 위한 가정과 地域社會의 역할", 대학원논총, 제 7집, 경남대학교 대학원, 1992, pp.97-114.

2. Kadushin, Alfred. *Child Welfare Services*. 3rd ed. New York: Columbia University Press, 1980.

있는 산업사회 이전의 이웃과 확대가족이 더 이상 존재하지 않는다는 것을 뜻하기 때문이다.[3]

그렇다면 누가 이들 아동들을 양육보호할 수 있는 것인가를 고찰해 보면 다음과 같겠다.

모든 아동은 영구적 가정permanent home이 필요하다

아동의 복지는 아동의 생존·보호·성장발달에 필수적으로 요구되는 물질적 자원과 정서적 자원이 성인成人에 의해 제공될 때에 비로소 실현된다 하겠다. 즉 아동의 건전한 신체적 및 정신적 성장·발달을 위해서는, 생존survival에 필요한 의衣·식食·주住와 의료서비스가 아동에게 제공되어야 할 뿐만 아니라, 아동의 각 발달적 단계의 성장에 따른 그의 능력을 확인하고 인정해 주는 정서적 지원도 반드시 필요하게 된다는 것이다.[4]

가정은 바로 아동에게 이러한 지원을 제공해줄 수 있음으로 해서 아동의 복지를 실현시키는 근원적 요소가 된다 하겠다. 즉 아동은 자신에게 끊임없는 애정과 관심을 가지는 성인과의 지속적인 관계를 통해서야 비로소 정서적 안정에 기초를 둔 사회적·정신적·지적 성장발달을 꾀할 수 있게 되는데, 가정은 이러한 인적人的 자원인 부父·모母를 제공해주는 기능을 가지고 있으며, 이런 연유로 모든 아동은 영구적 가정을 필요로 하게 되는 것이다.[5]

그러나 아동의 친부모가 사망하여 아동을 양육보호할 수 없게 되거나, 혹은 아동이 혼외婚外 출산이나 미혼모未婚母에 의한 출산, 친부모의 이혼이나 경제적 빈곤 등으로 인해 친부모가 아동의 양육을 포기하는 경우에, 아동은 친부모 가정을 영구적으로 잃게 되므로 자신을 키워주고 사랑해 줄 수 있는 다른 영구적 가정을 찾지 않

---

3. Ibid.
4. 배태순, 전게서, 1992.
5. Kadushin, op. cit., 1980.

으면 안되게 된다.

이 경우에 사회 및 정부는 친부모를 대신해서 아동을 양육보호할 다른 가정을 아동에게 찾아줄 의무와 책임이 있게 되는 것이다. 이것은 현대의 민주사회에서는 그 사회의 모든 아동에 대해 궁극적으로 부모적인 책임을 지고 있기 때문이다.[6]

이렇게 친부모가 일시적이 아닌 영구적으로 아동과 헤어져 아동을 양육보호 할 수 없게 되는 경우에, 이 아동의 복지를 위한 최선책은 친부모 가정을 대신하여 아동을(일시적인 보호가 아닌) 영구적으로 양육보호할 수 있는 영구적 가정을 갖게 해 주는 것이다. (위탁가정foster family은 영구성permenet 없이 일시적으로 보호하는 것이다.)

입양가정은 바로 이러한 경우에 친부모 가정을 대리substitute하는 영구적인 가정으로서 아동에게 제공되는 것이다. 이때에 아동의 입양과 관련된 제반 아동복지 서비스를 입양서비스adoption services라고 부르며, 입양과 관련된 전반적인 사회복지 실천실무를 입양실무adoption practice라 부른다.

입양기관adoption agency은 사회적 책임을 수행하는 공공기관이다

입양은 사회가 가정이 없는 아동에게 친부모를 대신하여 아동을 키워 줄 영구적인 대리代理부모를 찾아주는 아동복지사업인 것이다. 즉 입양은 아동에게 친부모를 대신하여 지속적인 애정과 관심을 가지고 아동을 보호양육해 줄 수 있는 부모적인 책임을 지는 성인을 제공해 주는 사업이라 할 수 있다. 그리고 이러한 성인이 곧 입양부모인 것이다.

그러므로 입양은 아동이 친부모와 일시적인 아닌 영구적으로 헤어져 자신이 성장할 영구가정permanent homes이 없는 경우에, 사회가 이 아동을 위해 영구가정을 제공해 주는 아동이 중심이 되는 아동복지사업인 것이다.[7]

---

6. Ibid.

아동복지기관은 이러한 아동에 대한 사회의 책임과 역할을 대행代行하는 공공公共 사회복지기관이며, 아동의 복지에 대한 사회의 관심과 염려는 입양기관과 같은 아동복지기관을 통해서 표현된다 하겠다.

그러므로 입양사업은 사회적인 책임으로서 공공아동복지기관public child welfare agency인 입양기관adoption agency의 주관 하에 제공되어 지는 것이며, 정부의 지원이 요구되는 것이다.[8]

입양의 절차

입양신청과 가정조사home study

입양가정이 되기를 희망하는 우리 사회의 일반 가정은 일단 지역사회내에 존재하는 아동복지기관인 입양기관을 찾아가서 그들이 입양부모가 되기를 원한다는 의사를 표명하여야 한다. 그리고 그곳에서 제공하는 일정한 양식의 입양신청서를 작성하여 제출함으로써 입양신청을 하게 된다.

일단 입양신청을 받은 입양기관은 입양을 신청한 가정에 대하여 그들이 입양가정으로서의 자격이 있는 지의 여부를 판단하여야 하는 책임을 지게 된다. 즉, 입양을 신청한 가정이 입양될 아동의 성장과 발달에 필수적으로 요구되는 물질적 지원과 정서적 지원을 아동에게 적절히 제공해 줄 수 있는가의 여부를 입양기관이 판단하게 된다는 것이다. 이러한 판단은 가정조사home study를 통해 이루어지며, 가정조사는 입양을 담당한 사회복지사social worker와의 면담과 가정방문 등을 통하여 이루어지게 된다.

입양은 한 아동의 운명을 좌우하는 중대한 결정을 요하는 것이니 만큼, 그 신중성

---

7. Laird, Joan and Hartman, Ann (eds.), *A Handbook of Child Welfare: Content, Knowledge, and Practice*. New York: Free Press, 1985.

8. Ibid.

이 무엇보다도 절실히 요구되는 사업이라 하겠다. 따라서 가정조사의 중요성은 지대하다 할 수 있을 것이다 (이런 연유로, 미국에서는 입양을 다루는 사회복지사의 자격요건으로서, 반드시 사회복지(사회사업)대학원을 졸업한 석사학위소지자인 전문가에게만 그 자격을 국한 시키고 있다.)

입양을 위한 가정조사는 입양을 희망하는 가정은 반드시 거쳐야만 되는 절차로서, 입양담당 사회복지사와 보통 3회~5회 정도의 면담과 2회 정도의 가정방문을 통해 이루어진다. 가정조사의 주요 핵심은 입양을 원하는 가정이 입양될 아동의 안전과 복지를 보장할 수 있는 가의 여부를 판단하는 것이며, 이것에 대한 확신이 가능한 가정만이 입양가정으로서 승인될 수 있다.

즉 입양아동의 신체적 및 지적·정서적 성장발달에 필요한 애정과 관심을 아동에게 충분히 제공해 줄 수 있다는 확신이 서는 가정만이 입양가정으로서의 자격이 주어진다는 것이다. 이것은 만약 아동이 입양된 후에 그 입양가정에서 신체적인 학대나 정신적인 학대가 발생한다면, 입양아동의 복지와 미래를 위협하는 위험한 경우로서 아동의 성장과 발달에 지대한 악영향을 미치게 되기 때문이다.[9]

그러므로 이러한 위험이 미래의 입양가정내內에 존재하지 않는다는 것을 반드시 확신할 수 있어야 입양가정으로서 승인이 된다는 것이다. (예를 들면, 입양한 아동을 악이용하여 유흥업소의 밤무대에 강제 출연시켜 아동을 착취하거나, 또 신체적으로 학대한 경우, 아동을 어렸을 적부터 성폭행한 경우에, 아동의 정서적 성장발달에 미치는 악영향은 아동의 미래를 위협하기 때문이다.)

이렇게 입양을 원하는 가정이 가정조사를 거친 후에 입양기관에 의해 적절한 입양가정으로서 판단이 되면, 친부모와 헤어져 영구가정이 없는 한 아동을 이 가정의 자녀로서 입양할 수 있게 되는 것이다. 따라서 입양기관에 의해 입양가정으로 승인받은 가정은 다른 가정의 자녀를 나의 자녀로서 키우려는 의지와 사랑을 분명하게

---

9. 배태순, “국내 入養문제와 관련한 入養法 改正 제안”, 한국아동복지학, 창간호, 한국아동복지학회, 1990, pp.1-22.

제시한 가정이라 할 수 있겠다.[10]

입양은 평생의 과정이다

그러나 입양은 단순히 입양아동이 입양가정의 입양부모에게 오는 것으로서 끝이 나는 것이 결코 아니다. 즉 입양아동이 입양가정에 들어옴으로써 일단 입양이 끝나는 것이 아니라, 오히려 입양은 이때에 비로소 시작된다고 할 수 있다. 입양은 입양과 관련된 당사자들에게 입양아동의 전全인생에 걸쳐 지속적으로 펼쳐지는 평생과정 life-long process이라는 것이다.[11]

따라서 본서에서는, 입양부모가 입양아동을 양육하면서 아동의 성장발달 단계에 따라 입양과 관련하여 아동이 겪는 심리적 및 정서적인 경험에 기초한 입양부모의 과업 및 역할에 대하여 함께 이후에 소개하고자 한다.

---

10. Laird & Hartman, op. cit., 1985.

11. Brodzinsky, D. M., Schechter, M. D., & Henig, R. M., *Being Adopted: The Life Long Search for Self.* New York: Doubleday, 1992.

제 2 장

입양의 본질

1 _ 체계이론적 관점에서 본 입양

2 _ 입양의 세 주역
입양부모, 친생부모, 입양아동(입양아)은
입양에서 무엇을 원하나

제2장: 입양의 본질本質

1 _ 체계이론적 관점에서 본 입양

체계이론systems theory에 의하면 개인은 하나의 큰 생태계의 한 부분部分으로서 존재한다는 것이다. 여기서 생태계eco-system는 개인의 타고난 유전적, 핵가족, 그리고 확대가족체계와 그 개인을 둘러싸고 있는 사회환경적체계 모두를 포함하게 된다. 즉, 개인은 태어날 때 이미 존재하는 한 생태체계의 부분으로서 태어난다는 것이다.[1]

이것은 입양아동의 경우에, 입양아동이 탄생할 때에 이미 한 체계의 일부분으로서 태어났다는 것이다. 즉 입양아동은 이미 그의 타고난 유전적, 핵가족 및 확대가족체계로 둘러싸여져 있다는 것이다. 그러므로 아동이 입양이 된다는 것은, 그가 그의 태어난 가정 즉 친생부모 가족체계를 떠나서 새로운 가정 즉 입양부모 가족체계로 들어가는 것이라 할 수 있다.

이 과정에서 입양아동은 그의 타고난 친생부모생태체계를 새로이 속하려고 하는 그의 입양부모생태체계에 가져오게 되는 것이다. 즉, 입양아동 자신의 타고난 유전적 체계와 핵가족 및 확대가족체계를 말살시키고 새로운 입양부모가족체계로 들어가는 것이 아니라, 그의 타고난 친생부모의 생태체계를 그대로 지닌 채 새로운 생태체계인 입양부모 가족체계로 옮겨 간다는 것이다. 다시 말하면, 입양아의 타고난

1. Hartman, A. & Laird, J. (eds.), *Family-Centered Social Work Practice*. New York: Free Press, 1980.
Meyer, C., (eds.), *Clinical Social Work in the Eco-System Perspective*. New York: Columbia University Press, 1976.

생태체계는 부인될 수 있는 성질의 것이 아니라는 뜻이다.[2]

입양아동의 특성: 친자親子와의 차이점

입양은 단순히 입양아동이 입양가정에 들어가 입양부모와 만남으로써 그 과정이 끝나는 것이 아니라 사실상 이것이 입양의 시작이 된다. 입양은 두 개의 거대한 가족체계family system의 합침으로서, 입양아동이 태어난 친생부모 가족체계와 아동이 자녀가 되는 입양부모 가족체계와의 만남인 것이다. 이것은 마치 결혼이 신랑과 신부 각각 두 가족체계의 합침인 것과 마찬가지 이치이다. 즉, 입양아동이 입양가정으로 들어갈 때에 단순히 아동만이 아닌, 그의 타고난 유전적인 친생부모 가족체계 전체를 입양가족체계로 가져간다는 뜻이다.

이처럼 입양의 진정한 의미는 입양가족이 입양아동을 그들의 자녀로서 받아들일 뿐만 아니라, 그가 유전적으로 속한 그의 친생부모 가족체계도 함께 수용한다는 뜻이 내포되어 있다. 또한 하나의 가족체계는 대개 3세대 이상의 가족구성원들이 포함되므로, 입양가족이 실제 한 아동을 입양할 때는 두 가족체계의 확대가족 구성원들도 모두 그 입양에 관여되는 것이다. 이러한 입양으로 연결된 두 가족체계를 Kirk (1984)는 입양친척네트워크adoptive kinship network로 명명하기도 하였다. 이와 같이 체계적인 관점에서 볼 때에, 입양아동은 서로 다른 두개의 생태체계two eco-systems의 결합을 지니고 있으며 입양은 서로 다른 두 체계가 결합하여 이루어지는 것임을 보여준다.

체계이론적 관점은 입양아동과 친자와의 차이점을 명쾌하게 보여주고 있다. 즉 친자親子는 단지 그가 태어난 친생부모 생태체계만을 지니고 있는데 반해, 입양아동은 두개의 체계인 그가 태어난 친생부모체계와 그가 입양된 입양부모체계를 모두

---

2. Bradbury, S. and Marsh, N., “Linking Families in Preadoption Counseling: A Family System Model,” *Child Welfare*, 67, 4(July-August) 1988, pp.327-335.

지니게 된다는 것이다. 이것은 입양아동이 입양 이전以前에 속했던 친생부모체계와의 연관성과 그것이 현재 그에게 미치는 영향력 등은 결코 부인될 수 있는 성질의 것이 아님을 강력하게 시사해 주고 있다.[3]

즉 입양아동이 입양부모와 다른 신체적 및 의학적인 특성을 보이는 것은 바로 그가 태어날 때 물려받은 친생부모생태체계의 그에 대한 영향력을 보여주는 것이다.[4] 그러므로 이러한 서로 다른 두 체계의 결합체인 입양아동을 입양부모가 자신의 친자親子로 간주하여 입양사실을 부인한다면, 이것은 입양아동의 타고난 생태체계의 존재를 부인하는 것과 같은 것이다.

엄연한 사실이 부인될 때에는 그것은 항상 문제발생의 소지가 되는 것이다. 실제 입양과 관련하여 발생하는 대부분의 일차적인 문제는, 바로 입양아入養兒가 두개의 체계를 지니고 있다는 사실을 입양부모가 수용하고 인정하는 데에 어려움이 따르기 때문에 기인된다.[5]

이와 같이 체계이론systems theory은 입양아동이 친자와는 근본적으로 다르다는 것을 제시해 주고 있다. 즉 입양아동이 자신이 태어난 친생부모親生父母의 체계로부터 물려받은 유전적genetic인 기원orgin과 혈통은, 입양이 되어도 입양부모의 것으로 바뀌지 않는다는 것이다.

입양入養과 출산出産의 차이는 근본적인 것이며 결코 같은 것으로서 동일시同一視될 수 없다. 이것은 나아가 입양실무와 관련하여 볼 때에, 입양은 입양으로서 밝혀져야 하며 입양을 출산과 동일시하며 입양을 비밀에 부치는 비밀입양실무는 반드시 지양되어야 함을 보여준다 하겠다.[6]

---

3. Bradbury & Marsh, op. cit., 1988.
4. Silber, K. and Dorner, P. M., *Children of Open Adopltion.* San Antonio, Tex.: Corona Publishing Co., 1990.
5. Brodzinsky, D. M., Schechtor, M. D., & Henig, R. M., Being Adopted: The Life Long Search for Self, New York: Doubleday, 1992.
6. Silber & Dorner, op. cit., 1990.

그러므로 입양은 입양부모가 입양을 입양으로서 수용하고 인정할 수 있어야 하며 입양의 본질에 충실하여야만 그 성공과 발전이 기대되어 질 수 있다는 것이다.

2_ 입양의 세 주역 입양부모, 친생부모, 입양아(입양아동)은 입양에서 무엇을 원하나?

입양은 본질적으로 3명의 주역主役 배우가 함께 등장하는 사업이라 하겠다. 즉 입양은, 입양되는 입양아동(입양아, adoptees)과, 이 입양아를 입양하는 입양부모adoptive parents, adopters, 그리고 입양아를 입양으로 보내는 입양아의 친생부모birth parents, 등 삼자三者팀이 그 주역으로서 구성되는 사업이다.[7]

입양사업은 이 세 주역들 모두의 욕구가 균형 있게 충족이 될 때에 그 발전이 기대되어 질 수 있는 사업이라 하겠다. 이들 세 주역들이 각자 입양사업에서 궁극적으로 요구할 수 있는 것이 무엇인가를 고려해 본다면 대체적으로 다음과 같다 하겠다.

입양부모adopters

입양부모는 입양한 아동에 대해 자신들만이 정당한 보호양육권을 가지는 유일한 부모라는 사실을 입양아와 사회로부터 인정받기를 원한다. 입양부모가 입양과 관련하여 갖는 갈등의 근본적인 원인은 입양아동에 대한 부모로서의 정당성에 대해 확신감을 갖기가 어렵기 때문이다. (예를 들면, 나이든 아동의 입양이 어려운 것은 이미 이 아동은 입양부모 외外의 다른 성인成人과 부모적父母的인 관계를 가졌던 경험이

7. Sorosky, A. D., Baran, A., Pannor, R., The Adoption Triangle: *The Effects of the Sealed Record on Adoptees, Birth Parents, and Adoptive Partents.* Garden City, N. J.: Anchor Press, 1978.

있음으로 해서, 이 경험은 상대적으로 새로운 부모인 입양부모가 이 아동에 대해 부모로서의 위치를 확립하는 것을 어렵게 만든다 하겠다. 반대로 입양아동이 갓난 신생아新生兒인 경우에는 입양아는 아직 다른 성인과의 인간관계를 형성치 않았음으로, 입양부모가 아동에 대해 유일하게 보호양육권을 가지는 유일한 부모라는 사실을 아동에게 어렵지 않게 인식시킬 수 있게 되는 것이다.)[8]

입양부모가 입양아동에게 그의 생부모生父母의 존재를 알리지 않으려 하는 큰 이유는, 친생부모의 존재사실을 알리면 아동에 대한 자신들의 부모로서의 정당성에 상처를 받지 않을까 하는 두려움 때문이다. 이런 연유로 과거에 입양부모들은 친생부모가 입양아를 포기한 후로는 입양아와의 관계를 완전히 절연하기를 원했고, 친생부모가 입양아와 일체 접촉을 할 수 없도록 입양기관에 요구해 왔었다 (이러한 입양부모 중심적인 입양실무는 입양을 원하는 입양가정 수가 입양되어야 할 아동 수에 비해 상대적으로 적을 경우에, 대체적으로 이러한 입양부모들의 요구가 과거에 국내외적國內外的으로 관철되었던 것이 사실이다.)[9]

입양부모는 입양사업에서 입양아의 부모로서의 정당성을 사회와 입양아로부터 인정받을 수 있는 입양실무를 원하게 된다는 것이다.

친생부모birth parents

자신이 낳은 아동을 개인적 및 사회적인 이유로 직접 양육할 수 없게 되어, 그 아동에 대한 부모로서의 양육보호권을 포기하여야만 하는 입양아의 친생부모는, 그들이 한 인간을 낳았다는 엄연한 사실을 부인하도록 강요받는 것을 원치 않게 된다.[10]

---

8. Elbow, M. "From Caregiving to Parenting: Family Formation with Adopted Older Children". Social Work. 31, 5 (September-October), 1986, pp.366-370.
Ward, M. "Parental Bonding in Older-Child Adoption," *Child Welfare*, 60, 1 (January-February), 1981, pp.24-34.

9. Sorosky, Baran, & Pannor, op. cit., 1978.

즉 입양아에게는 입양사실을 비밀로 하여 친생부모의 존재를 알려주지 않고, 친생부모에게는 입양아의 생사生死여부도 확인할 수 없게 하는, 입양을 비밀에 부치는 비밀입양실무는 엄연히 존재하는 생부모와 입양아의 혈연적인 관계를 부인하도록 강요한다는 것이다.[11]

친생부모들에게 혈연적 관계를 절단하도록 요구하는 과거의 이러한 입양실무의 배경에는, 사회의 성규율을 어긴 미혼모들에 대한 도덕적 질책감이 저변에 깔려 있었다 하겠다.

그러므로 대부분의 생부모들 특히 생모生母들은 자신이 출산한, 그러나 입양으로 포기한, 자신과 뗄 수 없는 혈연적인 관계를 가진 아동의 생사여부와 복지에 관해 알 수 있는 권리를 입양사업에서 원하게 된다는 것이다.[12]

입양아동adoptees

자신이 태어난 친생부모의 가족체계를 떠나야만 했던 입양아동은 입양사업에서 그의 건전한 신체적·정신적 성장발달을 도와줄 수 있는 다른 영구가정을 보장받기를 원하며, 동시에 자신의 타고난 유전적인 기원genetic origin과 혈통에 대해서도 알기를 원하게 된다는 것이다.[13]

즉 모든 개인은 자신의 생물학적 배경 및 뿌리roots에 대해 알고 싶어 하며 이것은 개인의 존재적인 욕구인 지속성의 욕구need for continuity이자 권리라는 것이다.[14]

---

10. Bradbury & Marsh, op. cit., 1988.
11. Ibid.
    Etter, Jeanne, "Levels of Cooperation and Satisfation in 56 Open Adoptions," *Child Welfare*. 72, 3(May-June), 1993, pp.257-284,
12. Ibid., 1988.
    Silber & Dorner, op. cit., 1990.
13. Anderson, Robert S. "Why Adoptees Search: Motive and More," *Child Welfare*, 67, 1(January-February), 1988, pp.15-20.

그러므로 과거의 입양실무에서처럼 입양기관이 입양부모의 희망에 의하여 입양의 비밀을 유지하도록 도와주고, 입양부모가 입양사실을 입양아동에게 숨기며 자신이 출산한 것처럼 가장하여 행동한다면, 이것은 입양아로부터 그의 타고난 유전적 배경을 알 수 있는 한 개인의 기본적 권리를 박탈하는 도덕적 차원의 문제가 된다는 것이다.[15]

입양아동은 입양사업에서 자신의 유전적 기원에 대한 정보를 성인이 된 후에 제공받을 수 있고, 동시에 성인으로의 성장발달을 도와줄 수 있는 입양가정을 보장받기를 원하게 된다는 것이다.

이상과 같이 입양의 세 주역과 관련하여 입양의 본질을 비추어 볼 때에, 입양은 입양으로서 수용되어야 하며, 이것은 입양아의 친생부모의 존재와 그의 타고난 뿌리를 인정한다는 것을 뜻한다 하겠다. 또한 이것은 한 인간의 출생에 관한 진실은 왜곡하지 않는다는 도덕적 차원의 수용과도 결부되는 것이리 하겠다.[16]

---

14. Sachdev, P. "The Triangle of Fears: Fallacies and Fact," *Child Welfare*, 68, 5(September-October) 1989, pp.245-250.
    Campbell, L. H., Silverman, P. R., & Patti, P. B., "Reunions between Adoptees and Birth Parents: The adoptees' Experience," *Social Work*, 36(4), July, 1991, pp.329-339.
15. Dukette, op. cit., 1984.
16. 배태순, "입양사업 제도개선 및 활성화 방안," 한국아동복지학, 3호, 1995, pp.107-126.

제 3 장

성공적인 입양의 요건: 입양아동의 과거와의 연결에 대한 욕구의 이해

제 3 장: 성공적인 입양의 요건: 입양아동의 과거와의 연결에 대한 욕구의 이해

1 _ 입양아의 과거와의 연결에 대한 욕구

입양은 본질적으로 출산과 다르다. 입양은 한 아동이 자신이 태어난 친가정을 떠나서 다른 가정의 자녀가 되는 것이며, 입양부모에게는 출산의 과정을 거치지 않고 자녀를 가질 수 있게 해 주는 사업이다. 따라서 입양가족은 그 형성과정에 있어서, 출산을 통한 혈연blood-tie에 의해서가 아니라 약속commitment에 의해서 그 가족관계가 형성된다 하겠다.[1]

모든 개인은 자신의 타고난 유전적인 생물학적 혈통과 뿌리roots에 대해서 알고 싶어 하는 욕구가 있는데, 이것은 자신의 존재에 대해서 알고자 하는 인간의 기본적인 존재적 욕구라는 것이다. 따라서 입양의 성공을 위해서는 무엇보다도 입양된 아동의 이러한 자신의 뿌리와 연결된 지속성의 욕구need for continuity가 충족되어야만 한다 하겠다.[2]

그러나 입양사실을 입양아동에게 알려주지 않고 입양아가 마치 입양부모에게서 태어난 것처럼 행동한다면, 입양아의 입양이전의 과거는 입양이 됨과 동시에 절단

---

1. Schaffer, J. & Lindstrom, C., "Brief Solution-Focused Therapy with Adoptive Family," in D. Brodzinsky & M. Schechter (eds.), The Psychology of Adoption. New York: Oxford Univ. Press, 1990, pp.240-252.
2. Campbell, L. H., Silverman, P. R., & Patti, P. B., "Reunions between Adoptees and Birth Parents: The Adoptees Experience," *Social Work*, 36 (4), July, 1991, pp.329-339.

되고 잊혀진 것이 되므로, 입양아의 한 개인으로서의 지속감은 파열된다는 것이다.[3]

한 개인은 뿌리의 기원과 같이 반드시 알아야 할 것을 모를 때에 마음의 안정을 갖기가 힘들게 된다. 입양전문가들은 입양과 관련하여 문제가 많았던 입양아들이 그들의 친생부모가족과 연결을 한 이후에는 자신에 대해 더 좋은 감정을 가지게 되는 것을 발견했으며, 이것은 비록 직면하였을 때에 받아들이기 힘든 진실이 드러난 경우에도 결과는 더 좋았다는 것이다.[4]

따라서 성공적인 입양의 관건은, 유전적인 기원과 혈통blood-line에 대해 알고자 하는 입양아동의 존재적인 지속성의 욕구가 충족되어야만 한다는 것이다. 또한 이것은 입양아가 입양이 되기 위해서는 자신이 태어난 친생부모체계를 떠난 것이므로, 입양아가 친생부모와 이별한 그 상실loss에 대해 심리적인 애도를 성취할 수 있어야 한다는 뜻도 내포하고 있다.

이러한 입양아동의 과거와의 연결에 대한 욕구, 즉 자신의 기원에 대해 알고자 하는 심리적인 욕구를 입양아의 성장기의 발달적 단계에 따라 간략히 고찰해 본다면 다음과 같겠다. (본서의 제 2부에서는 이것이 좀 더 자세히 소개되고 있다.)

입양아의 학령기(잠복기, latency, 6세-12세) 때의 뿌리 추구의 욕구

입양아동이 학교에 들어가고 사춘기에 가까워지면서, 아동은 자신이 입양되기 위해서는 자신의 다른 한 세트set의 부모를 상실했다는 입양의 의미를 어렴풋이 이해하기 시작하게 된다.

이 상실에 대해 입양아는 심리적으로 애도mourn하게 되며, 여기에는 입양부모의

3. Schaffer & Lindstrom, op. cit., 1990.

4. Brodzinsky, D. M., Schechter, M. D., Henig, & R. M., Being Adopted: *The Life Long Search for Self.* New York: Doubleday, 1992.

도움을 필요로 하게 된다. 그러나 불행히도 대부분의 불임인 입양부모infertile adopters는 자녀의 이러한 슬픔에 대처할 준비가 되어 있지 않으므로 아동을 도와 줄 수가 없게 된다.

미국의 경우를 보면, 특히 불임인 입양부모들은 입양과 관련된 문제는 입양아의 입학 전前에 이야기한 것으로서 다 처리 되었다고 생각하기 쉬우며(미국의 입양기관은 '70년대에도 입양부모에게 입양아에게 일찍 입양사실을 알려주라고 지시하였다.), 자신들의 자녀인 입양아가 자신들 외外의 다른 한 세트의 부모를 위해 애도한다는 사실을 고통스럽게 받아들인다는 것이다.

그러나 입양아의 친생부모 상실에 대한 애도가 입양부모와 함께 대화를 통해 나누어지지 않으면, 입양아는 자신의 친생부모의 상실에 대해 적절하게 애도할 수단을 발견치 못하게 된다.

이렇게 되면 입양아는 정서적으로 방황하는 상태가 되어 그의 행동에 문제가 발생할 수 있게 되는 것이다. 이것이 입양아동들이 학교와 관련된 행동문제나 심리적 문제를 비非입양아동들보다 더 많이 일으킬 수 있게 되는 소지가 된다.[5]

이 학령기의 입양아동은 친부모상실과 관련된 분노와 우울감 및 죄의식을 느낄 뿐만 아니라, 입양부모도 그의 친부모와 마찬가지로 자신을 거부하지 않을까 하는 두려움을 느끼게 된다.[6]

▪ 입양아의 사춘기(adolescence, 13세-19세) 때의 뿌리 추구의 욕구

입양아가 사춘기가 되면 불임입양가족에게는 가장 어려운 시기가 된다. 입양아는 이 시기에 세대간의 생물학적인 연결에 대해 개념화 할 수 있게 된다.[7] 따라서 자신

---

5. LePere, W. D., "Vulnerability to Crises during the Life Cycle of the Adoptive Family," in Valentine, D. (ed.), Infertility and Adoption: *A Guide for Social Work Practice.* New York: Haworth Press, 1988, pp.73-85.

6. Brodzinsky, Schechter, & Henig, op. cit., 1992.

의 생물학적인 유전적 기원에 대해 관심을 갖기 시작하게 되는 것이다.

입양아가 사춘기일 때에 입양가족에게 문제가 많은 것은, 자신의 생물학적 지속성을 발전시키려는 욕구가 청소년기의 다른 욕구와 함께 입양아에게 복합적으로 존재하기 때문이다.[8] 즉 입양아는 이 시기에 자신의 유전적인 타고난 기원에 대한 추구를 하게 된다는 것이다.

입양아동의 친생부모에 대한 추구search를 두려워하는 입양부모

이 시기에 입양부모는, 입양아동이 친생부모에 대한 정보를 추구하는 것이 자신들을 부모로서 거부하는 것이라고 생각하여 두려워 할 수도 있게 된다. 즉 입양부모는 아동이 친생부모에 대해 호기심을 갖게 되면 이것을 부모로서의 자신들에 대한 위협으로 간주하게 된다는 것이다.[9]

그러나 문제는 이러한 입양부모의 불안감과 위협감을 눈치채게 되는 입양아동이 자연히 자신의 입양에 대한 질문을 할 수 없게 됨으로써, 자신의 기본적인 존재적 욕구가 충족되지 못한 상태로 남아 있게 된다는 데에 있다. 그리고 이것이 결국 사춘기 입양아동의 행동에 문제를 발생 시킬 수 있는 중요한 요인이 된다는 것이다.[10]

아동의 발달적인 면과 관련하여 볼 때, 모든 아동들은 이 사춘기 때에 부모로부터 정서적으로 독립하려고 노력하며 자율성을 추구한다. 이때에 부모가 하여야 할 일은 아동에게 성장할 수 있는 자양분을 제공하여야 할 뿐만 아니라, 정서적인 독립을 위한 기회를 서서히 증가시켜 줌으로써 자녀의 독립성을 키워 주어야 한다.

즉 아동이 성장하면서 가족으로부터의 정서적 분리와 독립하려는 그의 욕구를 억

---

7. Ibid.
8. LePere, op. cit., 1988.
9. Silverman, R., Campbell, L., & Patti, P., "Reunion between Adoptees and Birth Parents,": The Adoptive Parents' View," *Social Work*, 39 (5), 1994, pp.542-549.
10. Reitz, M. & Watson, K. W., *Adoption and the Family System: Stragies for Treatment. New York:* The Guilford Press, 1992.

누르지 않으면서 입양부모는 자녀를 지원하여야 한다. 이것은 성숙한 한 인간이 되기 위한 개인의 발달적인 측면에서 모든 아동들이 반드시 거쳐야 하는 단계이다.[11]

입양아동의 독립을 상실로 간주하게 되는 입양부모

입양부모들 중, 대부분의 불임입양부모는 불임에 기인된 상실의 고통으로 인해, 입양아가 한 개인으로서의 독립을 위해 노력을 하는 것을 자신들의 상실로 간주하게 되는 경향이 있다. 따라서 자녀의 독립은 곧 이별이라는 생각을 하게 되어(입양아를 곁에 가까이 두기를 원하는 입양부모는) 자연히 입양아의 적절한 정서적 분리와 자율성의 발전을 허용하지 않으려고 시도할 수 있게 된다는 것이다. 이러한 입양부모의 행동은 독립적인 한 성인으로 성장하려는 입양아동의 정상적인 정서적 발달을 저해하게 되어 입양아에게 행동문제를 초래할 가능성을 높이는 요인이 된다 하겠다.[12]

그러므로 입양아동의 경우, 비입양아동들과는 달리 이러한 개인의 자율성을 향한 발달적인 욕구와 함께 자신의 유전적인 기원을 파악하고자 하는 존재적 지속성에 대한 욕구까지 복합적으로 발생하는 까닭에, 이것이 사춘기 입양아동이 비입양아동들에 비해 한층 더 어려운 사춘기를 갖게 될 수 있는 소지가 된다.[13] 따라서 이것은 입양가족이 그 만큼 더 전문상담을 포함한 외부의 도움을 필요로 하는 문제에 봉착할 가능성이 더 높을 수 있다는 것을 시사한다 하겠다.[14]

---

11. Carter, E. & McGoldrick, M., The family Life Cycle: *A Framework for Family Therapy. NY: Gardner,* 1980.
12. LePere, op. cit., 1988.
13. Hartman, A. & Laird, J.(1990), "Family Treatment after Adoption: Common Themes," in D. Brodzinsky & M. Schechter (eds.), *The Psychology of Adoption.* NY: Oxford Univ. Press, 1990, pp.221-239
14. Reitz & Watson, op. cit.., 1992.

입양스토리: 입양아동의 과거와의 재연결을 도와주는 도구

입양아동들은 입양이전의 과거와 현재의 자신을 연결할 수 있을 때에 비로소 자신에 대한 정체감이 형성될 수 있게 된다. 이러한 입양아의 과거와의 연결을 위해서는 아동의 입양과 관련된 이야기, 즉 입양스토리adoption story가 계속 반복되어 입양아동과 입양부모사이에서 함께 토의되어져야 한다.

입양스토리에서는 무엇을 이야기하여야 하나?

입양전문가들은 입양가족과의 임상경험을 통해 입양스토리의 중요성을 주장한다. 입양스토리는 입양가족의 삶에 핵심적인 부분으로서 다음의 질문들에 대한 답변이 내포되어야 한다:15

아동은 어디서 왔나? 왜 아동에게 입양가정이 필요하게 되었나? 친생부모는 누구인가? 입양아동이 출생할 때의 상황은 어떠하였나? 왜 친생부모가 아동을 포기했나? 왜 입양부모는 입양을 하게 되었나? 어떻게 해서 아동이 이 입양가정에 오게 되었나? 등의 질문들을 포함하게 된다.

입양스토리는 입양아동의 정체감 형성에 필수적으로 요구되는 도구라 하겠다. 그러나 입양가족 내에 입양에 대한 비밀이 많으면 많을수록 입양아동은 자신의 입양스토리에 대한 불안감이 더 많이 발생하게 되며, 아동은 입양스토리에 대해 생각하는 것은 위험하며 나쁜 것이라고 생각하게 될 수 있다.

또한 입양에 대한 정보가 적거나 입양스토리가 반복되어 이야기되지 않으면(즉, 입양아에게 입양되었다는 사실만 이야기해 주고, 그 이후는 입양에 대해 말을 하지 않는 경우), 입양아는 입양스토리에 대해 스스로 이야기를 창조하게 되므로, 입양스토리는 입양가정 내에서 반복되어 이야기 되어져야만 한다.16

---

15. Hartman & Laird, op. cit., 1990.

16. Ibid., p.231.

입양스토리에서는 또한 입양부모가 입양을 통해 경험하는 환희와 성취감도 포함되어야 한다. 즉 입양아를 처음으로 보았을 때와 처음 집에 데리고 왔을 때, 또 함께 보낸 처음 몇 주 등에 관한 회상을 통해 입양아동은 입양부모의 입양 후의 행복과 기쁨을 재경험 할 수 있으며, 이것은 입양아동의 자신에 대한 긍정적인 정체감 확립에 중요한 역할을 하게 된다.

입양스토리에서는 또 왜 이 가족이 입양을 하게 되었는가? 즉 가족의 불임 에 대한 이야기가 입양아와 함께 대화되어야 한다. 입양모가 자신의 불임에 대한 고통과, 그 고통이 입양을 통해 어떻게 나아졌는가에 대해 입양아와 함께 이야기할 수 있어야 한다는 것이다.[17]

입양아동에게 그의 친생부모에 관한 사실을 비밀에 부치며 그의 과거가 단절된 상태에서는, 즉 입양아의 정체감이나 세대간generational의 지속감이 파열된 상태에서는, 입양성공의 요건인 건강하며 기능적인 부모자녀관계가 입양부모와 입양아동 사이에 결코 발생하지 않게 되며, 이것이 입양가족들이 가지는 가족문제의 소지가 되고 있다.[18]

2_ 입양가족 사례 연구

다음에 소개하고자 하는 상담사례는 입양아동에게 그의 과거와의 연결이 자신의 정체감identity 형성에 얼마나 필수적으로 요구되는 요인이며, 입양에 관한 스토리를 입양부모와 함께 나눔으로써 이러한 욕구가 충족될 수 있다는 것을 보여주고 있다.

17. Ibid., p.232.

18. Hoopes, J. L., "Adoption and Identity Formation," in D. Brodzinsky & M. Schechter(eds.), *The Psychology of Adoption*. New York: Oxford Univ. Press, 1990, pp.144-166.

미국 입양가족 상담 사례: 15세 샤론 가족

샤론의 성적性的 행동문제: 15세 입양아인 샤론Sharon의 예를 들어 보겠다.[19] 샤론의 부모는 생후 5일만에 입양된 사랑스럽고 말 잘 들었던 샤론이 갑자기 성性에 능동적인 관심을 갖고 행동화하려는 데에 문제의식을 느껴 가족 상담을 요청하게 된 경우이다.

샤론은 생후 5일 만에 전통적인 폐쇄적 입양실무closed adoption를 표방하는 입양기관에 의해 입양되었다. 상담의 첫 회기session가 시작하자 샤론의 부모는 샤론이 입양되었다고 자발적으로 이야기한 후, 곧 이것은 그녀의 현재 문제와는 아무 상관 없는 것임을 확신한다고 뒤이어 말했다.

그러나 치료자(상담자)는 가족의 현재 관심사를 탐색한 후에, 샤론에게 "네가 태어났을 때 너의 생모의 나이는 몇 살이었니?" 하고 물었으며, 이로서 치료자는 입양은 현재의 문제와 아무 상관이 없다는 입양부모의 의견에 합류하지 않고, 입양의 문제에 곧장 직면하도록 한 것이다.

입양스토리의 재구성: 이 질문에 샤론은 대답을 못하고 어깨를 움츠리며 불안한 빛으로 어머니를 쳐다보았고 어머니는 20살이었다고 대신 응답해 주었다. 계속된 상담자의 샤론에 대한, "왜 샤론이 이렇게 급하게 서두르는지 모르겠구나, 넌 아직 5년이나 더 남았는데 말이다."라는 발언에 의해, 처음엔 샤론의 가족은 모두 쇼크 받은 듯 보였지만 곧 부모는 웃기 시작했고 샤론도 미소 짓게 되었다.

이것으로서 가족 내에 감도는 긴장감이 없어지고, 이후부터의 회기에서는 입양에 관한 문제에 대처할 수 있는 기본 작업이 완성된 것이라 할 수 있다. 치료자(상담자)가 샤론가족과 한 상담의 주요 부분은 입양스토리의 재구성 내지는 재건설이라고 표현될 수 있는 작업이었다.

---

19. Hartman & Laird, op. cit., 1990, pp.231-234.

첫 회기 이후의 세 회기는 모두 샤론의 나이에 적절한 입양스토리를 이야기하는 데에 사용되었다. 즉 상담자가 샤론에게 한 입양의 첫 질문에 대해 샤론이 정보부족으로 대답을 못하고 그녀의 부모를 불안하게 쳐다보았을 때, 이것은 상담자에게 샤론가족과의 입양스토리 작업의 필요성을 시사했던 것이다. 샤론의 부모는 샤론이 자신의 입양에 대해 희미하며 불확실하다는 사실을 알고 놀랐는데, 왜냐하면 자신들은 샤론에게 입양에 관해 모두 말해 주었다고 믿었기 때문이었다. 이점에 대해 치료자는 입양스토리는 계속 반복해서 아동에게 이야기해 주는 것이 필요하다는 것을 설명해 준다.

입양스토리는 입양아동의 정체감 형성에 필수적으로 요구되는 도구라 하겠으나, 입양가족 내에 입양에 대한 비밀이 많으면 많을수록 입양스토리에 대해 더 많은 불안감이 발생하며, 입양아는 자신의 입양에 관해 이야기하는 입양스토리는 위험하며 나쁜 것이라고 생각하게 될 가능성이 더 많게 된다. 또한 입양에 대한 정보가 직거나 입양스토리가 반복되어 이야기되지 않으면 입양아동은 스스로 자신의 입양에 관한 이야기를 창조해 내게 된다.

입양아동 샤론의 생모: 샤론의 경우, 샤론 자신이 나름대로 창조한 입양스토리는 생모가 자신을 낳은 후 한 번도 자신을 보지 않았다는 것이었는데, 상담 중에 이것은 사실과 다르며 샤론의 생모는 샤론을 낳은 후 첫 5일간, 입양기관의 반대에도 불구하고 샤론을 직접 돌보았던 것으로 밝혀졌다.

이러한 샤론의 생모에 대한 정보는 샤론에게 지대한 의미를 부여했는데, 그것은 그동안 샤론이 생각해왔던 생모로부터의 거부reject라는 환상에서 생모의 사랑으로 바뀌었기 때문이다. 이러한 생모의 자신에 대한 사랑의 확신은 샤론의 상실감 해결과 긍정적인 정체감 확립에 중요한 역할을 하게 되는 것이다.

샤론 입양부모의 환희: 입양스토리에서는 또한 입양부모가 입양을 통해 경험하는 환희와 성취감도 포함되어야 한다. 샤론 부모의 경우, 상담 중에 그들은 샤론을 처음으로 보았을 때와 집에 데리고 왔을 때와 그리고 샤론과 함께 보낸 처음 몇 주 등에 관해 회상을 하였는데, 여기에 참여함으로써 샤론은 그녀를 통한 입양부모의 행복과 기쁨을 재경험할 수 있었으며, 이것 또한 그녀의 자신에 대한 긍정적인 정체감 확립에 중요한 역할을 하게 된다.

샤론 입양부모의 불임에 대한 고통: 입양스토리에서는 또 왜 이 가족이 입양을 하게 되었는가? 즉 불임인 경우 가족의 불임에 대한 이야기가 입양아와 함께 대화되어야 한다. 샤론 가족의 경우, 샤론의 양모는 자신의 불임에 대한 고통을 샤론과 이야기하기를 원치 않았었는데, 이것은 여자로서의 실패라는 수치감 때문인 탓도 있었지만, 또 다른 한편으로는 입양을 하여야만 하는 것에 대해 양모가 실망했다는 느낌이 샤론에게 전달되지 않을까 하는 염려가 있었기 때문이기도 했었다.

상담 중에 샤론의 양모는 이 부분에 대한 입양스토리를 이야기하면서 다시금 자신의 불임의 상실에 대해 울었고, 샤론을 입양함으로써 그 고통이 어떻게 나아졌는가에 대해서도 이야기하였으며, 샤론은 이러한 어머니의 이야기에 깊이 함께 관여하게 되었다.

샤론이 15세의 나이에 성적으로 행동화하려는 시도는, 성에 눈뜨기 시작한 사춘기에 자신의 임신가능 여부 즉 친생모처럼 임신이 가능할지, 아니면 입양모처럼 불임일지에 대한 궁금증이 사춘기인 그녀에게는 주되는 관심사였으며, 여기에 대한 답변은 빨리 자신이 임신을 해 봄으로써 알 수 있다고 생각했기 때문이었던 것이다.

서로의 고통을 함께 나눔: 만약 입양부모가 불임과 관련된 상실감에 대한 고통을 입양아인 샤론과 함께 나누었었다면, 입양아는 자신의 비밀에 싸인 과거의 궁금증을 풀기 위해 굳이 임신으로써 행동화하려고 시도하지는 않았었을 것이다.

그러므로 샤론의 성적인 행동화는 처음 그녀의 입양부모의 부인에도 불구하고 그녀의 입양과 관련된 문제였던 것이다. 이것은 사춘기인 입양아가 자신의 기본적인 존재적 욕구를 충족시킬 수 있는 입양부모와의 입양에 관한 공개적인 대화의 흐름이 없었기 때문에 발생했던 문제였다.

즉 입양부모의 불임에 기인된 상상의 친자녀에 대한 상실감과, 입양아동의 친생부모에 대한 상실감이 서로 공개적으로 나누어지며 이야기될 수 있었다면, 샤론의 행동에 문제가 발생하지 않았었을 것이다.

샤론의 단절된 과거와의 재연결reconnection

입양가족을 위한 가족상담(가족치료)에서 중요한 이슈issue는 단절cutoffs과 연결connection이며 이것은 치료과정에서 중심적 주제가 된다.[20] 즉 입양부모는 입양아동의 과거인 그의 친생부모에 대한 두려움이 있으며, 이러한 입양부모의 불안과 두려움을 눈치채는 입양아는 입양부모를 보호하기 위해 자신의 과거에 대한 호기심과 동경 등을 부인하거나 묻어버리게 된다.[21]

그러므로 이러한 입양부모의 두려움과 입양아동의 과거에 대한 동경 등이 비밀로 감춰진다 해도, 입양아동의 단절된 과거와의 연결은 입양가족에게 중요한 이슈로 계속 남아 있게 되며, 직면하지 않을 때에는 샤론가족처럼 결국 가족의 문제로 발생하게 된다. 따라서 어떤 입양가족이든지간에 과거와의 단절과 재연결은 반드시 표면에 드러내어져 토의되고 다루어져야만 한다.

입양스토리의 반복이 과거와의 연결을 만드는 과정이다

입양스토리의 중요성은 입양스토리에 내포된 질문에 대한 답변과 그 반복이 바로 과거와의 연결을 만드는 과정을 시작해 준다는 점에 있다.[22] 즉 입양이 됨과 동시에

20. Hartman & Laird, op. cit., 1990, pp.236-237.
21. Campbell, Silverman, & Patti, op. cit., 1991.
22. Hartman & Laird, op. cit., 1990, p.236.

입양아의 입양이전의 과거는 절단되고 잊혀진 상황에서는, 입양아의 한 개인으로서의 지속감이나 정체감은 형성되기가 힘들다는 것이다.

샤론과 그 가족은 입양스토리를 빨리 시작함으로써 이 단절과 연결의 이슈가 빨리 다루어졌던 것이다. 즉 샤론의 친생모가 샤론을 낳자마자 버린 것이 아니라, 샤론이 입양가정으로 옮겨지기까지 돌보기를 선택했었다는 것을 알았을 때 샤론의 파열된 지속감sense of continuity은 회복되기 시작한 것이다.[23]

이후에 샤론가족은 모두 샤론의 생부모를 찾는 가능성에 대해 이야기했고, 샤론은 샤론 나이의 입양아들이 흔히 그렇듯이 생부모를 찾기를 원치 않는다고 말했지만, 그녀의 입양부모는 샤론이 언제든지 찾기를 원한다면 어떤 형식으로든지 샤론을 돕겠다고 이야기했다. 이러한 그녀의 입양부모로부터의 허락과 친생부모를 찾을 수 있다는 미래에 대한 가능성은 상징적으로 샤론의 과거와의 단절을 회복하는 데에 기여하는 것이다.

입양아의 과거가 단절된 상태에서는, 즉 입양아의 정체감이나 지속감이 파열된 상태에서는, 건강한 기능적인 부모자녀관계가 입양부모와 입양아동 사이에 발생하지 않게 되며, 이것이 성공적인 입양의 저해요소가 된다 하겠다.[24]

23. Ibid., p. 237.

24. Reitz & Watson, op. cit., 1992.

제 4 장

성공적인 입양의 요건: 불임입양부모의 친자녀 상실에 대한 갈등 및 해결

1 _ 불임과 입양

2 _ 입양부모들의 입양에 대한 태도 차이:
입양과 출산의 차이를 인정하느냐의 여부

제 4장: 성공적인 입양의 요건: 불임입양부모의 불임에 기인된 친자녀 상실에 대한 갈등 및 해결

입양의 성공을 위해서 입양부모는 입양아의 출생과 유전적인 기원에 대해 입양아와 자유로운 대화를 가질 수 있어야 한다. 이것은 입양아동의 기본적인 존재적 욕구로서 그의 정체감 확립에 필수적인 요인이기 때문이다.[1] 그러나 현실적으로, 입양부모 특히 불임infertile인 입양부모는 자녀의 입양에 대해 이야기하는 것을 많이 꺼려하며 피하고 있는 상황이다.

그러면 왜 불임인 입양부모들은 입양된 자녀의 출생birth과 기원origin에 관해 이야기하는 것을 꺼려하는 것일까? 여기에 대한 답변은 불임의 의미를 고찰해 봄으로써 파악될 수 있다.

1 _ 불임과 입양

비입양부모non-adoptive parents들은 출산을 통해 자녀를 갖게 되었을 때 거의 자연적

---

1. Hartman, A. & Laird, J.(1990), "Family Treatment after Adoption: Common Themes," in D. Brodzinsky & M. Schechter (eds.), *The Psychology of Adoption.* NY: Oxford Univ. Press, 1990, pp.221-239.
   Hoopes, J. L., "Adoption and Identity Formation," in D. Brodzinsky & M. Schechter (eds.), *The Psychology of Adoption.* New York: Oxford Univ. Press, 1990, pp.144-166.

으로 부모로서의 확신감과 정당성을 느낄 수 있다. 그러나 출산을 거치지 않고 입양을 통해 자녀를 갖게 되는 입양부모들에게는 자녀에 대한 부모로서의 확신감과 정당성이 비입양부모처럼 쉽게 저절로 생기지 않는다는 데에 입양의 어려움이 있다.[2] 특히 문제는 불임이 갖는 그 특수성으로 인해 이 어려움은 한층 더 가중된다는 것이다.

불임의 의미: 상상의 자녀에 대한 상실감

불임으로 인한 주되는 상실은 물론 친자녀를 갖지 못하게 되는 친자녀에 대한 상실이다. 그러나 이 상실은 또 다른 많은 상실로 연관되어 이어지게 된다는 데에 불임의 심각성이 있다.

불임은 많은 상실을 유발한다

즉 이것은 자녀를 가질 것이라는 환상의 상실, 친자녀가 없게 됨으로 인한 유전적인 지속성에 대한 상실, 자녀를 생산할 수 있는 개인으로서의 자신에 대한 이미지 상실, 임신과 출산에 대한 경험의 상실, 모유를 수유할 수 있는 경험의 상실, 가족생활주기 단계에서 다음 단계로 넘어 갈 수 있는 기회의 상실, 자녀를 통한 인간관계의 상실, 자녀양육경험의 상실, 등의 다수의 상실로 연관되어지는 까닭에 불임이 가져오는 불임부부에 대한 부정적인 의미는 지극히 지대하다 하겠다.[3]

---

2. Elbow, M. "From Caregiving to Parenting: Family Formation with Adopted Older Children". Social Work. 31, 5 (September-October), 1986, pp.366-370.
   Ward, M. "Parental Bonding in Older-Child Adoption," *Child Welfare*, 60, 1(January-February), 1981, pp.24-34.
3. Conway, P. & Valentine, D. "Reproductive Losses and Grieving." in D. Valentine, (ed.), Infertility and Adoption: *A Guide for Social Work Practice*. NY: Haworth Press, 1988, pp.43-64.

불임은 꿈의 상실이다

불임은 한마디로 부모가 될 것이라고 기대했던 몸과 마음, 그리고 영혼에 대한 큰 상처이며 꿈의 상실이라는 것이다.[4] 불임infertility은 불임부부의 삶의 모든 부문에 영향을 끼치는 인생의 위기life crisis라고 까지 말한다. 불임부부는 처음 불임에 대한 의료적 평가나 진단 및 치료를 거치는 동안 불안, 슬픔, 죄의식, 분노, 자존감 상실, 무희망 등의 일련의 감정으로 시달리게 된다.[5]

불임부부는 그들의 상실에 대한 애도를 거쳐야 한다

불임부부는 이러한 상실에 대한 자신들의 감정을 인정하고 이해하여 애도하는 과정을 거쳐야만 결혼관계나, 직업에 대한 기능, 전반적인 건강, 복지 등에 악화를 초래하지 않게 된다고 한다.

불임부부가 불임에 적응하기 위해 반드시 성취하여야 할 과업으로서는, 첫째, 기본적인 인생경험을 갖지 못하게 되는 상처를 인정하며, 둘째, 건전한 신체 이미지를 다시 구축하며, 셋째, 부모가 되는 것의 중요성을 평가하고 다른 활동들이 보상할 수 있을지의 여부를 판단해 보고, 부모가 될 수 있는 다른 형태를 고려해 본다는 것이다.

즉 불임부부가 그들의 상실에 대해 성공적으로 애도할 수 있게 된다면, 그 후에 부모가 될 수 있는 다른 대안이나, 혹은 자녀가 없는 자유로운 삶 등을 고려해 볼 수 있게 된다는 것이다.[6] 그러나 깊은 애도를 거친 후에 상실에 대한 성공적인 적응을

---

4. Mahlstedt, P. P. & Johnson, P. T., “Support to Persons Experiencing Infertility: Family and Friends Can Help,” in D. Valentine, (Ed.), *Infertility and Adoption: A Guide for Social Work Practice.* NY: Harworth Press, 1988, pp.65-72.

5. Covington, S., “Psychosocial Evaluation of the Infertile Couple: Implications for Social Work Practice,” in D. Valentine, (ed.), *Infertility and Adoption: A Guide for Social Work Practice.* NY: Haworth Press, 1988, pp.21-35.

6. LePere, W. D., “Vulnerability to Crises during the Life Cycle of the Adoptive Family,” in

한다 해도, 불임부부의 재생산reproduction에 대한 상실감은 여전히 마음속에 존재한다고 한다. 즉, 불임에 대한 수용은 불임에 대한 고통이 없어진 것이 아니라, 고통이 감소되었다는 것이며, 단지 무자녀無子女에 대한 집념이 그 전처럼 그렇게 강렬하지 않게 되었다는 것뿐이라는 것이다.[7]

2_ 입양부모들의 입양에 대한 태도 차이: 입양과 출산의 차이를 인정하느냐의 여부

Kirk(1984)는 1960년대에 입양부모들 특히 불임인 입양부모들의 입양태도에 관한 최초의 경험적 수준의 연구empirical study를 통해, 불임의 상실과 관련된 중요한 이론을 전개하여 현실적으로 미국의 입양실무에 많은 영향력을 끼쳐왔다.

입양과 출산의 차이점을 인정한 입양부모

그의 이론에 의하면, 불임입양부모들의 입양에 대한 태도는 그들이 어떻게 불임에서 연유된 실망감, 좌절감 및 상실감을 심리적으로 잘 해결했느냐의 여부에 달렸다는 것이다.[8]

즉 불임에 기인된 심리적 갈등을 잘 해결한 입양부모들은 입양이 출산과는 본질적으로 다르다는 것을 인정한다는 것이다. 그리하여 입양아를 자신이 낳은 것처럼 가장하여 행동할 필요도 느끼지 않게 된다는 것이다. 따라서 입양아동의 친생부모

Valentine, D. (ed.), *Infertility and Adoption: A Guide for Social Work Practice,* NY: Haworth Press, 1988, pp.73-85.

7. Conway & Valentine, op. cit., 1988.
8. Kirt, D. H., Shared Fate: *A Theory and Method of Adoptive Relationships.* (rev. ed.), Port Angeles, Wash: Ben-Simon Publications, 1984.

의 존재를 인정할 수 있게 되어 입양아가 그의 생부모에 대한 질문을 할 때도 위협감을 느끼지 않고 자유롭게 아동과 이야기할 수 있게 된다고 한다.[9]

입양과 출산의 차이점을 부인하는 입양부모

그러나 반면에, 이 불임에서 오는 심리적인 갈등을 잘 해결하지 못한 입양부모들은, 입양을 입양으로서 수용·인정하려하지 않고 입양을 출산과 동일시하려 하며 입양을 통해 출산의 형식을 취하려 한다는 것이다. 이들 입양부모들은 입양아를 마치 자신이 낳은 것처럼 행동하게 되며, 원하는 형태의 아동도 자연히 출산과 비슷한 연령인 갓 낳은 신생아를 원하게 된다는 것이다.

따라서 입양아동의 친생부모의 존재도 부인하게 되며, 아동에게 입양사실을 감추려고 노력하게 되므로, 입양아동은 결국 자신의 생부모에 대한 질문을 할 수 없는 상황이 된다.[10]

입양부모들의 입양태도 차이

입양부모들이 입양은 출산과 다르다는 사실을 받아들여 인정하느냐 혹은 인정하지 않느냐의 여부에 따라서 그들의 입양태도가 현저하게 달라진다는 것이다.

구체적으로 이러한 입양태도의 다른 점은 다음의 두 영역에서 나타날 수 있다고 Kirk(1984)는 주장한다.

(1) 원하는 형태의 입양아가 반드시 건강한 신생아라야만 하는가, 아니면 나이가 든 연장아나 신체장애아동의 입양도 고려할 수 있는가; (2) 입양아와 입양에 대해서 이야기할 수 있는가, 혹은 타인과 자녀의 입양에 대해서 이야기할 수 있는가의 여부

9. Ibid.

10. Ibid.

에 그 입양태도의 차이가 나타난다는 것이다.

즉, Kirk(1984)는 입양이 출산과 근본적으로 다르다는 것을 받아들이지 않는 입양부모들은 출산 때와 가장 가까운 나이의 건강한 신생아만을 입양하게 된다는 것이다. 그러나 반면에, 입양과 출산의 서로 다른 점을 인정하는 입양부모들은 입양을 마치 출산처럼 행동할 필요가 없게 되므로 신생아 입양만을 고집하지 않게 되며, 자신이 낳은 것처럼 가장하기가 어려운 형태의 아동들인 나이가 든 연장아동이나 신체장애아동들의 특별욕구아동들의 입양도 고려할 확률이 더 높게 된다는 것이다.[11]

또한 입양부모가 자녀의 입양에 대해서 이야기한다는 것은, 본질적으로는 입양아동의 친생부모와의 유전적인 혈연관계를 인정한다는 것을 의미하는 것이다. 그러므로 입양을 입양으로서 받아들이지 않고, 자신이 낳은 것처럼 행동하려는 입양부모들은 자연히 입양에 대해서 이야기하는 것을 꺼려하게 된다. 반면에 입양과 출산의 차이점을 인정하고 받아들인 입양부모들은 입양아의 친생부모의 존재를 인정하는 것이 되므로, 자녀의 입양에 대해서도 어렵지 않게 이야기할 수 있게 되며, 이들의 전반적인 입양태도는 입양에 대해 개방적이 된다.[12]

---

11. Ibid.

12 Ibid.

제 5 장

성공적인 입양의 요건: 입양아동의 과거와의 재연결의 욕구와 입양부모의 심리적 갈등의 융화

1 _ 불임인 입양부모는 불임에 기인된 상실감을 해결하여야 한다

2 _ 입양자녀의 입양에 관한 이야기는 허용되어야 한다

3 _ 국내 입양부모 상담사례

제5장: 성공적인 입양의 요건: 입양아동의 과거와의 재연결의 욕구와 입양부모의 심리적 갈등의 융화

진정한 입양의 성공은 입양아동의 자신의 뿌리 및 유전적 기원에 대한 추구의 욕구, 즉 과거와의 재연결의 욕구가 성취되어야만 이루어 질 수 있다는 것을 고찰해 보았다.

1_ 불임인 입양부모는 불임에 기인된 상실감을 해결하여야 한다

입양아동의 자신의 존재에 대한 지속성의 욕구need for continuity가 충족되기 위해서는, 반드시 입양부모와 함께 자신의 출생 및 친생부모에 대한 이야기를 할 수 있어야만 가능하다. 그러나 입양부모는 자신의 불임과 연관된 심리적 갈등을 먼저 해결하여야만 입양아의 출생에 관한 이야기를 함께 할 수 있는 정서적 여유가 있게 된다. 즉 입양부모의 이러한 심리적 갈등이 해결되지 않은 상태에서는 아동의 친생부모에 대한 이야기를 나눌 수 있는 정서적 여유가 없게 된다는 것이다.

그러므로 입양의 성공은 입양부모가 불임인 경우에 불임에 기인된 심리적 갈등의 해결과 입양아동의 뿌리에 대한 추구의 욕구가 얼마나 서로 잘 화합하느냐의 여부에 따라 좌우된다 하겠다.[1] 따라서 입양가족의 주문제는, 입양부모가 불임인 경우에

1. Hartman, A. & Laird, J.(1990), “Family Treatment after Adoption: Common Themes,” in D.

불임에서 연유된 심리적인 상실감으로 인해 입양을 입양으로서 수용하는 데에 어려움을 겪고, 입양아의 친생부모의 존재를 인정하지 않음으로 해서, 입양아동이 자신의 출생과 유전적인 기원에 대한 이야기를 입양부모와 함께 대화를 통하여 나누지 못하게 될 때에 발생하게 된다.[2]

2_ 입양자녀의 입양사실에 관한 이야기는 허용되어야 한다

다시 말하면, 자신이 입양된 것을 (눈치 채거나) 알고 있는 입양아동은 필연적으로 자신의 존재에 대한 지속성의 욕구로서 자신의 출생과 유전적인 기원origin에 대해 알기를 원하게 되며, 아동의 이러한 욕구는 성공적인 입양을 위해서 반드시 충족 되어져야만 한다.

그러므로 대부분의 입양가족의 문제는, 입양부모의 불임 등에 의한 심리적 갈등으로 인해, 입양아의 뿌리roots에 대해 알고자 하는 그의 기본적 욕구가 충족되지 못할 때에 발생하게 된다. 즉 가정 내에서 입양에 관한 이야기가 표면에 드러나지 못한다는 데에 입양가족의 문제가 있으며, 이것은 심화된다는 것이다.[3]

따라서 성공적인 입양을 위해서는, 입양아의 자신의 존재에 대한 지속성의 욕구

Brodzinsky & M. Schechter (eds.), *The Psychology of Adoption.* NY: Oxford Univ. Press, 1990, pp.221-239.

2. Clegg, Paula & Toll, Ken, "Videotape and Memory Visit: A Living Lifebook for Adopted Children," *Child Welfare*, 75, 4 (July-Aug.), 1996, pp.311-319.
Dukette, Rita, "Value Issue in Present-Day Adoption," Child Welfare. 63, 3 (May-June) 1984, pp.233-243.

3. Borgman, R. "The Consequences of Open-Closed Adoption for Older Children," *Child Welfare* 61, 2 (March-April), 1982, pp.217-226.
Reitz, M. & Watson, K. W., *Adoption and the Family System: Stragies for Treatment,* New York: The Guilford Press, 1992.

를 충족시킬 수 있는 방법을 제공하며 입양부모와 입양아를 돕는 입양서비스가 제공되어져야 할 것이다. (예를 들면, 입양가족이 입양아와 함께 입양스토리를 엮어 나갈 수 있도록 돕는 것도 여기에 포함될 수 있다.)

즉 어떤 입양가족이든지간에 입양아의 과거와 단절된 고리는 반드시 표면에 드러내어져 토의되고 다루어져서 연결되어야 하며, 입양이 됨과 동시에 그의 입양이전의 과거가 절단되고 잊혀진 영역이 된 상황에서는 입양아동의 한 개인으로서의 지속감이나 정체감은 파열되며, 이것은 입양아동의 행동문제와 입양가족의 문제가 된다는 것이다.[4]

한 개인의 정체감이 파열된 상태에서는, 타인과 기능적인 인간관계를 형성하기가 어렵게 되며, 입양아가 입양부모와 좋은 바람직한 부모자녀관계를 갖기 힘들게 된다. 이것이 또한 입양의 성공을 저해하는 요소가 되는 것이다.

3 _ 국내 입양부모 상담 사례

다음은 필자가 입양아동을 양육하고 있는 국내 입양부모들과 이전에 면담한 내용을 소개하고자 한다. 먼저 필자에게 의뢰되어 전화로 면담을 하게 된 두 사례를 소개함으로써, 당시 '90년대 중반에 입양부모의 지지집단이 존재하지 않았던 시기에 우리의 입양부모들이 공통적으로 느낄 수 있는 고충을 함께 나누어 보고자 한다.

---

4. Campbell, L. H., Silverman, P. R. & Patti, P. B., "Reunion between Adoptees and Birth Parents: The Adoptees' Experience," *Social Work*, 36 (4), July, 1991, pp.329-339.
Hoopes, J. L., "Adoption and Identity Formation," in D. Brodzinsky & M. Schechter (eds.), *The Psychology of Adoption*. New York: Oxford Univ. Press, 1990, pp.144-166.

국내 입양 상담사례 1: 두려움으로 스트레스가 쌓였다는 양모의 경우

양모의 스트레스stress: 한 양모가 어느 입양기관으로부터 필자를 소개받았다며 전화로 상담을 요청했다. 자신에 관한 소개는 단지 9년 전에 갓난 신생아인 여아를 입양했다는 사실만 말할 뿐 그 외의 정보는 제공하지 않았다.

양모는 자신이 "고민으로 인해 계속 스트레스에 빠져 있으며, 이 스트레스가 입양아인 딸에게 전달되어 나쁜 영향을 끼칠까 두렵다"며 불안한 목소리로 호소하기 시작했다. 양모는 "입양을 한 이후 계속 고민해 왔으며, 스트레스를 받아왔다"고 한다. 필자는 양모에게 "자신의 애기를 갖지 못한 데서 오는 스트레스인 것 같으냐"고 조심스레 물었다. 양모는, "나 자신의 애기를 갖지 못한 데 대한 스트레스인 것 같다"고 응답했다.

상상의 자녀 상실에 대한 고통: 필자는 "불임의 경우에, 불임에서 오는 고통은 지대하다. 왜냐면 불임이 판명되기 전까지 우리 모두는 머릿속에 상상의 자녀를 그려 왔기 때문이다. 즉, 우리 모두는 미래에 내 자녀를 낳을 것이라고 생각하며 미래의 자녀의 상을 마음속에 그리며 성장한다. 그러나 정작 결혼하여 내 자녀를 갖기를 소망하여 임신을 간절히 원할 때에 임신을 할 수 없게 된다면, 그 고통은 이루 말할 수 없이 지대하다. 상상의 자녀 상실에 대한 고통은 지대한 것이다. 그러나 우리 사회에서는 이 불임의 고통에 대한 이해가 많이 부족한 상태이다"고 이야기해 주었다.

양모는 자신이 "상담에 대한 강연을 많이 들어서 알고 있는데, 엄마의 스트레스는 자녀에게 전달이 된다고 들었다. 그래서 이런 나의 고민이 아이에게 전달될까 걱정스럽다"고 토로했다. 나는 "자신의 고민이 자녀에게 미칠 나쁜 양향에 대해 걱정하는 건 너무나 훌륭하다. 부모가 불안한 마음이면 그 마음이 자녀에게 전달되어져 자녀는 부나 모에 대해 걱정하게 된다. 즉 부모가 정서적으로 안정되어야 자녀가 안심한다. 그렇지 않으면, 자녀는 오히려 부모에 대해서 근심하게 되어, 그 걱정하는 마음으로 인해 정서적으로 불안정하게 되며, 그의 행동에 문제가 생길 수도 있게 된다."고 설명했다. 양모는 여기에 대해 이해하는 듯하였다.

아동의 친생부모 인정: 필자는, "입양은 참으로 어려운 과업이다. 애기(입양아)를 데려옴으로써 입양이 끝나는 것이 아니라, 사실은 그것이 입양의 시작이다. 입양된 딸이 우리 외에 다른 부모(친부모)를 가졌다는 사실을 인정하면 마음이 편해 질 수 있을 것이다. 그 아이의 입장이 되어 보면서 이해하는 것이 중요하다"고 이야기했다.

양모의 두려움: 양모는, "나는 두려움 속에 산다. 남들이 입양을 알까봐 몹시 두렵다. 이것이 내게 많은 스트레스를 준다."고 말한다. 필자는 여기에 대해서 양모에게 다음과 같이 말했다. "입양이 알려져도 두려울 것이 사실상 하나도 없다. 누가 '아이가 입양됐지요?'하고 물으면 '그렇다. 그러나 우리는 이 아이를 너무나 사랑한다. 이 아이가 우리에게 옴으로써 우리는 너무나 행복하다' 하고 아주 떳떳하게 응답해 주면 된다. 그러면 상대방도 오히려 양모로부터 입양에 대한 산교육을 배우게 된다. 이렇게 되면 국내 입양도 더 발전하게 된다. 입양에 대한 편견을 없애려면 좀 더 많은 국내 입양부모님들이 이렇게 행동해 줄 필요가 있다. 그러나 이렇게 하기는 어려울 것이다"고 이야기했다.

양모는, "그렇겠다. 그렇게 말하면 되겠다. 정말 두려워 할 필요가 없겠다. 정말 좋은 생각이다. 마음이 많이 홀가분해진 것 같다"고 하면서 밝게 응답했다.

필자는, "아이(입양아)의 친부모의 존재를 부인하지 않고 인정해 주는 것이 오히려 덜 고통스럽다. 아이에게 다른 부모가 있다는 사실을 받아들이는 것이 자신을 위해서도 좋다."라고 이야기했다.

불임의 고통을 인정해주는 지지의 필요성: 양모는, "남편도 선생님과 이야기할 수 있는 기회가 있었으면 좋겠다. 그도 이야기할 필요가 있을 것 같다"고 말하면서, "함께 마음을 털어놓고 이야기할 수 있는 상대가 정말로 필요 했었다. 오늘 너무 좋다.

친정어머니까지도 더 이상 나의 고민을 들으려하지 않고 이제는 나를 피하신다. 이야기할 사람이 없어서 그동안 너무 답답했다"고 한다.

입양은 어려운 과업: 필자는 "입양이 너무 어려운 과업이기 때문에 비전문인이 도와주는 데에는 한계가 있게 된다. 나만이 이런 고통을 가진다고 생각할 때에 가장 고통스럽다. 나 혼자만의 고통이 아니라 나와 같은 상황에 있는 다른 사람도 함께 겪는 고통이라는 것을 알 때에 어려움을 극복할 수 있는 힘이 더 생기게 된다. 우리나라에서도 미국처럼 입양부모들의 모임이 있으면 좋을 것이다. 이것은 서로 자신에 대한 신분을 밝히지 않고도 가능할 수 있을 것이다. 모여서 함께 입양자녀를 양육하면서 겪게 되는 어려움과 고민, 즐거움 등을 이야기하면서, 입양아동의 성공적 양육에 대한 지혜를 서로 나눌 수 있게 된다."고 설명했다.

양모는, "오늘 선생님과 이야기할 수 있어서 너무너무 좋다. 내 마음이 너무 달라진 것 같다. 정말 감사하다"며 진정으로 고마워했다. "언젠가 남편과 함께 상담을 받고 싶다. 상담비가 비쌀 텐데…". 필자는, "상담은 무료로 해준다. 도움이 필요하면 언제든지 연락하시기 바란다."고 이야기 해줬다.

국내 입양 상담사례 1에 대한 고찰

외부의 지원에 대한 양모의 긍정적 태도: 사례 1의 양모는 필자에게 전화를 함으로써 적극적으로 문제를 해결하려는 용기 있는 태도를 보였다. 대부분의 사람들은 외부의 도움을 받는 것에 대해 꺼려하는 경향이 있는 데 반해 먼저 도움을 청한 양모의 태도는 훌륭했다. (입양가족은 문제가 발생하면 적극적으로 외부의 가족상담을 요청하여야 한다.)

또 자신의 문제가 자녀에게, 즉 입양된 아동에게 나쁜 영향을 미칠 것이라며 염려하는 태도도 훌륭했다. 입양은 아주 어려운 과업으로서 입양을 시작한 것 자체가 아주 훌륭하다고 지원했다. 양모가 스스로 느끼고 있는 불임의 고통을 직면할 수 있도록 지원했으며, 함께 공감하며 이겨 나가도록 양모를 지지했다. 양모에게 현재 입양을 하여 자녀를 키우면서 갖는 행복과 기쁨이 얼마나 큰가를 다시금 상기할 수 있도록 지원했다.

양모는 입양아의 친부모에 대해 두려움을 가질 필요 없다: 또한 아동의 친생부모에 대한 두려움을 가질 필요가 없음을 설명해주었다. 미국의 경우에도, 친부모를 찾은 성인이 된 입양아들adult adoptees이 친부모를 찾은 이후에 오히려 입양부모와의 관계가 더 좋아진 연구결과를 보여주고 있다는 것을 설명해주고,[5] 아이에게 그의 친부모가 존재한다는 사실을 인정하고 언젠가 아이가 반드시 친부모에 대해서 물어올 것에 대비할 수 있는 마음자세를 가질 수 있도록 지원해주었다.

위의 〈사례 1〉은 불임부부가 성공적인 입양부모가 되기 위해서는, 먼저 불임에서 오는 심리적인 상실감 즉 친자녀를 갖지 못하는 데에 기인된 고통을 잘 대처하여야 한다는 것을 보여주고 있다.

〈사례 1〉의 양모는 자신의 심리적 갈등의 해결을 위해 오랫동안 상담에 관한 강연 등에 많이 참여하여 왔다고 한다. 따라서 입양전문가로서의 필자에게 전화로 상담을 요청하였을 때 양모는 이미 상담의 내용에 적극적으로 임하며 수용할 위치에 있었다. (이 점에 있어서는 다음 〈사례 2〉의 양모와 다소 대조적이라 할 수 있겠다.)

국내 입양 상담사례 2: 16세 입양아동의 가출과 반항

〈사례 2〉는 한 입양기관의 의뢰로 상담을 하게 된 경우이다. 먼저 입양기관으로부터 한 입양가정을 상담해 줄 것을 전화로 부탁받은 후에, 양모로부터 전화를 받고 전화 상담을 하게 된 경우이다.

---

5. Sachdev, P., “The Triangle of Fears: Fallacies and Fact,” *Child Welfare*, 68, 5(September-October) 1989, pp.491-503.

16세 딸의 가출과 반항: 본 사례의 입양가정은 16세난 딸(입양한 딸)이 가출하여 본드를 흡입하며 친부모를 찾아내라고 행패를 부리는 바람에, 입양부모는 딸을 입양했던 입양기관에 원조를 요청했으며 입양기관은 지리적으로 가까이 있는 필자에게 연락하여 해당 입양가족을 만나서 상담해 주기를 요청했다. 본인은 이에 흔쾌히 응하고 입양가족이 내게 전화를 해주기 바란다고 했다.

같은 날 오후에 양모로부터 필자의 연구실로 전화가 왔다. 입양기관의 담당 사회복지사선생님으로부터 필자에 대한 이야기를 들었다며, 남편과 의논해서 필자를 만날 수 있었으면 좋겠다고 했다. 필자는 양모가 처한 상황에 대해서 먼저 한번 이야기해 보시라고 말했더니 양모는 다음과 같은 상황을 이야기했다.

비밀입양이었으나 딸은 입양사실을 알고 있었음: 입양가족은 딸을 만 16년 전에 생후 3개월 되었을 때에 입양기관을 통해 입양했다. 곧 입양의 비밀을 지키기 위해 즉시 다른 도시에 이사를 왔다. 그동안 입양의 비밀을 지켜왔다고 생각했었는데, 알고 보니 아이는 진작부터 입양에 대해 알고 있었던 것 같다. 초등학교 때부터 문제를 일으켜 초등학교도 겨우 졸업했다. 이때에 아빠가 거의 매일 학교에 데려다 주곤 했다.

딸의 입양에 대한 이야기는 약 1개월 전에야 처음으로 집안에서 이야기하게 되었다. 이야기하게 된 경위도 입양부모가 먼저 이야기한 순조로운 경우가 아니었다. 즉 아빠가 버릇없이 행동하는 딸에게 훈계를 하며 뺨을 때렸는데, 딸이 이에 대해 아빠에게 반항하며 집을 나갔다. 그 후 경찰관이 집에 찾아와서 "댁의 따님이 자신이 입양되었다며 '친부모를 찾아주세요' 하고 호소하는 데 이것이 사실이냐"고 하면서 문의하더라는 것이다.

입양아의 가출: 이때까지도 입양부모는 입양한 딸이 자신의 입양사실을 알고 있는지 전혀 몰랐었다. 이때부터 딸은 친부모를 찾아내라며 양부모, 특히 양모에게 폭언 및 위협적인 언어를 사용하면서 소동을 피우며, 집을 1주일정도 나갔다 다시 하루 정도 들어 왔다를 반복한다는 것이다. 한번 들어올 때마다 양부모에게 친부모를

찾아내라고 소란을 피우는 통에 이웃에 소문이 다 나고 양모는 이에 크게 충격을 받아 가슴앓이로 현재 병원서 통원치료를 받고 있다고 한다.

입양아의 반항에 배신감 느낌: 양모는 딸이 옛날의 딸의 모습으로 돌아오기를 간절히 원하며, 7세까지의 딸은 너무나 귀여웠다고 한다. (이 가정은 딸이 입양된 지 5년 후에 양모가 아들을 출산한 경우이다.) 양모는 "딸이 우리를 배신했다"고 하며, "그 동안은 우리가 딸에게 봉사했던 것으로 생각하겠다."고 했다. 그리고 "친부모를 찾아서 딸을 돌려보내고 싶다"고 하며, 지금 심정은 입양을 하려는 사람이 있으면 극구 말리겠다고 한다.

국내 입양 상담사례 2에 대한 고찰

〈사례 1〉과 달리 〈사례 2〉의 양모는 필자가 대화하기가 힘들 정도로 정서적으로 격앙된 상태에 있었다. 필자는 양모가 이야기하는 중간중간에 대략 다음과 같은 내용을 양모에게 전달하려고 노력했다. (이 때에 양모는 필자의 말에 반박을 많이 하여서 이야기하는 것이 무척 힘들었다):

입양아동은 부모를 배신하지 않았다: 딸은 부모를 배신하지 않았다. 오히려 딸은 부모를 무척 신뢰하며 자신에 대한 부모의 사랑을 확신하고 있다. 즉 딸은 양부와 양모가 자신을 무척 사랑한다는 것을 알고 있다. 그러나 딸은 자신이 누군가에 대해 알고 싶어 한다. 즉 자신의 타고난 유전적인 기원인 뿌리에 대해서 궁금해 하고 있다. 또 자신의 친생부모를 상실한 것에 대해 슬픔을 나타내고 있다. 그것은 우리가 부모를 잃었을 때 슬픈 것과 마찬가지이다. (여기서 필자는 이 슬픔은 양모의 친정부모님이 사망했을 때의 슬픔과 비유될 수 있다고 설명했다.)

딸은 아마 초등학교 때부터 자신의 입양사실을 알고 혼자 마음속으로 친생부모를 잃은 것에 대해 많이 슬퍼해 왔을 것이다. 중요한 것은 이 아이가 집을 완전히 가출하지 않고 가끔씩 찾아온다는 사실이다. 이것은 마음속으로 부모를 신뢰하며 부모의 사랑을 확신하고 있기 때문이다. 즉 딸은 부모가 자신을 지극히 사랑한다는 것을 알고 있다 하겠다.

입양아의 두려움: 부모에게 이렇게 심하게 반항하는 행동은 부모를 테스트하고자 하는 의도가 포함되어 있기 때문이다. 즉 딸은 양부모도 친부모처럼 자신을 버리지 않을까하며 심리적으로 두려워하고 있는 상태이다. 필자는 다음의 내용을 양모에게 전달하려고 최대한 노력했다:

그동안 두 분이 딸을 무척 사랑하신 것이 틀림없다. 친부모를 상실한 딸의 슬픔을 두 분이 이해하며 함께 애도할 수 있다는 마음을 딸에게 전달해 주는 것이 중요하다. 그리고 지금까지 해왔던 것처럼 계속 딸에게 두 분의 애정을 전달하는 것이 좋다. 딸은 부모를 배신한 것이 아니며, 단지 친부모를 잃은 슬픔과 자신의 유전적인 기원, 즉 자신의 뿌리에 대해 알고자 하는 욕구를 표출한 것이다. 딸은 사실 부모를 무척 신뢰하고 있다.

대략 이상과 같은 이야기를 필자는 양모에게 그녀의 이야기 중 틈틈이 전달하려고 노력했다. 그러나 그 당시 양모는 딸에 대한 필자의 관점에 수긍하지 않고 반박을 많이 했었다. 양모는 양부와 의논하여 그 주의 일요일에 필자와 만날지의 여부와 만날 경우 만남의 장소 등을 나중에 전화로 알려 주겠다고 했다.

그러나 5일 후인 토요일까지도 양모로부터 연락이 없게 되자, 필자는 내심 양부모가 딸을 포기하려 하는가하고 염려했었다. 그러나 확인을 위해 필자가 양모에게 연락을 취하여 보니 결과는 의외로 달랐다. 양모는 심리적으로 많이 안정되어 있었으며 지금 딸을 찾아 나서는 길이라고 한다. 딸이 며칠 전에 옷가지를 싸들고 나갔는데, 딸이 있을만한 곳에 가보고 찾는 중이라고 했다.

양모의 목소리는 전과 비교했을 때 놀라울 정도로 차분했으며 또한 확신에 차 있는 듯 했다. 양모는 필자에게 고맙다고 하며 또 도움이 필요하면 다시 연락하겠다고 했다. 양모가 진심으로 고마워한다는 것을 깊이 느낄 수 있었다.

입양부모는 부모로서의 정당성에 확신감을 가져야 한다

위의 〈사례 2〉는 입양부모들이 조금만 외부의 지원을 받아도 입양자녀와 훨씬 더 바람직한 부모자녀관계를 가질 수 있다는 것을 보여주고 있다. 즉 양모가 딸의 관점에서 상황을 볼 수 있게 됨으로써, 딸의 행동에 부모자녀관계를 파괴시킬 수 있는 부정적인 의미를 주지 않게 되었던 것이다.

이것은 양모가 입양된 딸의 입장을 이해하고, 즉 딸의 뿌리를 알고 싶어 하는 욕구를 이해하고 딸의 행동을 자신들(양부모)에 대한 배신적인 행위로 간주하지 않았기 때문에 가능했던 것이다. 오히려 자신들에 대한 딸의 신뢰감과 애정에 대해 확신감을 가짐으로써 딸에 대한 부모로서의 정당성을 회복하였다고 할 수 있겠다.

이처럼 입양부모는 입양된 자녀에 대해 자신들이 정당한 부모라는 자신감을 가져야 한다. 그러나 입양부모, 특히 불임인 입양부모는 부모로서의 정당성에 대한 자신감을 잃기가 쉽다.[6] 외부의 지원은 입양부모가 바로 이 자신감을 가질 수 있노록 도와주는 데에 중점을 두게 된다.

---

6. Ward, M. "Parental Bonding in Older-Child Adoption," *Child Welfare*. 60. 1(January-February), 1981, pp.24-34.
   Borgman, R., "The Consequences of Open-Closed Adoption for Older Children." *Child Welfare,* 61, 2 (March-April), 1982, pp.217-226.
   LePere, W. D., "Vulnerability to Crises during the Life Cycle of the Adoptive Family", in Valentine, D. (ed.), Infertility and Adoption: A Guide for Social Work Practice, NY: Haworth Press, 1988, pp.73-85.

제 6 장

국내 입양 파양 사례 연구

1 _ 국내 입양 파양adoption disruption 사례

2 _ 국내 입양 파양 사례에 대한 고찰

3 _ 입양아동의 생물학적 기원에 대한 추구:
해외 성인입양인들의 「친부모 찾아주오」

제 6장: 국내 입양 파양 사례 연구

국내에서 입양되는 아동들의 평균연령은 1990년대 당시 생후 만 5개월이며, 국내 입양부모들의 약 90% 이상이 불임 입양부모들이었다. 한국입양부모들은 당시 입양의 비밀을 유지하기 위하여 비밀유지가 가능한 유형의 아동인 건강한 신생아만을 선호하였으며, 대부분 입양사실을 입양아동에게 밝히지 않으려 하였다.[1]

1 _ 국내 입양 파양adoption disruption 사례[2]

국내 입양 파양 사례 1: 비행청소년인 아들과 낭비벽인 딸의 문제

입양부모는 결혼하여 10년이 지나도록 자녀를 가질 수 없는 상황이 되자, 이웃 분을 통하여 본 입양기관을 알게 되어 1975년도에 딸을 입양하여 양육하면서 그런대로 행복하게 생활하였다. 그 후 양부모는 아동이 혼자 있는 것을 생각해서 두 번째 입양을 하게 되었다. 오랜 세월이 지난 지금 입양한 아동들이 각각 문제가 있어 양부모가 파양하고 싶다고 한다.

---

1. Bai, Tai-Soon, *Attitudinal Differences Among Prospective Adoptive Parents In Korea,* Unpublishes Ph.D. Dissertaion, the University of Chicago, 1987.
   배태순, "國內 入養문제와 관련한 入養法 改正제안", 한국아동복지학, 창간호, 한국아동복지학회, 1993, pp.1-22.
2. 본서의 국내 입양 파양 사례 1, 2. 3은 홀트 아동복지회의 제공에 의한 것이며, 자료협조에 감사드림.

입양한 사춘기 10대 아들의 문제: 아동은 초등학교를 졸업할 무렵부터 성격이 부드럽지 못하고 자주 성질을 부리고 화를 잘 낸다고 한다. 학업에는 전혀 관심이 없으며 시간과 돈만 있으면 동네 오락실에서 살다시피 한다고 한다. 집에서 학교에 간다고 해놓고 오락실에서 논다고 한다. 그러나 입양부모는 아들을 어렵게 초등학교를 졸업시킨 후 중학교까지 입학시켜 놓았으나, 역시 중학교에 가서도 공부를 하지 않고 가출까지 하여 밖에서 여러 날을 생활하며 집에 들어오지 않는 날이 많았다고 한다.

아동이 집에 들어와서는 숨겨둔 돈을 갖고 달아나서 친구들과 함께 돈을 썼다고 한다. 양부모가 야단을 치면 그때만 잘못했다고 하며 자리만 뜨면 행동의 변화가 없다고 한다. 그러나 양부모는 아동에 대하여 가능한 한 고등학교까지는 어떻게 해서든지 졸업시키기 위하여 안되는 것을 고등학교까지 입학시켜 놓았으나, 학업에는 조금도 관심이 없이 불량친구들과 어울려 다니고 폭행을 하는 등 완전히 불량배 생활을 한다는 것이다.

2년 전(1991년)부터는 집을 가출한 후 집에 들어오지 않더니 얼마 전 집으로 어떤 사람한테 전화가 와서 당신의 아들이 폭행을 하여 교도소에 있다고 하면서 경찰서에 가 보라는 것이다. 그래서 양부는 관할 경찰서에 찾아가서 상담한 결과, 그곳에서 아들에게 버릇을 고쳐야 한다고 하면서 면회조차 시켜주지 않아 그냥 집으로 돌아왔다고 한다. 양부모는 정말 아동을 위하여 최선을 다했는데 하면서 지금 심정은 파양을 하고 싶다고 한다.

입양한 대학생 딸의 문제: 딸은 어떻게 해서든지 입양부모로부터 돈을 타서는 낭비하는 습관이 있다고 한다. 딸은 대학에 입학한 후 등록금 외에 몇백만 원의 돈을 가져갔다고 한다.

국내 입양파양 사례 1에 대한 고찰

자신의 뿌리, 즉 친부모에 대해 이야기하고 싶은 입양아: 입양한 아들은 국민학교(현 초등학교)를 졸업할 무렵 -입양아의 사춘기 시작 시기 - 부터 행동에 문제가 나타나기 시작한 것으로 보고되고 있다. 이때에 입양아는 이미 자신이 양부모에게서 태어나지 않았다는 것을 인지하고 있었다 할 수 있겠다.

따라서 입양아는 자신의 친생부모의 상실에 대한 애도를 표현하고 싶고 여기에 대해 입양부모와 함께 이야기를 나누고 싶었지만, 입양부모는 계속 입양사실을 비밀에 부치려고 노력하므로 입양아는 입양에 관해 부모와 함께 이야기 할 수가 없었다.

결국 입양아는 자신의 뿌리에 대한 혼동감과 더불어 정체감 확립에 필수적인 요소인 존재적 지속성의 욕구가 충족되지 않은 상태에 있게 되어, 심리적 혼동감과 더불어 사춘기에 행동문제가 발생하게 된 것이라고 볼 수 있다.

딸의 경우도 자신의 기원에 대한 혼동으로 인해 존재적 지속성의 욕구가 충족되지 못하면서 정서적인 안정과 정체감이 확립되지 못한 까닭에, 돈을 지나치게 많이 써 봄으로써 자기가치감self-esteem을 증진하려고 꾀한 것으로 볼 수 있다.

아들의 경우와 마찬가지로, 딸도 자신의 입양을 오래전부터 알고 있으며 여기에 관해 부모와 함께 이야기할 수 없음으로 인해 자신에 대한 정체감을 확립하지 못하고, 자신의 뿌리에 대한 혼동감과 더불어 두 입양자녀는 고통을 겪고 있는 것이다.

국내 입양 파양 사례 2: 사채 쓴 24세 성인 입양아

24세 입양한 딸의 문제: 입양부모는 딸을 1969년도에 신생아 때에 입양하여 현재(1993년)는 성인이 되었다. 양부모는 딸을 입양하기 전에 이미 큰 형님의 아들을 입양하여 호적에 양자로 입적하여 생활하던 중 (형님의 아들은) 오래전에 결혼하여 현재는 분가하여 살고 있다고 한다.

본 입양기관을 통하여 입양한 딸은 상업고등하교를 졸업하고 어린이집 보육사로 취직하여 6년 정도가 지나도록 저축한 것은 없고 오히려 집에서 돈을 더 가져다 쓰는 상황이라고 한다. 또한 입양한 딸은 아는 사람한테 사채까지 양부모 몰래 빌려서

양부모가 빚을 갚아주기도 여러 차례 하였다는 것이다. 양부모가 돈을 어디에다 사용했느냐고 물으면 대답을 하지 않고 시간만 있으면 친구들과 어울려 다니는 것 같다고 한다.

얼마 전 양부가 딸이 적어 놓은 메모지를 보았는데 내용에 「가족관계를 이야기해야 하나」 라는 내용이 있었다고 한다. 그래서 양부는 딸이 입양한 사실을 알고 있는 것이 아닌가 하고 걱정을 하게 되었다. 그러던 어느 날 양부의 며느리가 방문하여 집에 있을 때에 외부로부터 전화가 와서 하는 말이 "당신의 시누(입양한 딸)가 사채를 빌려 갔으니 빨리 갚지 않으면 집으로 찾아간다."는 전화를 받고 며느리는 당황하여 시누이에게 말했더니, 그 말을 듣고 집을 나간 후 딸은 집에 들어오지 않는다는 것이다.

입양부모는 딸을 찾기 위해 수소문을 하였으나 현재로서는 찾을 수 없다고 하며 딸이 스스로 돌아오기만을 기다리는 상황이라고 한다. 양부모는 입양한 딸을 위해 최선을 다하여 왔는데 딸은 조금도 이해하지 않고 마음대로 하는 태도를 볼 때 양부모는 지쳐서 입양사실을 그녀에게 말하고 파양하고 싶은 마음이라고 하소연하였다.

국내 입양 파양 사례 2에 대한 고찰

입양아의 뿌리에 대한 혼동감: 사례 2의 경우도 입양부모의 입양비밀유지를 위한 노력에도 불구하고, 입양아는 입양부모가 자신을 출산하지 않았음을 이미 오래 전부터, 아마도 잠복기가 끝날 무렵부터(초등학교 5, 6학년 경부터), 자신의 입양사실을 인지했을 확률이 매우 크다.

이것은 양부가 우연히 보게 된 입양아의 메모지에 적힌 내용인 「가족관계를 이야기해야 하나」를 봐도 잘 알 수 있다. 이것으로 입양아동은 자신의 입양에 대해 입양부모와 함께 이야기하지 못한 까닭에 혼자 자신의 뿌리에 대해 많이 방황해왔었음을 알 수 있다.

입양아동의 이러한 자신의 유전적 기원에 대한 혼동감은 그의 정체감 확립에 방해요소가 되었다. 또한 자신의 친생부모 상실에 대한 애도를 입양부모와 함께 표현하지 못함으로 해서 신뢰에 바탕을 둔 진정한 부모자녀 관계가 성립되지 못하게 되어, 결국 가출의 형태로 문제가 표출된 것으로 볼 수 있다.

국내 입양 파양 사례 3 : 사춘기(18세) 입양아의 반항적인 행동

입양한 18세 딸의 문제: 양모는 1975년도에 생후 2개월 된 여자 아이를 입양하여 현재(1993년)는 고등학교에 재학중이라고 한다. 입양부모는 아동을 입양한 후 5년이 지나서 친딸을 분만하였으며 현재 둘째 딸은 중학교에 다니고 있다.

입양자녀와 친딸이 성장하면서 최근 입양자녀가 충동적이고 모든 일에 반항적이라고 한다. 양모는 입양한 딸을 친자로서 친자식보다도 더 관심을 갖고 양육하여 왔는데 너무나 실망했다고 하면서 「근본 피가 잘못된 것이 아니냐」고 하면서 실망하였다.

양모는 혹시 아동이 어렸을 때에 과잉보호를 해서 그런지 이해가 가지 않는다고 한다. 양모는 앞으로 입양을 원하는 사람이 있으면 절대로 말리겠다고 하면서 분개를 하였다. 그러면서 파양하는 방법이 없느냐고 물어보았다.

국내 입양 파양 사례 3에 대한 고찰

자신의 정체감에 대한 입양아의 혼동감: 파양 사례 3의 경우에도, 입양아는 사춘기에 있으며 세대 간의 생물학적 연결과 자신의 유전적 기원에 대해 관심을 갖게 되는 때이다. 입양아는 입양부모가 직접적으로 자신의 입양사실에 대해 이야기하지 않았다 하더라도 이미 이 사실을 감지하여 인식하고 있다 하겠다.

사춘기 입양아동은 자신의 생물학적 혈통과 뿌리에 대해서 입양부모와 함께 이야기함으로써 그녀의 생부모를 상실한 데 대한 애도도 표현하고 싶어 한다. 그러나 입양부모와는 전혀 자신의 입양에 대해 이야기할 수 없는 상황으로 인해, 자신의 존재적 욕구가 충족되지 못한 상태에 있다. 따라서 그녀의 정체감 혼동에 의한 행동문제의 시작이라고 볼 수 있다.

입양아의 문제는 전체가족의 문제이다: 이러한 입양청소년의 반항적인 행동은 그의 기본적인 존재적 욕구를 충족시키지 못한 전체 가족의 문제임에도 불구하고, 입양부모가 입양아의 「근본 피가 잘못된 것이 아니냐」고 생각하게 되는 것은 많은 입양부모들이 갖는 가장 전형적인 오류 중의 하나이다. 즉 입양아의 반항은 그의 개인적인 결함에 기인된 개인적인 문제가 아니라, 자신의 입양에 관해 이야기하는 것을 허용하지 않는 입양가족 체계의 전체 문제라는 것이다.

더욱이 이 사례 3의 입양아동은 5년 후에 태어난 유전적인 기원이 뚜렷한 입양부모의 친자인 여동생과 자신을 비교해 봄으로써, 자신의 기원의 불확실성이 더욱더 뚜렷하게 부각된 경우라고 할 수 있다.

국내 입양 파양 사례 4: 친부모 찾아내라는 12세의 투정

12세의 입양아동: 만 3세가 되기 전에 입양되었다가, 초등학교 2학년 때까지도 귀엽게 자라던 12세의 남자아이가 부모가 친부모가 아니라는 사실을 양부모로부터 들은 후로는, 친엄마를 찾아내라는 투정을 부리는 반항아로 변해 결국 입양부모가 이 아동을 포기한 경우이다(1993年 5月 5日字 조선일보).[3]

국내 입양 파양 사례 4에 대한 고찰

친부모 상실을 애도하는 입양아: 파양 사례 4의 경우에도, 입양사실을 잠복기(6세-12세) 때에 알게 된 입양아는 자신의 친부모 상실에 대한 슬픔을 입양부모와 함께 애

3. 1993년 5월 5일 조선일보 게재

도하기를 원했지만, 입양부모는 이러한 입양아의 행동을 이해하지 못하고 아동이 자신들을 부모로서 거부하는 행동으로 간주하며 이에 반응하였다.

입양아의 친생부모에 대한 호기심과 궁금증은 그의 존재적인 본능이며, 반드시 이 점에 대해 입양부모와 함께 지속적으로 자유로이 토의될 수 있어야만 그의 정체감 형성과 함께 입양이 성공할 수 있다. 즉 입양아의 자신의 존재적인 기원인 뿌리를 알고자 하는 욕구는, 입양부모에 대한 그의 애정과는 완전히 별개의 것이며, 그의 입양부모에 대한 사랑과 충성심은 그의 친생부모에 대한 궁금증과 서로 상반되는 것이 결코 아니다.[4]

입양부모는 입양아의 친생부모 상실에 대한 슬픔과 애도를 이해하고, 이를 위해 아동과 함께 입양에 관해 이야기함으로써 그의 애도를 도와줄 수 있게 되며, 이렇게 될 때에 입양성공의 확률은 높아진다 하겠다.[5]

2 _ 국내 입양 파양 사례에 대한 고찰

입양 비밀유지의 가능성을 믿는 것은 가장 큰 오류이다.

앞에 열거한 국내 입양 파양 사례들을 살펴보면, 당시 국내 입양부모들이 입양에 관한 비밀이 유지될 수 있다고 믿는 것을 알 수 있다. 즉 입양사실을 입양아동에게 말하지 않으면 아동은 끝까지 입양사실에 대해 모를 것이라고 생각하는 큰 오류를 범

4. Sorosky, A. D., Baran, A. & Pannor, R., *The Adoption Triangle: the Effects of the Sealed Record on Adoptees. Birth Parents,* and Adoptive Parents. Garden City, N. J.: Anchor Press, 1978.

5. Campbell, L. H., Silverman, P. R. & Patti, P. B., "Reunion between Adoptees and Birth Parents: The Adoptees' Experience," *Social Work*, 36 (4), July, 1991, pp.329-339.
Brodzinsky, D. M., Schechter, M. D., & Henig, R. M., *Being Adopted: The Life Long Search for Self*, New York: Doubleday, 1992.

하고 있다는 것이다. 따라서 파양 사례들에 나타난 문제는, 입양아동이 자신의 유전적인 기원에 대한 혼동감으로 인해 정체감 확립이 형성되지 못함에 기인된, 아동 개인의 문제가 아니라 입양가족 전체의 문제임을 보여주고 있다.

즉 입양아가 자유롭게 자신의 입양 전 과거인 유전적인 기원인 그의 뿌리에 대해 입양부모와 함께 토론하며, 잃어버린 친생부모에 대해 애도를 표현할 수 있었다면, 입양아동에게 문제는 발생하지 않았으며 입양은 실패하지 않았을 것이다.

3 _ 입양아동의 생물학적 기원에 대한 추구: 해외 성인입양인들의 「친부모 찾아주오」

아래의 예들은 해외에 입양된 국내 아동들이 성인이 되어 자신들의 친생부모를 찾으려는 간절한 소망을 국내의 일간지를 통해 실은 내용이다. 이것은 입양된 아동이 얼마나 자신의 뿌리인 유전적인 기원에 대해 알고자 하는 욕구가 얼마나 간절하며 절실한가를 보여줄 수 있다:

- '82년 네덜란드에 입양된 李문덕양(당시 12세, 네덜란드명 헤스터 반 웨젭)이 15일 한국일보사에 편지를 보내 친부모나 자신을 파출소에 인계했던 서徐순석씨를 찾아달라고 호소했다(1994年 5月 16日字 한국일보).
- 1950년 한국전쟁 직후 미국인 가정에 입양돼 40여 년 동안 미국 매사추세츠주에서 생활해 온 킴벌리 엥씨(한국명 박朴수덕)가 입양 전 헤어졌던 가족을 찾고 싶다고 한국일보사에 편지를 보내왔다(날짜미상).
- 11세에 프랑스에 입양돼 오랜 정신적 반항을 겪어야 했다는 카트린느 슈발리에씨는, "「나를 낳아준 어머니와 자신의 유전적인 뿌리의 근원을 찾고 싶은 욕망이 언제나 마음 한구석에 자리 잡고 있었다」며, 「예전처럼 그렇게 강렬하진 않

지만 나를 낳아준 어머니를 만날 수 있다면 행복할 것」이라며 손수건을 들었다.” (1994年 5月 29日字 조선일보).

- ’73년 미국에 입양돼 캘리포니아 소거스시에 살고 있는 김미숙씨(30세. 여. 미국명 Suki Desire)가 24일 자신의 한국인 어머니 김판순씨(63세 추정)를 찾아 달라는 간곡한 내용의 영문편지를 본사에 보내왔다. 김씨는 편지에서 『마지막으로 파악된 어머니 주소는 전남 광산군 송정읍 용보리(현재 광주시 광산구 송정동) 274였다』고 밝혔다. 김씨는 ’64년 8월 4일 경기도 의정부에서 태어났으며 미국인 모리스 밍고스씨에 의해 입양됐다(1994年 11月 27日字 조선일보).
- 지난 ’67년 미국으로 입양간 이상인씨(35세. 목사. 미국명. King Lee)가 25일 7살 때 찍은 사진과 편지를 조선일보에 보내오며 삼촌과 누나 등 가족을 찾아달라고 부탁했다(1995년 5월 조선일보).
- 돌도 안 지난 갓난아이로 미국에 입양됐던 슈브씨는 미국 명문대인 컬럼비아대를 졸업, 훌륭한 예비 미술가가 되어 23년 만에 고국을 방문하여 친부모를 애타게 찾고 있다. 엘렌 슈브氏는 「세계적인 예술가가 되기 위해 나의 뿌리를 찾고 싶다」고 말했다. 어려서부터 부모를 찾고 싶었다는 슈브씨는 「설령 부모를 못찾는다 하더라도 고국을 찾아 지금까지 마음 한 구석에 고여 있던 감정의 봇물을 터뜨려야만 예술가로서 성숙한 모습을 보일 수 있을 것 같았다」며 눈시울을 붉혔다(1996년 10월 25일자 조선일보).

제 7 장

성공적인 입양 사례: 한 해외입양아, 케이티Katie의 경우

1 _ "나의 한국 엄마에게(To: My Korean Mother)"

2 _ 입양아의 유전적 기원인 뿌리에 대한 욕구의 이해가 입양성공의 관건이다

제 7 장: 성공적인 입양 사례: 한 해외입양아, 케이티Katie의 경우

성공적인 입양 사례로서 미국에 입양된 한 한국아동에 대한 경우를 들고자 한다. 이것은 입양아동이 한 번도 만나보지 못한 그녀의 생모에게 보낸 편지의 내용을 통해 고찰해 보겠다.

1 _ "나의 한국 엄마에게(To: My Korean Mother)"[1]

나의 한국 엄마에게.

지난주에 나는 열 살이 되었습니다. 만약 엄마가 대한사회복지회에 와서 나에 대해 물을 경우, 나는 나에 대해 조금이라도 엄마가 알기를 원하는 마음에서 이 편지를 쓰고 있습니다.

나는 4학년이고 내가 제일 좋아하는 과목은 수학, 과학 그리고 글쓰기 입니다. 나의 가장 친한 친구 또한 아시안Asian, 동양인입니다. 2년 전에 안나Anna - 나의 가장 친한 친구 중의 한명-와 나는 전체 학생 앞에서 한국 노래를 불렀습니다. 나는 종종 당신에 대해서 생각하고 그럴 때마다 만약 당신이 나에 대해서 걱정하면 어떻게 하나 하고 근심

---

1. 이 편지는 출생 직후 미국으로 입양되어진 이우정(10세, Kaitie Ostrow)양이 보낸 편지로서 대한사회복지회 1992년 4월호 소식지에 게재된 것임.

이 됩니다.

나는 한명의 오빠가 있습니다. 그의 이름은 샘Sam입니다. 나의 미국 이름은 캐스린 리 오스트로우Katharine Lee Ostrow이지만 대부분의 사람들은 나를 케이티Katie라고 부릅니다.

나는 종종 만약 내가 당신을 만난다면 어떻게 행동해야 할까를 생각합니다. 나는 많은 시간을 엄마, 아빠와 함께 당신에 대한 이야기를 합니다. 나는 많은 친구를 가지고 있으며 이곳에서 행복합니다.

이곳의 엄마는 매우 친절해서 나는 그녀를 사랑합니다. 그러나 나는 당신을 만나지는 않았지만 당신을 사랑한다는 것을 당신이 알기를 원합니다. 그리고 마음속에는 항상 2명의 엄마가 있습니다.

만약 당신을 만날 수 있는 기회가 온다면 처음으로 할 일은 당신 옆에서 앉아서 그동안 우리가 잃어버렸던 당신과 나에게 일어났던 모든 일에 대해 서로 이야기하기를 원합니다. 얼마 전에 나의 엄마는 당신과 나에 대한 정보를 약간 얻었습니다.

나는 운동을 좋아하고 즐깁니다. 이 점은 아마도 당신께 물려받은 것이라고 생각합니다. 만약 당신이 이 편지를 받게 된다면 즐거운 시간이 되기를 바라며 나에 대해 생각해 주기 바랍니다. 또한 언젠가 당신을 만나게 되기를 바랍니다.

성공적인 입양 사례에 대한 고찰

위에 제시된 사례의 경우, 케이티Katie의 양부모는 자신들의 입양자녀인 딸의 뿌리에 대해 알고 싶어 하는 욕구를, 그녀의 친생부모에 대해 자유로이 함께 토의할 수 있음으로 해서 충족시켜 주고 있다.

즉 이렇게 함으로 해서 입양아인 케이티Katie는 자신의 뿌리에 대한 존중감과 함께 자신의 정체감을 확립하며, 자기가치감self-esteem 고양과 더불어 친생부모를 사랑하는 마음을 갖게 된 것이라 하겠다. 또한 이러한 자신의 뿌리에 대한 존중감과 더불어 입양부모와도 정이 깊은 탄탄한 부모자녀관계를 형성하고 있는 것이다.

입양아동인 케이티Katie는 두 세트의 부모가 있다는 사실을 수용하고 있으며, 이것은 자신의 출생, 입양될 때의 상황, 왜 이 입양가정에 자신이 오게 되었는가? 등에 관한 이야기가 입양부모와 함께 여러 번 반복되어 토의되어왔기 때문에 가능하게 된 것이라 하겠다.

즉, 케이티Katie의 입양부모는 입양이전의 케이티의 과거를 단절하지 아니하고, 케이티의 타고난 이전의 가족체계를 수용·인정하여 케이티에게 자신들 입양부모 외에도 다른 한 세트의 친생부모가 있다는 사실을 알려주고, 케이티가 이 부모를 상실한 데 대한 상실감도 공개적으로 함께 애도할 수 있도록 도와주었던 것이다.

이 케이티의 경우를 통해, 입양아동의 친생부모에 대한 호기심과 궁금증은 그의 입양부모에 대한 애정과 충성심에 결코 상반되는 것이 아님을 보여주고 있다. 케이티의 입양부모처럼 친생부모와 헤어지게 된 입양아동의 상실감에 대해 함께 이야기함으로써 그녀의 애도를 도와줄 수 있을 때에, 입양아와 진정한 탄탄한 부모자녀관계를 형성할 수 있으며 입양은 성공할 수 있다.

2 _ 입양아의 유전적 기원인 뿌리에 대한 욕구의 이해가 입양 성공의 관건이다

입양은 입양아동이 그가 태어난 친생부모가 정을 떠나서 입양부모의 가정으로 들어가는 것이다. 즉 입양아동은 그의 타고난 유전적인 친생부모체계를 지닌 채 입양부

모의 자녀가 된다는 것이다.[2]

그러므로 입양부모가 마치 입양아를 출산한 것처럼 행동하는 비밀입양의 경우에는 아동의 입양이전의 과거를 단절시키는 상태가 된다. 이렇게 과거가 단절된 상황에서는 입양아동이 자신의 존재적인 지속성의 욕구가 충족되지 못하며 따라서 한 개인으로서의 정체감이 형성되기 힘들다. 이것은 입양부모와 건강하며 신뢰에 바탕을 둔 탄탄한 부모자녀관계 성립을 어렵게 만드는 요인이 된다.

입양의 비밀은 입양의 성공을 저해한다

입양부모는 케이티Kaitie의 입양부모처럼 입양아동이 자신의 유전적인 근원orgin인 뿌리roots에 대해 알고자 하는 한 인간의 기본적인 욕구를 이해하고, 그것을 충족시켜 주어야만이 아동의 정체감 형성과 함께 성공적인 입양을 할 수 있게 된다. 즉 입양부모는 입양아동이 가지는 자신의 친생부모에 대한 호기심이나 궁금증에 대해 그녀와 함께 이야기할 수 있어야 한다는 것이다. 그러므로 불임인 입양부모는 불임에 기인된 자신의 상실에 대한 심리적 갈등을 직면함으로써 대처하여 입양아와 함께 서로의 상실감을 애도할 수 있어야 한다.

입양아동의 과거와의 연결에 대한 욕구 즉 그녀의 친생부모에 대한 호기심이나 궁금증은 입양아의 존재적 본능이며, 이것은 성공적 입양 사례의 케이티처럼 입양부모와 함께 계속 반복적으로 자유로이 토의돼야만 성취될 수 있으며, 이렇게 될 때에 비로소 입양아는 자신에 대한 정체감이 확립되어 입양이 성공하게 되는 것이다.[3]

---

2. Bradbury, S. and Marsh, N., "Linking Families in Preadoption Counseling: A Family System Model," *Child Welfare*, 67, 4(July-August), 1988, pp.327-335.
3. Borgman, R., "The Consequences of Open-Closed Adoption for Older Chidren," *Child Welfare*, 61, 2(March-April), 1982, pp.217-226.
   Clegg, Paula & Toll, Ken, "Videotape and the Memory Visit: A living Lifebook for Adopted Children," *Child Welfare*, 75, 4(July-Agust), 1996, pp.311-319.

그러므로 입양부모가 입양사실을 입양아동이나 타인에게 밝히지 않고 비밀에 부치는 비밀입양실무는 반드시 지양돼야만 입양의 성공이 기대되어질 수 있다.[4]

4. 배태순, "입양사업 제도개선 및 활성화 방안," 한국아동복지학, 3호, 한국아동복지학회, 1995, pp.107-126.

제 8 장

국내 입양의 실무와 미국 입양의 실무는 어떠한가

1 _ 국내 입양: 폐쇄적 입양실무

2 _ 미국 입양

제 8장: 국내 입양의 실무와 미국 입양의 실무는 어떠한가

1 _ 국내 입양: 폐쇄적 입양실무

국내 입양 현황

2000년대의 국내 입양은(보건복지부 통계에 의하면) 매년 약 1,400명에서 1,600명의 아동이 입양되었으며 해외입양은 2007년 이후 1,000명에서 1,200명의 수준으로 감소하였다. 통계에 의하면 1990년대에는 매년 약 1,200명에서 1,300명의 아동이 국내에 입양되었다. (국외 입양은 국내 입양 수의 약 2배가량인 2,100명에서 2,300명 정도가 1990년대에 매년 입양되고 있었다.) 또한 해외에 입양되는 장애아동들의 비율에 비해, 국내 입양은 대부분 건강한 신생아동들이 입양되고 있으며, 장애를 가진 아동들이 국내에서 입양되는 비율은 매우 낮아서 3%가 되지 못한다([표 1]).

대부분의 국내 입양부모들이 생후 5개월 미만의 신체적·정신적 이상이 없는 건강한 신생아동들을 입양하고 있다. 국내 입양부모들은 2011년에 개정되어 2012년 8월에 시행된 "입양특례법"개정 전까지는 입양아동을 자신이 낳은 친자로서 호적, 현재의 가족관계에 입적시킬 수 있었다.[1]

2010년대에도 국내에 입양된 아동들의 약 80%가 생후 3개월 이하이며, 단지 7.7%

---

1. 배태순, "한국 입양부모들의 입양태도에 관한 연구," 사회과학연구, 창간호, 경남대학교 사회과학연구소, 1989, pp.201-244.
배태순, "입양서비스와 가족체계이론," 한국사회복지학, 제16호, 한국사회복지학회, 1990, pp.74-101.

의 아동들만이 1세 이상의 아동들이었다.[2]

가장 최근의 입양법 개정 전까지 국내 입양부모들은 아동을 입양한 후 즉시 아무도 입양을 알아채지 못할 곳으로 이사 가는 방법을 많이 택하였다. 입양아동에게 조차도 입양사실을 비밀로 함으로써 친생부모에게 입양아동의 애정과 충성심을 빼앗길 것이라는 심리적 두려움을 감소시키려 하였다. (그러나 2011년 개정된 입양법은 비밀입양을 원천적으로 봉쇄하였다 하겠다.)[3]

비밀입양은 아동을 입양하는 입양부모가 입양아동과 타인에게 입양사실을 숨기며, 입양모가 입양아동을 출산한 것처럼 가장하며 입양의 비밀을 계속 유지하는 것을 뜻한다. 전통적으로, 국내의 입양실무는 이러한 비밀입양이 주류를 이루어 왔었으며, 국내입양기관은 입양부모들의 입양비밀유지에 사실상 협조해 주는 폐쇄적인 closed 입양실무를 해왔었다.[4]

대부분의 국내 입양은 1990년대까지도 입양부모들의 불임문제를 해결하고 사회문제로 간주되는 미혼모의 혼외출산의 문제를 해결하는 수단으로의 개념이 컸었다. 1990년대 국내 입양부모의 90%이상이 불임이었으나, 현재는 비불임 입양부모의 입양참여의 증가로 불임입양부모들의 비율은 62%로 감소하였다.[5] 국내 입양은 2000년대 초까지도 아동이 중심적인 입양사업이라기 보다는 입양부모가 중심적인 입양실무가 되었던 것이 사실이다. 이 과정에서 (혼외출산의 당사자인) 입양아동과 친생부모의 관심사에 대하여 상대적으로 소홀하였던 것이 사실이다.

또한 국내의 오래된 비밀입양실무의 배경에는 문화적 요소인 강력한 혈연의식의 영향력이 크다 하겠다. 즉 혈연으로 부父와 연관되지 않은 자녀의 경우에는 사회에서 그 자녀의 가계계승 및 자녀로서의 정당성에 의문을 던진다는 것이다.

---

2. 보건복지부, 보건복지통계, 2011.
3. 국내 입양법은 1995년 1월에 전문개정된 “입양촉진 및 절차에 관한 특례법”에서, 2011년 8월4일에 “입양특례법”으로 전부개정되었음. 본서의 부록에 게재되었음.
4. 배태순, “입양사업 제도개선 및 활성화 방안,” 한국아동복지학, 3호, 1995, pp.107-126.
5. 배태순, 전게서, 1990.

[표 1] 국내·국외 입양 및 장애아동의 전체입양 비율

년도	국내 입양			해외 입양		
	장애아동	전체입양	비율	장애아동	전체입양	비율
1994	44	1,207	3.7	987	2,262	43.6
1997	12	1,412	2.7	784	2,057	38.0
2000	18	1,686	1.1	634	2,360	26.9
2003	20	1,544	1.3	649	2,287	28.4
2005	27	1,461	1.8	737	2,101	35.0
2007	40	1,388	2.9	500	1,264	39.6
2009	36	1,314	2.7	97	1,125	8.6
2010	47	1,462	3.2	205	1,013	20.2

출처: 보건복지부 통계(2004, 2008, 2011).

입양아동이 입양부의 혈통을 이어받은 입양부모에게서 태어났다고 함으로써 사회의 편견으로부터 입양아동을 보호할 수 있게 된다는 것이다. 따라서 아동의 입양사실을 감추는 것이 오히려 그의 복지를 증진한다는 논리가 전통적으로 입양의 비밀을 주장하는 국내 입양실무의 근간을 이루어 왔었다.[6]

국내 입양부모들의 태도변화

국내 입양가족 자조집단의 탄생

국내의 전통적인 혈연중심 가치관으로 인해, 국내 입양부모들은 입양이 알려질 경우에 그들의 입양자녀가 겪게 될 불이익이 두려워 입양사실을 밝히는 것을 꺼려해 왔다. 그러나 이러한 비밀입양은 비밀유지를 어렵게 만드는 유형의 특별욕구를 지닌 아동들 - 나이 들고 장애가 있는 아동들 - 은 국내 입양이 어렵게 되고(해외에서

보건복지부, 보건복지통계, 2011.

6. 배태순, "국내 입양문제와 관련한 입양법 개정 제안", 한국아동복지학, 창간호, 한국아동복지학회, 1993, pp.1-22.
Bai, Tai-Soon, *Attitudinal Differences Among Prospective Adoptive Parents in Korea*, Unpublished Ph.D. Dissertation, the University of Chicago, 1987.

입양되었으며), 건강한 신생아동들만이 국내 입양에 선호되는 유형의 아동들로 간주되었다[7].

국내의 전반적인 입양태도는 1990년대 후반부터 입양아동들에게 좀 더 우호적인 방향으로 변화되기 시작하였는데, 이것은 1995년의 첫 입양법 개정과 2000년의 아동복지법 개정 등의 영향력도 있었지만, 무엇보다도 1999년의 국내 최초 입양가족들의 자조집단인 한국입양홍보회, 엠펙MPAK의 탄생과 관련된다 할 수 있겠다.[8]

엠펙은 국내 최초의 입양가족들을 위한 지지집단으로 설립되었으며, 현재 서울과 수도권 지역의 14개 지회를 포함하여, 전국에 걸쳐 총 26개의 지회를 가진 전국적인 입양가족들의 지지단체이다. 엠펙은 일반 국민들의 입양에 대한 인식 변화를 위해 노력해 왔으며, 엠펙의 입양가족들은 국내의 입양가족들과 예비 입양가족들에게 입양부모로서의 모델 및 역할을 보여 주어 왔다. 엠펙의 웹사이트(www.mpak.org)에서 회원가족들은 자신들의 입양에 대한 입양일기를 올려 서로 입양아동 양육에 대한 정보와 경험을 함께 공유하고 있다. 누구든 입양에 관심이 있다면 엠펙 웹사이트에서 회원입양가족이 쓴 입양일기를 읽을 수 있다. 이러한 입양일기를 읽을 수 있음으로 해서, 일반인들은 실제 입양아동을 양육하는 입양가족들에게 그들의 현실적인 입양아동양육과 관련하여 접근할 수 있는 기회를 갖게 되는 것이다.[9]

엠펙은 국내의 TV, 일간지, 엠펙 웹사이트 및 교육프로그램 등을 통해, 입양 및 그 특성에 대해 회원가족들 뿐만이 아니라 일반 대중들을 교육하기 위해 노력해 왔다. 전국에 위치한 엠펙의 각 지회는 회원가족들을 위해 각각의 지역에서 지회모임을 개최하고 있으며, 이러한 지역 지회모임에서 입양가족들은 입양아동의 양육과

---

7. 배태순, 전게서, 1993.
8. 배태순, "입양발전을 위한 국내 입양부모 자조집단의 영향력", 인문논총, 제 16집, 경남대학교 인문과학연구소, 2003, pp.231-252.
9. 엠펙(MPAK)의 설립 10주년을 기념하는 회고문 "한국입양홍보회, 엠펙의 10년 발자취와 비전 2020"이 본서의 부록에 게재되었음.
한국입양홍보회, 입양가정소식, 가을, 28, 2012.

관련된 정보와 경험을 다른 입양가족들과 공유하며 나누게 된다.

가장 최근에 수행된 연구는 입양부모들의 지지집단의 다른 입양가족들과의 모임에 참여하는 것이, 입양의 본질에 대한 이해와 입양에 대해 이야기하려는 의지와 실제 일상생활에서 입양에 대해 더 많이 이야기하며, 또한 그들의 입양에 대한 만족에 지대하게 유의미한 영향력을 미치고 있음을 보여주었다.[10]

국내 해외입양인들의 모국 방문: 뿌리의 추구

1990년대 초부터 어려서 해외에 입양되었던 많은 국내 성인입양인들이 모국을 방문하여, 매스미디어를 통해 그들의 친생부모를 찾는 눈물겨운 사연들을 국내의 일반인들이 자주 접하게 되었다. 이러한 사례들을 점점 더 많이 보게 되면서, 국내의 일반인들 및 입양부모들은 일반적으로 유전적인 기원인 뿌리에 대한 욕구가 얼마나 개인의 정체성에 중요한 섯인가를 깨닫게 되는 기회가 되었다. 국내의 해외성인입양인들은 자주 그들의 입양부모와도 함께 신문 및 TV 등에 출연하였는데, 이것 또한 국내 입양부모들에게는 좋은 모델이 될 수 있었다. 즉 해외입양인들의 뿌리를 찾기 위한 모국방문과 그들의 추적을 돕는 입양부모들의 노력은 입양아동의 뿌리추구와 입양부모에 대한 사랑은 완전히 서로 다른 별개의 것임을 깨닫도록 도와주었다 하겠다.[11]

---

10. Bai, Tai-Soon, "Adoptive parents' attitudes toward adoption and domestic adoption development in Korea: Adoptees' specific needs for origin", *Asian Social Work and Policy Review*, Wiley-Blackwell, 2012. pp.131-161.
11. Bai, T. S. (2007). Korea's overseas adoption and its positive impact on domestic adoption and child welfare in Korea. In K. j. S. Bergquist, M. E. Vonk, D. S. Kim, & M. D. Feit (Eds.). International Korean adoption: A fifty-year history of policy and practice. pp.207-219. N.Y.: The Haworth Press, Inc..

현 국내 입양부모들의 입양에 대한 이해 및 태도

국내에서 1년 이상 입양자녀를 양육하고 있는 입양부모들만을 대상으로 수행된 가장 최근의 연구는, 아마도 지금까지 수행된 연구 중에 가장 많은 수의 실제 입양을 수행중인 국내의 입양부모들이 참여하였으며, 현재 국내 입양부모들의 입양에 대한 이해와 입양만족 등을 다음과 같이 보여주었다.[12]

국내 입양부모들의 입양과 출산은 다르다는 것에 대한 이해

위 측정을 위해 활용된 세 항목의 빈도분석은 국내 입양부모들이 입양의 특성에 대해 잘 이해하고 있지 못하다는 것을 보여 주었다. 즉 세 항목의 평균점수는 5점 만점에 2.51로서, 입양부모들의 입양의 특성에 대한 이해는 매우 낮은 수준임을 보여 주었다.

단계회귀분석에 의한 위 측정은, 입양아동의 입양당시의 나이, 입양부모의 다른 입양가족들과의 모임참여, 입양부모의 교육이 가장 유의미한 변인으로 나타났다. 즉 나이든 아동을 입양한 부모들, 다른 입양가족들과의 모임에 적극 참여하는 입양부모들, 2년 이상의 대학교육을 받은 입양부모들이, 그렇지 않은 입양부모들보다 입양이 출산과 다르다는 입양의 특성을 잘 이해할 확률이 각각 더 높게 나타났다.[13]

국내 입양부모들의 입양자녀와 입양에 대해 이야기하고 소통하려는 의지

위 측정을 위해 활용된 5항목의 빈도분석은 5점 만점에 평균 4.20으로서, 입양에 대해 입양자녀와 이야기하려는 입양부모들의 의지는 높은 것을 보여 주었다. 입양부모들의 입양의 특성에 대한 이해가 평균 2.51인 것을 비교해 보면, 그들의 입양에 대해 소통하려는 의지는 높았다.

위 측정을 위한 단계회귀분석은 입양부모들 중에서, 다른 입양가족들과의 지역모

12. Bai, T. S. op. cit., 2012.
위 영문논문의 한글번역논문이 국내 단독으로 본서에 참고논문으로 부록에 실려 있음.

13. Ibid.
위의 영문논문의 한글번역논문이 국내 단독으로 본서의 부록에 참고논문으로 게재되어 있음.

임에 적극적으로 참여하는 입양부모들, 2년 이상 대학교육을 받은 입양부모들, 친자가 한 명이상 있는 가임입양부모들이, 그렇지 않은 입양부모들보다 입양자녀와 입양에 대해 소통하려는 의지가 각각 더 높은 것으로 나타났다.

가임입양부모들이 입양에 대해 소통하려는 의지가 더 높은 것은 불임가족들이 불임을 직면하는 데에 어려움이 있다는 사실을 보여준다 하겠다. 국내 입양가족에게는 지지집단의 다른 입양가족들과의 모임에 적극적으로 참여하는 것이 입양자녀와 입양에 대해 이야기하고 소통하려는 그들의 의지에 가장 큰 영향력을 미치는 중요한 요인임을 보여 주었다.

국내 입양부모들의 실제 입양자녀와 입양에 대해 이야기하고 소통하는 정도

국내 입양부모들이 단순히 의지가 아닌 실제로 그들의 일상생활에서 입양자녀와 입양에 대해 이야기하는지, 이야기한다면 이들의 태도에 영향력을 미치는 요인은 무엇인지를 연구에서 파악해 보고자 하였다.

위 측정을 위한 빈도분석은 국내 입양부모들이 그들의 의지와는 다르게 실제는 그들의 입양자녀와 입양에 대해 자주 이야기하지 않고 있음을 보여 주었다. 즉 측정에 활용된 두 항목의 평균점수는 5점 만점에 2.60으로서, 입양부모들이 일상생활에서는 그들의 입양자녀와 입양에 대해 "거의 이야기하지 않는다."거나, "가끔 이야기한다."의 정도임을 보여 주었다. 입양부모들 중 약 49%는 입양에 대해 "아직 한 번도 이야기한 적이 없다."(38.2%)거나, "지금까지 한두 번 정도 이야기했었다"(10.7%) 정도였다.

입양부모들이 자녀의 입양에 대해 이야기하고 소통하려는 의지는 5점 만점에 평균 4.20으로서 높은 점수를 보였으나, 실제 일상생활에서 실천은 평균 2.60으로서 의지만큼 입양에 대해 이야기하는 것이 잘 되지 않고 있음을 보여주었다.

단계회귀분석에 의한 위 측정은 이전의 두 경우와 마찬가지로, 입양부모의 다른 입양가족과의 모임참여가 입양자녀와 그의 입양에 대해 실제 이야기하는 정도에 영향을 미치는 가장 강력한 요인으로 나타났다. 즉 다른 입양부모와의 모임에 적극적으로 참여하는 입양부모가 그렇지 않은 입양부모보다 입양자녀와 실제로 입양에 대해 이야기할 확률이 더 높다는 것이다.

위 측정의 다른 유의미한 요인은 입양아동의 현재 나이였다. 즉 현재 입양자녀의 나이가 더 많은 입양부모들이 입양자녀의 나이가 어린 입양부모들 보다 입양에 대해 실제 자녀와 이야기할 확률이 더 높다는 것이다. 입양아동들이 만 6세나 그 이상이 되면 입양의 의미를 알게 되고, 그의 다른 한 세트의 부모에 대해 궁금해 하게 되므로, 나이든 입양자녀를 둔 부모들은 자녀로부터 입양관련 질문을 받게 되고, 따라서 자연히 입양부모가 입양에 대해 이야기할 확률이 더 높아지게 되는 듯하였다.

국내 입양부모들의 자녀들과 의사소통하는 패턴

입양부모가 자녀들과 의사소통하는 패턴을 측정하기 위해 활용된 두 항목의 빈도분석은 5점 만점에 4.38의 높은 평균점수를 보여 주었다. 즉 이것은 입양부모들이 그들의 자녀와 상호작용할 때에 애정적인 표현을 많이 하며 대화를 많이 한다는 것을 보여주었다.

위 측정의 단계회귀분석에서는 단 하나의 요인, 아동의 현재 나이만이 유의미함을 보여주었으나, 부정적으로 유의미하였다. 즉 국내 입양부모들은 그들의 입양자녀가 나이가 더 많아질수록 그들과 상호작용 할 때에 애정적이며 소통적이 될 확률이 더 낮다는 것이다.

국내 입양부모들의 입양에 대한 전반적인 만족

입양가족의 입양에 대한 만족을 측정하기 위한 세 항목의 빈도분석은 5점 만점에 평균점수 4.46으로서 입양부모들의 입양에 대한 전박적인 만족은 매우 높다는 것을 보여 주었다.

위 측정의 단계회귀분석은 국내 입양부모들의 입양만족에 대한 새로운 관점을 보여주었다. 이전의 측정들과 마찬가지로, 입양부모의 다른 입양가족들과의 모임참여는 그들의 입양만족에 유일하게 긍정적으로 영향을 미치는 유의미한 요인이었다.

그러나 다른 두 유의미한 요인인, 입양아동의 현재 나이, 입양아동의 입양당시 나이는 입양가족의 입양만족에 부정적으로 영향을 미쳤다. 즉 나이든 아동을 입양한 가족들과 입양한 자녀가 현재 나이가 든 입양가족들은, 그렇지 않은 입양가족들보다 자신들의 입양에 대해 만족할 확률이 더 낮다는 것이다. 이것은 입양부모들이 자신들의 입양자녀가 성장하며 나이가 드는 것에 대해, 편안해 하지 않으며 다루기 힘들어 한다는 것을 시사해 준다 하겠다.

즉 국내 입양부모들 중에 자신들의 입양에 대해 만족하는 입양부모들은, 나이가 더 어린 아동을 입양한 입양부모들, 현재 입양자녀의 나이가 아직 어린 입양부모들임을 보여주었다.

입양가족의 자녀양육스타일과 관련되는 그들의 의사소통 패턴이 입양에 대한 그들의 만족에 어떤 영향을 미치는가에 대한 탐색적 조사에서는, 자녀에게 애정적이고 소통적인 입양부모들이 입양에 대해 만족할 확률이 더 높다는 것을 보여주었다.

또한 입양가족의 가임성이 입양부모의 입양만족에 부정적으로 유의미함을 보여주었다. 즉 친자가 있는 입양부모가 불임인 입양부모보다 그들의 입양에 대해 만족할 확률이 더 낮다는 것이다. 이것은 다소 놀라운 발견이나, 입양가족의 가임성이, 입양아동의 현재 나이 및 입양아동의 입양당시 나이와 유의미한 상관관계가 있기 때문인 듯하다. 즉 입양가족의 입양만족은 입양아동의 현재 나이 및 입양당시 나이와 유의미하게 부정적인 관계인데, 친자가 있는 입양부모들이 불임인 입양부모들보다 더 나이든 아동들을 입양했고, 또 그들의 입양자녀가 현재 나이가 더 들었기 때문에 그들의 입양만족에 부정적인 영향을 미치고 있는 듯하였다.

입양에 만족하는 입양부모들은, 자녀에게 애정적이고 소통적인 입양부모들, 친자가 없었던 불임입양부모들, 나이가 더 어린 아동을 입양한 입양부모들이었다. 연구는 국내에서 더 나이든 아동을 입양한 가족들이 나이 어린 아동을 입양한 가족들보다 입양에 대해 덜 만족하고 있음을 분명히 보여 주고 있다.

종합적으로, 국내 입양부모들의 입양에 대한 만족은 그들의 입양자녀가 어릴 때에는 지속되지만, 아동이 성장하여 입양의 의미와 친생부모 상실을 깨달을 만큼의 나이가 되면, 입양부모들은 입양에 대해 계속 만족하지 않는 듯이 보였다. 가임입양부모들이 그들의 입양에 대해 불임입양부모들보다 덜 만족하고 있다는 것은 놀라운 발견이었다. 그러나 이것은 국내 입양가족들이 입양자녀의 나이가 듦을 어떻게 다루어야 할지에 대해 잘 모른다는 사실을 밝혀주는 것이며, 이것을 위한 지원이 강하게 요구됨을 시사해 준다 하겠다.

국내 입양부모들의 현재 가족생활에 대한 만족

입양가족의 가족생활 만족측정을 위한 두 항목의 빈도분석은 5점 만점에 평균점수 4.13으로서 입양부모들의 현재 가족생활에 대한 비교적 높은 만족을 보여 주었다. 그러나 그들의 입양만족에 대한 평균 점수였던 4.43보다는 조금 낮았다.

위 측정의 단계회귀분석은, 아동의 입양당시 나이와 입양부모의 교육이 유의미한 요인임을 보여 주었으나, 아동의 입양당시 나이는 입양부모의 가족생활 만족에 부정적으로 유의미하였다. 또한 입양부모의 입양만족이 통제된 경우의 가족생활 만족에 대한 회귀분석은, 입양만족, 입양부모의 교육, 입양가족의 가임성이 유의미한 요인임을 보여주었다. 즉 입양가족은 먼저 그들의 입양에 대해 만족하여야만 가족생활에 대해 만족한다는 것을 보여주었다. 이것은 입양부모들의 입양만족과 가족생활 만족 간의 유의미한 상관관계에서도 잘 나타났다.

국내 입양부모들 중에서 현재의 가족생활에 대해 만족하는 입양부모들은, 자신들의 입양에 대해 만족하는 입양부모들, 대학에서 2년 이상 대학교육을 받은 입양부모들, 친자가 있는 가임입양부모들임을 보여 주었다. 특히 가임입양부모들은 일단 자신들의 입양에 만족하면, 현재의 가족생활에 대해 불임입양부모들보다 더 만족하는 것을 보여 주었다.

국내 입양부모들의 입양에 대한 종합적인 이해 및 태도

국내에서 실제 입양아동을 현재 양육하고 있는 가장 많은 입양부모들이 참여한 연구의 결과를 종합해 보면, 국내 입양가족들이 아직 입양의 본질과 그 특성에 대해 잘 이해하지 못하고 있다는 것을 보여 주었다. 대부분의 가족들이 입양아동의 특정적 욕구인, 유전적인 친생부모에 대해 알고자 하는 욕구에 대해 깊이 이해하지 못하고 있었다. 이러한 아동의 욕구가 충족되어야만 정체감 형성과 함께 아동이 자신의 입양위치에 대해 비로소 정서적으로 안정적이 된다는 사실을 이해하지 못했다.[14]

또한 국내 입양부모들이 입양에 대해 입양자녀에게 이야기하겠다는 의지는 높게 나왔지만, 실제 입양아동을 양육하는 일상생활에서는 그의 입양에 대해 거의 이야기하지 않는다는 것을 보여 주었다. 입양부모들은 입양에 대해 입양 자녀와 "지금까지 한두 번 이야기하였다"거나, "한 해에 한두 번 정도 이야기한다."정도였다. 입양부모들의 양육스타일에 포함되는 의사소통패턴과 관련하여서는, 입양부모들은 입양아동의 나이가 어릴 때에 자녀와 상호 작용 시 애정적이고 소통적이 될 확률이 더 높았다.

현재 국내 입양가족들은 그들의 입양에 대한 전반적인 만족은 매우 높다는 것을 보여 주었다. 그러나 입양가족들의 입양만족은 그들의 입양자녀가 아직 나이가 어려 그의 입양에 대해 모를 때, 따라서 그들이 아동으로부터 입양과 관련된 호기심이나 질문을 다루지 않아도 될 때까지만 입양에 대해 만족하는 듯이 보였다. 즉 입양자녀가 나이가 들어 그의 입양에 대해 알게 되고 입양에 대해 입양부모에게 질문하기 시작하면, 입양부모들은 불안해하며 스트레스를 받아 입양에 대해 만족하지 않는 듯 보였다. 국내 입양가족들은 이러한 스트레스를 그들이 겪는 어려움과 관련하여 명백히 피력하였고, 입양자녀가 성장하는 과정 중에 외부의 지원이 필요한 영역임을 절실히 느끼고 있었다.

---

14. Bai, T. S. op. cit., 2012.

그러므로 국내 입양가족들이 입양자녀가 나이가 들어도 그들의 입양에 대해 계속 만족 할 수 있도록 돕기 위해서는, 그들이 나이 든 입양자녀를 다루는 방법과 입양에 대해 자녀와 소통하는 방법을 배울 수 있어야 할 것이다.

연구의 결과는 입양가족들 중, 친자가 있는 가임입양가족들이 불임입양가족들보다 입양에 대해 만족할 확률이 더 낮다는 다소 놀라운 사실을 발견하였다. 그러나 이것은 가임가족들이 불임가족들보다 나이 든 아동을 입양하였고, 현재 그들의 입양자녀가 나이가 더 들었기 때문일 것이다. 이것은 가족의 가임성, 입양아동의 현재 나이, 입양아동의 입양당시 나이 간의 유의미한 상관관계에서도 알 수 있었다.

따라서 가임입양가족들의 입양만족이 불임입양가족들보다 더 낮은 것은 그들의 입양자녀가 입양당시의 나이와 현재의 나이가 더 많기 때문일 것이다. 즉 나이 든 입양자녀를 둔 가임입양가족들이 그들의 입양자녀가 입양에 대해 궁금해 하며 질문을 할 때 어떻게 자녀를 다루어야 할지를 모르기 때문에 입양에 대한 그들의 만족감이 감소된다는 것이다. 그러므로 국내 입양가족들은 그들의 입양자녀가 입양의 의미를 알 수 있을 나이가 되어도, 그의 입양관련 질문으로부터 스트레스를 받지 않고 입양에 대해 계속 만족할 수 있도록 지원받을 필요가 있는 것이다. 그러나 가임입양가족들은 일단 입양에 대해 만족하면, 비가임입양가족들보다 그들의 가족생활에 대해 더 만족하는 것을 보여 주었다.

무엇보다도, 연구의 가장 고무적인 발견은 국내의 입양부모들이 다른 입양가족들과의 모임에 참여하는 것이 보여주는 강력한 힘이라 하겠다. 입양부모들이 지지집단의 다른 입양가족들과의 모임에 참여하는 것이 입양아동의 전반적인 복지와 입양부모의 입양만족에 긍정적으로 기여하는 가장 강력하고 유의미한 요인으로 나타난 점이다. 즉 다른 입양가족들과의 지역모임에 활발히 참여하는 입양부모들이, 모임에 참여하지 않는 입양부모들보다 입양의 본질에 대해 더 잘 이해하며, 입양아동과 입양에 대해 이야기하려는 의지가 더 많으며, 입양아동과 실제 일상생활에서 입양에 대해 더 많이 이야기하며, 그들의 입양에 대해 더 많이 만족해함을 보여주었다.

입양가족들의 현재 가족생활에 대한 만족과 관련하여, 국내 입양부모들은 그들의 입양에 대해 먼저 우선적으로 만족하여야만 그들의 현재 가족생활에 대해 만족하는 듯하였다.

국내 입양가족들의 입양자녀 양육 중 어려운 점

국내 입양부모들이 그들의 입양자녀를 양육하는 중에 가장 어렵고 도움이 필요하다고 생각되는 부분은 다음과 같이 피력되었다:15

즉 입양가족들은, 아동에게 언제 어떻게 그의 입양에 대해 이야기하는가 하는 것이 입양아동 양육에 가장 어려운 점이라고 응답하였으며, 이것은 다음과 같이 표현되었다:

> "아이에게 자신의 입양에 대해 이야기할 것인지의 여부에 대한 갈등"; "아이가 자신의 입양에 대해 알세 될까봐 두렵다."
>
> 입양부모들은 입양자녀에게 어떻게 그의 입양에 대해 이야기하고 또 이야기한 후에 그 상황을 어떻게 대처할 지에 대해 모르는 것을 가장 어려운 문제로 느끼고 있었다. 이것은 다음과 같은 언급에서도 잘 나타났다;
>
> "아직은 어려움이 없지만 일단 우리 아이가 자신의 입양에 대해 알게 되면 어떻게 될 지 두려워요."

입양가족들은 또한 그들의 입양자녀가 자신들이 이해할 수 없는 행동이나 불안정한 정서를 보일 때 어떻게 대응할지를 몰라 가장 힘들다고 보고했으며, 또한 입양자녀에 대해 폄하하는 듯한 타인들의 태도가 힘들다고 보고했다. 부모들은 그들의 입양자녀에게 소요되는 비용으로 인한 재정적인 어려움도 함께 피력했다. 입양부모들

15. Ibid.

은 가장 도움이 필요한 영역을 다음과 같이 응답하였다;

> "입양에 대해서 아이에게 어떻게 이야기하는 방법과 아이가 정체감을 형성하도록 돕는 방법에 대해 아는 것", "아이의 친생부모에 대한 궁금증을 어떻게 다루어야 할지에 대해 아는 것", "아이의 입양에 대한 질문에 어떻게 답해야 할지에 대해 아는 것" 등이다.

가족들은 이러한 모든 것을 배우기 위해서 장기교육과 상담이 필요하다고 피력했다. 즉 입양가족들은 입양 후에 가족들에게 입양기관이 제공하는 입양사후서비스와 나이 든 입양아동들의 정체감 형성을 도울 수 있는 교육프로그램에 대한 욕구도 표현하였다. 특히 입양가족들은 입양자녀가 성장하면서 자신의 입양에 대해 알 수 있을 나이가 되었을 때, 입양부모들이 대처할 수 있는 양육방법에 대해 가장 도움이 많이 필요한 듯하였다. 일반인들의 입양에 대한 태도의 개선과 모든 입양가족들에게 지원되는 입양보조금을 또한 원했다.

또한 입양부모들은 입양사전 준비로서, 입양 전에 입양의 고유한 어려움과 갈등에 대해 더 많이 알았었기를 원했고, 입양아동들에 대해 좀 더 많이 이해할 수 있었었기를 원했다. 이러한 바램은 다음과 같이 표현되었다;

> "입양아동의 독특한 상황과 관련하여 입양을 더 잘 이해하도록 배웠어야 했었다", "아동에게 그의 입양에 관해 언제 어떻게 이야기하는 가에 대해 좀 더 많이 생각했었기를 원한다." 등이었다.

또한 입양부모들은 특히 불임인 경우에, 입양 전에 부모로서의 심리적인 준비가 좀 더 잘 되었었기를 원했으며 이것은 다음과 같이 표현되었다;

> "부모가 되는 것에 대한 더 많은 심리적인 준비", "양부모로서 잘 키울 수 있다는 자신감과 용기", "입양부모 자신의 내적 치유", "아픈 가슴

과 눈물," 등이다.

입양가족들은 또한 자신들의 경제적 안정성에 대해 입양 전에 좀 더 고려했었기를 원한다고 보고했다. 종합적으로, 국내 입양가족들이 그들의 입양자녀를 양육하면서 가장 힘들고 도움이 필요하다고 생각하는 영역은 다음과 같았다:16

① 입양자녀에게 입양에 대해 이야기하는 시기와 방법에 대해 궁금해 하였으며, 이야기한 후에 입양자녀가 경험하게 될 충격과 혼동감을 어떻게 다룰 것인 가에 대해 가장 염려하였다. 거의 모든 가족들이 이러한 염려와 관련하여 정기적이며 지속적으로 배울 수 있는 교육프로그램을 원했다; ② 입양가족들이 입양자녀와 혼란을 겪을 때 가장 외부의 지원이 많이 필요하므로, 입양기관이 입양사후 상담서비스를 제공하여 이것을 항상 활용할 수 있게 되기를 원했다; ③ 입양가족들의 재정적인 어려움의 감소를 위해, 입양아동의 교육, 보육, 의료보호 등을 위한 정부의 입양보조금을 원했다; ④ 일반인들의 입양자녀에 대한 편견적인 폄하태도는 입양부모들이 마음을 아프게 하였다. 특히 입양자녀의 입양에 대해 알고 있는 사람들이 쓸데없는 동정을 입양자녀에게 베풀면서 친자와 다르게 대할 때 상처받는다고 한다.

국내 입양가족들의 수많은 응답내용을 통해 볼 때, 잘 계획된 정기적인 교육프로그램이 국내 입양가족들에게 가장 필요하며, 이러한 교육을 통해 가족들은 그들 입양자녀의 나이에 따른 심리적인 욕구를 더 잘 이해할 수 있게 되고, 그의 입양에 대해 이야기하는 것과 그의 유전적인 기원에 대한 질문을 받을 때 대처하는 것에도 차츰 더 익숙하고 편안해 질 수 있게 될 것이다.

---

16. Bai, T. S. op. cit., 2012.
배태순, "국내 입양부모들의 입양에 대한 이해와 전반적인 입양만족", 2013. (본서의 부록에 단독 게재되었음.)

2 _ 미국 입양

미국의 입양은 그 실무에 있어서 거의 대부분이 완전개방이나 반개방의 방향으로 전환하였다. 미국은 국내와는 달리 다양한 형태의 입양실무를 거쳐 오고 있었다. 초기의 폐쇄적인 입양실무에서 현재의 완전개방적인 입양실무로 변천해 왔으며, 그 변천사는 다음과 같다.

미국 입양: 폐쇄적 입양실무에서 완전 개방적 실무로의 전환

미국의 입양도 혼외출산에 대한 사회의 편견이 완화되기 전인 1970년대 초까지는 입양아동이나 그의 친생부모 특히 생모인 미혼모들의 관심사나 욕구는 고려되지 않는 실무가 수행되었었다.

즉 입양아동이 입양가정의 구성원으로 빨리 흡수되기 위해서는, 입양아의 친생부모와의 관계를 완전히 절단하여 멀리하게 하는 것이 그의 복지를 위해 최선이라는 잘못된 주장이 그 당시 미국 입양실무의 주류를 이루었었다.[17]

입양이 종결되면 입양부모의 성을 딴 새로운 입양아동의 출생증명서가 발부되어 가정법원으로부터 입양가족에게 부여되며, 아동의 친생부모에 대한 정보는 그 법원에 밀봉sealed되어 보관되며, 그의 유전적인 근원에 대한 정보는 특별히 요청된 법원의 허락 없이는 입양아동에게 제공되지 않았다.[18]

---

17. Dukette, Rita, “Value Issue in Present-Day Adoption,” *Child Welfare*, 63, 3(May-June), 1984, pp.233-243.
    Kirk, David H. Shared Fate: *A Theory and Method of Adoptive Relation Ships*. Rev. ed. Port Angeles, Wash.: Ben-Simon Publications, 1984.
    Pannor, R & Baran, A. “Open Adoption as Standard Practice,” Child Welfare, 63, 3 (May-June), 1984, pp.245-250.
18. National Committee for Adoption, Adoption Fact Book: United States Data, Issues, *Regulation and Resources*. Washington, D.C.: National Committee for Adoption, 1988.

그 결과 아동의 입양을 주재한 입양기관이 입양부모에게 입양아동에게 그의 입양 사실을 알려주라고 지시는 하나, 성인이 된 입양아가 그의 유전적인 신원배경에 대한 정보에 접할 수 있는 기회는 제공되지 않았던 폐쇄적인closed 입양실무가 수행되었다.

미국 성인입양인들의 조직적인 단체 운동:

'70년대 중반부터 시작된 성인이 된 입양아동들adult adoptees의 조직적인 단체운동은 (예를 들면, 대표적인 조직으로서 the Adoptees Liberty Movement Association(입양아동자유운동연합회)이나, the Washington Adoptees Rights Movement(워싱톤입양아동권리운동) 등이다.) 자신들의 생물학적 근원과 혈통에 대한 정보에 접근하는 것을 막는 입양법 개정을 요구해 왔었다.

이러한 노력의 결과로, 1989년에 이미 미국의 33수州가 입양아가 성인이 된 후에는 자신의 친생부모에 대한 정보에 접근할 수 있는 입양법으로 바뀌었으며, 당시에 입양아동의 출생적 배경에 대한 정보제공을 금하였던 나머지 주州들도 입양아동과 친생부모를 위한 상호동의등록제mutual consent registry를 채택하여 정보를 제공하고 있다.[19] (국내에서도 입양법이 2011년 8월에 전부 개정되어 2012년 8월에 시행된 "입양특례법"도, 국내에서 처음으로 입양아동을 위한 입양정보의 공개를 제36조에 명시하고 있으며, 친생부모의 동의 없이는 친생부모의 인적사항을 제외한 정보를 아동에게 제공될 수 있도록 명시되었다.)[20]

이러한 미국의 성인 입양아들의 조직적인 운동은 그동안 무시되어왔던 입양아동

---

19. 상호동의등록제(mutual contest registry)는 입양아동과 친생부모의 서로의 사생활(privacy)을 보호하기 위한 제도로서, 입양아는 생부모가 자신을 찾는 것을 원한다는 등록이며, 친생부모 또한 입양아동이 자신들을 찾는 것을 원한다는 등록이다.
    Evan. B. Donaldson Adoption Institute, 2002.
20. 국내의 2011년 8월 11일에 전부 개정된 "입양특례법"이 본서의 부록에 게재되었음.

과 친생부모의 욕구에 중요성을 부여하는 개방적 입양실무로의 전환에 큰 역할을 하였다 할 수 있다.

또한 이와 때를 같이 하여, 1970년대 중반에 입양될 건강한 신생아의 수가 대폭 줄게 되면서부터, 입양부모들은 그동안 "입양할 수 없는 아동들unadoptable"로 간주되었던 나이가 든 아동이나 신체장애아동들도 입양대상으로 고려하기 시작했다. 그러나 이미 자신의 친부모를 알고 있는 나이 든 아동들을 입양함으로써 입양부모들은 아동의 친생부모의 존재를 인정하고 수용하는 입양태도를 가지게 되었으며, 입양은 점점 입양아동 중심적인 실무가 되기 시작했었다.[21]

미국 입양: 성인입양인의 출생기록 접근권과 친생모의 입양가정 선택권

현재 미국의 입양실무는 입양의 세 주역들의 욕구를 공평하게 반영하려고 노력한다. 즉 입양아동의 타고난 가족체계를 부인하지 않으며, 모든 입양아동은 성인이 된 후 자신의 출생과 관련된 기록에 접할 수 있게 되며, 아동을 포기했던 친생부모도 상호(입양아와 생부모 모두) 원하면 성인이 된 아동에 대해서 알 수 있고 만날 수도 있게 된다.[22]

또한 현재 아동의 입양을 원하는 친생모들은 입양을 담당하는 입양기관이 선정한 입양부모들 중에서 즉 입양가정으로 승인된 입양가정들 중에서 아동의 입양부모를 직접 선택하기까지 한다. 이렇게 함으로써 생모로 하여금 자신의 아동에 대한 인생 방향을 결정하는 데에 결정적인 역할을 하였다는 느낌을 갖도록 해주어, 포기하는

---

21. Churchil, Sallie R., *No Child is Unadoptable.* Bevery Hills, CA: Sage Publication Inc., 1979.
    Triseliotis, J. & Cobban, V., "Recent Developments Affecting Adoption Numbers and Adoption Practice," British Journal of Social Work, 1, No. 3, 1971, pp.333-344.
    Sinanoglu, P. and Maluccio, A (Eds.) *Parents of Children in Placement: Perspectives and Programs,* N.Y.: Child Welfare League of America, 1981.
22. National Committee for Adoption, op. cit., 1988.
    Donaldson, op. cit., 2002.

고통에 위로가 될 수 있도록 배려해 주는 것이다.[23]

입양기관은 입양부모가 친생부모의 간섭 없이 입양아동에 대해 보호양육권을 가지는 유일한 부모라는 것을 입양부모와 친생부모 모두에게 확신시킨다.[24]

미국 입양부모는 입양아의 친생부모의 존재를 인정하며, 그들의 아동포기의 고통을 이해함으로써 그들에 대한 두려움이나 경쟁심 없이, 어느 일정기간동안 입양기관을 통하여 생부모 특히 친생모에게 입양아에 관한 소식을 전해주는 데까지 모두 동의하며 참여하고 있다.

이러한 입양실무는 생모가 자신의 아동을 입양으로 포기한 후에는 그 아동과의 관계를 완전히 절단하여, 아동의 생사여부조차 확인하지 못했던 1970년대와 그 이전의 입양부모중심적인 폐쇄적 입양실무와는 많은 차이가 나며, 또한 훨씬 인간적이다.

입양기관은 입양부모의 양육권을 보호하기 위해 입양부모가 입양아동에 대해 유일하게 보호양육권을 가지는 부모라는 것을 접촉동의서 등을 작성하여 입양부모와 친생부모 모두에게 분명하게 확신시킨다.[25] 현재 미국에서 실행되는 입양아동의 친생부모체계와 접촉하는 개방적 입양실무는 반개방 입양과 완전개방 입양의 형태를

---

23. Fish, Anne and Speirs, Carol, "Biological Parents Choose Adoptive Parents: The Use of Profiles in Adoption," *Child Welfare*, 69, 2 (March-April), 1990, pp.129-140.
Chippindale-Bakker, Victoria & Foster, Linda, "Adoption in the 1990s: Sociodemographic Determinants of Biological Parents Choosing Adoption," *Child Welfare,* 75, 4(July-Aug.), 1996, pp.337-355.
24. 배태순, 미국 개방입양서비스의 경험과 시사점: 오리건(Oregon)주의 사례. 한국가족복지학회, 2009. pp.71-102.
Bradbury, S. and Marsh, N. "Linking Families in Adoption Counseling: A Family System Model," *Child Welfare*, 67, 4 (July-August), 1998, pp.327-335.
25. McRoy, R. G.; Grotevant, H. D.; White, K. L., *Openness in Adoption: New Practice. New Issues.* N.Y: Prager, 1988.
배태순, 전게서, 2009.
Grotevant, H. D. & McRoy, R. G. Openness in Adoption. 1998.

취하고 있다 하겠다.

미국 입양: 반개방입양과 완전개방입양

개방적인 입양실무인 반개방 입양semi-open adoption은 친생부모와 입양부모 간에 서로 다양한 형태의 의사소통을 갖는 것을 의미한다. 즉 입양기관을 통하여 편지와 사진 등을 서로 교환하며, 입양부모와 친생모가 만나는 것은 처음 한번은 만나지만 지속적인 만남이나 직접적인 접촉은 없다. 입양가족은 반드시 입양기관을 통하여 입양아의 소식을 전하게 된다.

양쪽 모두에게 서로 상대방의 신원을 파악할 수 있는 성명 및 주소 등의 정보는 제공되지 않으며, 단지 성이 없는 이름first-names만 주어질 뿐이다. 처음에는 반개방으로 시작한 미국의 입양부모들이 입양자녀가 성장함에 따라 완전개방적인 입양으로 전환하는 경향이 높은 것으로 보고되고 있다.

입양아동의 친생가족에게 완전히 개방된 완전개방 입양fully-disclosed adoption은 아동이 입양가정에 입양된 후에도 입양가족이 아동의 친생부모체계와 계속 관계와 접촉을 갖게 되는 것을 뜻한다. 접촉의 형태나 빈도수는 입양부모와 친생부모 특히 친생모인 당사자들에 의해서 결정되고 있다.[26]

완전개방입양의 주창자들은 이러한 형태의 개방적인 입양실무가 입양아동의 건전한 정신건강을 촉진시킨다고 믿는다. 입양아는 입양부모가 자신이 태어난 친생가족과의 접촉으로 인해 가정 내에서 입양에 관한 의사소통을 자유로이 할 수 있고, 생부모에 대한 호기심과 질문을 가지는 것이 입양부모에 대한 충성심이나 사랑의 부족이 아님을 알게 된다. 즉 입양아동은 죄의식을 느끼지 않고 두 세트의 부모를 생각할 수 있도록 허용이 된다는 것이다. 또한 입양아동은 자신의 친생부모가 현재

26. Ibid. 2009.
Berry, Marrianne, "Adoptive Parents' Perceptions of, and Comfort with, Open Adoption." *Child Welfare*, 72, 3 (May-June), 1993, pp.231-253.

의 부모를 입양부모로서 선택했다는 것을 알기 때문에 입양부모와 더 강한 소속감을 갖게 된다.[27]

친생모가 승인된 입양가정들 중에서 자신의 아동을 위한 가정 선정: 완전개방입양에서는 반드시 친생부모, 특히 생모가 자신의 아동을 양육할 입양부모를 입양기관에 의해 가정조사home study가 끝난 입양가정들 중에서 선정하며, 대부분 자신의 아동을 직접 입양부모에게 건네어 준다. (현재 미국의 많은 입양부모들이 이것을 녹화video-taping하여 성장하는 입양아에게 보여주고 있다.) 이것은 현재 미국에서 친생부모에 의한 아동학대가 개입되지 않은 사립입양기관의 입양에서 중요한 의식ritual으로 자리 잡아 가고 있다.[28]

완전개방입양은 생부모生父母, 특히 생모가 아동의 양육보호권을 포기하는 고통을 더 잘 대처할 수 있도록 돕고 있다는 것이다. 즉 생모는 자신이 직접 입양부모를 선정하고 만났으며, 자신의 아동을 유기한 것이 아니라 아동을 위해 계획을 세웠다는 생각과, 또 계속 아동에 대한 소식과 접촉을 가질 수 있음으로 해서, "그들이 내 애기를 정말 사랑할까?"라는 두려움과 근심을 가지면서 살게 되지 않게 되어, 생모가 마음의 평화를 가질 수 있는 확률이 높게 된다.

친생부모에 대한 두려움이 감소된다: 완전개방적인 입양은 입양아의 친생부모에 대한 입양부모들의 두려움을 없애준다는 것이다. 입양부모는 생모가 찾아와서 아이를 도로 달라거나 납치를 하지 않을까 등등의 염려로 인해 불안할 수 있다. 그러나 완전개방입양을 경험한 미국 입양부모들은 친생부모나 친생모를 일단 만난 후로는

27. Silber & Dorner, op. cit., 1990.
Ibid.., 2009.

28. Ibid., 1990.
Clegg, Paula & Toll, Ken, "Videotape and the Memory Visit: A Living Lifebook for Adopted Children," *Child Welfare*, 75, 4(July-Aug.), 1996, pp.311-319.
Grotevant & McRoy,op. cit., 1998.

더 이상 생모를 두려워하지 않게 되었다고 보고한다.[29]

즉 입양부모는 친생모와의 처음 면담과 이후의 계속적인 의사소통을 통해, 친생모가 자신의 아동에 대한 입양결정에 만족해하며, 아동의 삶을 흩트릴 수 있는 행동은 결코 하지 않을 것이라는 의지 및 의사를 입양부모에게 직접 전달할 수 있음으로 해서, 입양부모는 더 이상 친생모를 위협으로 간주하지 않게 되어 마음의 평화를 가질 수 있게 된다는 것이다.

입양부모들도 자신들이 입양아동의 친생모에 의해 아동의 부모로 선정되었다는 것에 대해 긍정적인 생각을 가지게 되며, 이러한 기분은 아동에 대한 부모로서의 정당성 확립에도 중요한 역할을 하는 것으로 보고되고 있다.[30]

전통적인 폐쇄적 입양으로 입양되어 친생부모와의 접촉이 전혀 없었던 입양아동들이 성인이 되어 그들의 친생모와 재회reunion한 결과에 대한 연구들은, 입양아들이 생모와 만난 이후에 입양부모와의 관계는 오히려 더 개선되었다는 결과를 보여주고 있다. 또한 입양의 비밀성은 입양의 세 주역들에게 불필요한 비애, 고통, 두려움을 유도한다고 주장하고 있다.[31]

그러나 완전개방입양이 성공적으로 수행되기 위해서는 반드시 질 높은 입양상담서비스와 함께 제공되어져야 한다. 즉 입양은 삶의 전 과정life-long process동안에 걸쳐 계속 진행되는 지속적인 과정이며, 입양아동이 입양가정에 들어가는 것으로서 끝나는 것이 아니라, 그것이 곧 입양의 시작이라는 것이 완전개방입양의 기본적 개

---

29. Ibid., 1990.
    Ibid., 1998.
30. Ibid., 1998.
    배태순, 전게서, 2009.
31. Rosenberg, M. B. Rosenberg, M. B. (1989). *Growing up adopted.* New York: Bradbury Press.
    Sachdev, P., "The Triangle of Fears: Fallacies and Fact." *Child Welfare*, 68, 5(September-Octover), 1989, pp.491-503.
    Sachdev, P., "Adoption Reunion and After: A Study of the Search Process and Experience of Adoptees," *Child Welfare*, 71, 1(January-February), 1992, pp.53-68.

념이기 때문이다.[32] 따라서 입양의 전 과정을 통해 발생할 수 있는 문제에 대해 가족들이 언제든지 상담 및 치료를 받을 수 있는 상황이 되어야 한다는 것이다.

미국의 완전개방입양에 대한 설명은 본서의 후반부인 제11장에 입양아동의 정체감 형성과 관련한 입양부모의 역할에서 더 자세히 소개되고 있다. 즉 실제 완전개방입양을 실행하고 있는 미국 입양부모들을 대상으로 수행된 연구를 소개함으로써, 입양자녀를 위해 완전개방입양을 수행하는 입양부모들의 역할 및 아동의 친생부모에 대한 태도변화 등에 대해 더 자세한 설명이 제공될 수 있을 것이다.

32. Silber & Dorner, op. cit., 1990.
Grotevant & McRoy, 1998.
Schooler, J. E. & Atwood, T. C. *The whole life adoption book*. Colorado Springs, CO: Nav-Press, 2008.

제 9 장

성공적인 입양을 위한 입양부모의 과업: 입양 전前의 과업

1 _ 입양부모의 입양 전前 과업

2 _ 입양의 동기에 대한 고찰

3 _ 입양부모의 입양을 위한 정신적 준비 과업

제 9장: 성공적인 입양을 위한 입양부모의 과업: 입양 전前의 과업

성공적인 입양의 요건은 입양아동이 자신의 유전적인 뿌리roots에 대해 알고자 하는 욕구를 입양부모가 이해하고, 또한 입양부모가 불임인 경우에 불임에 기인된 심리적 갈등을 해결하여야 한다는 것을 고찰해 보았다.

입양부모가 취하여야 할 과업과 관련하여, 입양아가 입양가정에 들어오기 전과 입양아동이 입양가정에 들어온 후에 아동의 성장발달단계에 따라 각각 디른 입양부모의 과업에 대해 논해 보고자 한다.

1 _ 입양부모의 입양 전前 과업

입양부모의 입양자녀 양육은 비非입양부모의 친자녀양육과 다르다

입양부모는 입양아동에 대한 자녀양육이 비非입양부모의 자녀양육과는 근본적으로 다르다는 것을 염두에 두어야 한다. 즉 입양아가 성장하는 나이에 따라 입양과 관련되는 개념이나 질문 등이 달라지며, 이에 대한 입양부모의 반응도 각기 달라야 되기 때문에 입양부모의 과업은 입양아의 성장기에 따라 대처하는 과업이 달라진다.[1]

---

1. Brodzinsky, D. M., Schechter, M. D., & Henig, R. M., *Being Adopted: The Life Search for*

특히, 불임인 입양부모는 자신의 친자녀를 출산할 수 없음으로 인해서 친자녀에 대한 환상을 상실했으며, 또한 자녀를 출산하여 가질 수 있는 성취감도 상실한 부부이다. 이러한 상실은 자녀를 출산할 수 있는 재생산의 능력을 가진 다른 사람들과 자신들의 위치를 비교할 때 자기가치감self-esteem의 상실을 초래할 수도 있게 된다[2] (이런 이유로, 간혹 입양부모가 입양아의 친생부모를 시기하거나 부러워하게 된다. 실제로, 필자가 면담한 국내 입양부모들 중에 생후 2개월 된 아들(현재 14개월)을 입양하여 현재 행복한 한 양모는, 아들을 입양하기 전前에 일시영아보호소에서 아동들을 돌보는 자원봉사 활동을 했었는데, "아이를 이렇게 낳으면서도 버리는 생모들에 대한 분노감, 시기심, 및 열등의식 등으로 인해 봉사하던 것을 중지했었다"고 이야기했다. 이 양모는 아들을 키우면서 얻는 그 기쁨으로 "입양 전의 고민이나 열등의식을 많이 잊었다"고 한다.).

즉 모든 불임인 입양부모들은 입양한 자녀가 결코 자신들이 낳았을지도 모르는 친자녀가 될 수 없다는 점에 있어서는 상징적인 상실을 겪고 있다는 것이다. 이러한 상실감이 심리적으로 잘 해결되지 않으면, 이것은 입양가족에게 부정적으로 영향을 미칠 잠재적 요소가 될 수 있다. 따라서 모든 상실은 애도할 필요가 있으며, 그 상실과 함께 오는 고통과 괴로움을 해결하려는 노력이 필요하다. 애도는 슬픔과 고통을 인정하며 표현함으로써 시작되고 실행된다. 입양의 성공을 위해서 입양부모와 입양아는 서로 각자의 상실에 대해 애도할 수 있는 기회를 가져야만 하는 것이다.[3]

그러나 불임인 입양부모가 이러한 애도의 필요성을 깨닫지 못하고, 입양이 불임과 관련된 모든 고통을 해결해 주리라는 막연한 기대감을 가지고 입양을 하게 된다

Self, New York: Doubleday, 1992.

2. Conway, P. & Valentine, D., "Reproductive Losses and Grieving," in D. Valentine, (ed.), *Infertility and Adoption: A Guide for Social work Practice,* NY: Haworth Press, 1988, pp.43-64.
3. Kirk, David H. Shared Fate: *A Theory and Method of Adoptive Relationships.* Rev. ed. Port Angeles, Wash.: Ben-Simon Publication, 1984.

면, 이 입양가족은 입양경험에 잘 적응하지 못하게 되며, 성공적인 입양을 성취할 확률이 낮게 된다.

대부분의 불임 입양부모들은 입양을 결정하기 전에 먼저 친자를 가지려고 많은 노력을 해 보게 된다. 즉 불임의 원인을 파악하기 위한 의료검진 과정 등을 여러 번 겪게 되며, 임신을 기대했으나 임신이 되지 않는 뒤이은 실망감 등의 과정을 수 없이 반복하여 겪게 된다. 이러한 과정은 비입양부모는 겪지 않는 과정인 것이다.[4]

불임이 판명된 경우에, 모든 가능한 의료적인 시험 및 절차를 동원하여 밟았음에도 임신이 되지 않아 할 수 없이 입양을 결정하는 부부가 있는가 하면, 이러한 의료적인 과정을 거치지 않고 좀 더 빨리 입양을 결정하는 부부도 있다. 어느 경우이던간에, 불임부부는 자신들이 낳을 수 없는 자녀의 상실을 애도하여야 하는 과업에 직면하고 있다 하겠다[5](불임부부 주위의 친지는 이러한 불임의 상실을 이해하여 많은 정서적 지지를 제공해 줌으로써 그들의 애도를 돕게 된다.).

불임 입양부모의 불임에 대한 애도mourn는 중요하다

자신의 친자를 가질 수 없는 것에 대한 애도의 중요성은 여러 전문가들에 의해 강조되고 있다.

불임 입양부모의 상실의 슬픈 감정을 인정해 준다

불임부부들을 위한 정서적 지원의 필요성: 불임의 애도는 상실과 관련된 슬픈 감정을 표현할 기회를 갖고, 불임과 관련하여 이러한 감정이 있을 수 있다는 것을 인정받는 것을 포함한다. 타인으로부터의 지원support이 있다는 것을 알게 될 때에 이러한 슬픔은 해결이 될 수 있는 것이다[6](예를 들면, 필자가 면담한 양모 중에도 불임의 고

4. Conway & Valentine, op. cit., 1988.

5. Ibid.

통을 인정하고 지원해 주었을 때 양모는 눈물을 흘렸는데, 이것은 자신의 불임에 대한 애도로서 건강한 해결이라 할 수 있겠다.).

그러나 많은 불임부부에게는 이러한 지원이 존재하고 있지 않다. 즉 가족이나, 친구, 혹은 전문가의 지원 없이 많은 불임부부들이 자신의 고통을 혼자 직면하도록 내버려져 있다는 것이다. (본서의 앞 장에서 다루었던 "스트레스가 쌓였다는 양모의 사례"에서도, 양모는 거의 10여년 가까이 혼자 불임의 상실에 갈등해 왔으며, 필자의 지원을 받은 후에야 비로소 너무나 마음이 후련하다고 토로한 바 있다.)

불임부부들은 불임에 대한 갈등의 해결로서, 재생산reproduction의 능력을 가진 이상적인 자신의 상실을 수용하고, 손상된 자신의 신체 이미지image와 부모로서의 중요성 등을 생각해 보는 과정을 거쳐야 한다. 특히 입양 전에 자신의 불임에 대한 분노를 해결하지 않은 여성들은 그러한 분노의 감정을 입양아의 생모에게 대치시키는 경우가 발생할 수 있게 된다는 것이다[7](즉, 입양부모는 자신들과 달리 입양아의 생부모가 자녀를 낳을 수 있는 재생산의 능력을 가진 데 대해 열등의식 및 반감을 가질 수도 있다는 것이다.).

불임부부들의 대처 양상: 대체로 불임부부들은 두 가지 양상으로 불임에 대처한다. 즉, ⓐ친자녀를 갖지 못하는 슬픔과 비탄을 부인하거나 억누르고 곧장 입양을 결정하는 부부; ⓑ이러한 상실을 애도할 기회를 가진 후에야 입양을 결정하는 부부로 나누어 질 수 있다는 것이다.[8]

입양아동에게 입양은 항상 끝없는 상실을 의미한다. 즉 입양은 그에게 정서적으

---

6. Mahlstedt, P. P. & Johnson, P. T., "Support to Person Experiencing Infertility: Family and Friends Can Help," in D. Valentine,(Ed.), *Infertility and Adoption: A Guide for Social Work Practice.* N.Y.: Haworth Press. 1988, pp.65-72

7. Sorosky, D., Baran, A., Pannor, R, The Adoption Triangle: *The Effects of the Sealed Record on Adoptees, Birth Parents,* and Adoptive Parents. Garden City, NJ: Anchor Press, 1978.

8. Winkler, R. C., Brown, D. W., Keppel, M. V., & Blanchard, A., *Clinical Practice in Adoption,* Elmsford, N.Y.: Pergamon Press, 1988.

로 중요한 사람과의 관계의 상실, 뿌리라는 상징적인 상실, 유전적인 정체감의 상실, 과거에 대한 연결성의 상실이기 때문이다. 그러므로 입양 전에 자신의 불임에 의한 상실감을 잘 해결하지 못한 불임입양부모는, 입양아가 성장하면서 느끼게 될 이러한 상실감을 잘 대처해 나갈 수 있도록 도와줄 수 있는 위치에 있지 못하게 된다.[9]

불임은 가족내의 죽음과도 비유될 수 있다

불임은 가족 내의 죽음과도 비유될 수 있으며, 따라서 불임은 죽음으로서 애도되어야 한다고 주장하는 학자도 있다. 즉 성공적인 불임의 애도는 죽음과 연관된 충격shock, 반발protest, 부인denial 등 일련의 감정을 겪음으로써 그 애도가 성취 될 수 있다는 것이다.[10]

불임부부들은 불임으로 판정된 후에 비탄감에 잠기게 되는 데, 이러한 반응이 정상이라는 지원을 받을 필요가 있다. 일단 이러한 슬픈 감정이 있을 수 있으며, 이것은 정상적이라는 것을 알게 된다면, 대부분의 불임부부들은 그들의 불임의 슬픔을 이겨 나갈 수 있게 된다는 것이다.[11]

(미국의 경우에, 많은 입양기관들이 불임부부들의 이러한 불임에 기인된 슬픈 비탄의 감정해결을 돕기 위해 입양신청자들에게 "불임 연수infertility workshops" 등을 제공하고 있으며, 이곳의 참여여부가 입양신청과정의 필수가 되는 곳도 있다.)

2 _ 입양의 동기에 대한 고찰

현대사회 입양부모들의 입양 동기는 입양아동에 대한 기대감과 직접적인 연관이 있

9. Brodzinsky, Schechter, & Henig, op. cit., 1992.
10. Winkler et al., op. cit., 1988.
11. Mahlstedt & Johnson, op. cit., 1988.

다. 국내외적으로 입양부모들은 대개 공통적으로 다음과 같은 입양동기를 가지고 있다 하겠다[12]:

① 부모가 되어서 가정을 꾸리며 만족스러운 가정생활을 갖고자 하는 욕구를 성취하기 위하여, 그러나 불임으로 인해 이러한 욕구가 입양이 아니면 성취될 수 없는 경우;

② 자신들이 낳을 수 있는 자녀보다 더 많은 수의 자녀를 원하는 경우;

③ 영구적인 가정이 없어 아동복지 영육아시설(고아원) 등에서 거주하여야 할 아동에게 영구적인 가정을 제공해 주고자 하는 욕구가 있는 경우;

④ 자녀를 낳을 수 있는 능력은 없으나, (임신이 안되거나, 혹은 임신 중에 유산이 되는 경우 모두 포함하여) 그럼에도 불구하고 자신들에게나 타인에게 부모가 될 수 있다는 것을 증명해 보이고 싶은 욕구가 있는 경우;

⑤ 아이를 낳을 수는 없지만, 가정을 이루어야 한다는 가족이나 사회의 압력에 (자녀가 없으면 이상하게 보는 것이나, 무자녀이면 가계가 끊어진다는 통념 등) 반응하여야 하는 욕구가 있는 경우;

⑥ 사망으로 잃은 자녀를 다른 아이로 대신하려는 욕구가 있는 경우;

⑦ 자신들이 알고 있는 특정한 아동에 대한 관심과 책임감 등으로 인해 영구적이며 안정적인 보호를 제공하고자 하는 욕구가 있는 경우, 등이 있을 수 있겠다.

국내 입양부모들의 입양동기도 '80년대 중반에 이미 약 40% 이상의 입양부모들이 아동중심적인 입양동기, 즉 '가정이 없는 아동에게 가정을 제공하고자' 하는 동기로 입양을 원했다. 약 8% 정도의 입양부모들만이 '가계를 잇기 위해서'나 '노후의 생활을 보장하기 위해서'를 자신들의 입양동기로 응답했으나, 현재는 이러한 입양 동기는 아주 미미하다 하겠다.[13]

12. Winkler et al., op. cit., 1988.

13. Bai, Tai-Soon, *Attitudinal Differences Among Prospective Adoptive Parents in Korea.* Unpublished Ph. D. Dissertation, the University of Chicago, 1987.

3 _ 입양부모의 입양을 위한 정신적 준비 과업

입양의 특성에 대한 고찰

입양을 원하는 미래의 입양부모는 일단 입양하기로 결정을 내린 다음에는, 입양과 관련된 입양의 모든 특성들에 대해 반드시 미리 생각해 보아야 한다. 이러한 입양의 특성들에 대한 자신의 생각을 사전에 점검해 보지 않는다면, 이후에 자신들뿐만 아니라 입양아를 포함한 전 가족에게 영향을 미치는 더 긴박한 문제로 대두될 수 있기 때문이다. 따라서 미래의 입양부모는 입양을 위한 준비과업으로서 입양의 특성을 고찰해 보아야 하며, 고려할 사항들은 대략 다음과 같다[14]:

① 불임과 관련하여 자신의 실패감, 상실감, 그리고 이것이 자기가치감에 미치는 영향에 대한 고찰;

② 입양에 대한 시회의 인식, 예를 들면, 혼외출산이나 나른 사람의 아이에 대한 사회의 태도는 어떠한 것인가에 대한 고찰이다; (필자가 면담한 한 양모는 결혼 9년 만에 입양을 하는데, "아이 없을 때도 행복했지만 지금의 행복과는 차원이 다르다. 지금의 행복은 다른 차원의 행복감이다. 이렇게 기쁨이 크다" 하면서 입양 후 아주 행복해 했는데, 그녀가 입양을 일찍 생각하지 않았던 것은 자라면서 주위의 입양아에 대한 부정적인 인식을 직접 경험했었기 때문이었다고 한다.)

③ 불임인 부부가 입양을 통해 가족을 창출하는 것에 대한 사회의 정서적 인식에 대한 고찰 (즉 불임과 관련하여 입양부모에 대한 사회의 편견이 있는가에 대한 고찰);

④ 입양의 현실 특히, 입양아가 다른 부모에게서 태어났다는 사실과, 이러한 사실을 자신들과 아동의 일상적인 삶에 적응시켜야만 하는 필요성에 대한 고찰, 즉

14. Winkler et al., op. cit., 1988.

입양부모로서 입양아에 대한 현실적인 기대감은 무엇인가에 대한 고찰 (예를 들면, 입양아가 성장하여 친부모를 찾는다면 도와줄 것인가 등에 대한 고찰을 말한다);

⑤ 친생부모에 대한 감정의 고찰 (예를 들면, 두려움, 감사하는 마음, 신비스런 마음, 시기감 즉 불임인 경우 친생부모가 불임이 아닌 것에 대한 시기감 등의 감정이 있을 수 있다);

⑥ 입양아동과의 관계가 얼마나 탄탄하며 영구적인 것일까에 대한 불안감이 있을 수 있다;

⑦ 입양기관에 의해 적절한 입양가정으로서 승인받는 가정조사home study과정 중에 겪어야 할 불안감이나 분개감 등에 대한 고찰(조사과정이 너무 길거나 사생활에 대해 침해적이라고 느낄 경우에 생길 수 있는 감정이다);

⑧ 입양기관에 의해 가정조사가 끝나고 입양가정으로 승인이 된 후에, 아동이 가정에 오기까지 기다려야 하는 기간 동안에 느끼는 불확실성에 대한 고찰(예를 들면, 비非불임부부들은 9개월이라는 부모로서의 새로운 역할을 준비할 수 있는 확실한 기간이 있는 데에 비해, 입양의 경우 기다림은 불안하며 그 기간은 또한 확실하지가 않을 수 있다 - 미국의 경우에 이것은 수년이 걸리는 경우가 허다하다);

⑨ 입양부모로서의 과업에 대한 불안감이다. 예를 들면, 입양아를 마치 자신들이 낳은 것처럼 키우되 그에게 입양사실을 이야기하여야 하며, 입양아가 이러한 사실을 알고 지낼 수 있도록 도와주어야 하는 딜레마dilemma, 즉 어려움에 대한 불안감 등을 들 수 있겠다.

미래의 입양부모는 이상과 같은 입양의 특성들을 고려하여 본 후에 입양을 추진하여야만 입양 성공의 확률이 높게 된다 하겠다. 즉 입양을 위한 준비과업으로서 미래의 입양부모들이 사전에 고려해 보아야 할 사항들이라는 것이다.

입양을 준비하는 기간 동안에 가장 이상적인 것은 불임인 입양부모들의 모임인 자조집단self-help groups에 참여하는 것이라 할 수 있다. 이 모임을 통해서 미래의 입양부모는 자신들이 불임에 대해 가지는 비탄한 마음, 입양과 관련한 불확실성 및 불안감 등의 감정은 지극히 정상적이라는 정신적 지원을 받을 수 있게 된다[15](미국의 경우에, 이러한 불임입양부모들의 자조집단이 지역적으로 존재하여 입양부모들은 능동적으로 입양에 대처하고 있다. 국내에도 1999년에 최초의 전국적인 입양부모 자조집단 - 한국입양홍보회MPAK - 가 형성되어 활발한 활동을 벌이고 있다. 본서의 후반부에 자세히 소개될 것이다.).

즉 불임인 입양부모는 불임에 직면하게 되어도 자신들에 대한 자신감을 잃지 말아야 하며, 이것은 전문가, 가족, 자조집단 등을 통하여 정서적인 지원을 받음으로써 가능하게 된다.[16]

---

15. Ibid.

16 Ibid.

제 10 장

성공적인 입양을 위한 입양부모의 과업: 입양 후(後)의 과업

1 _ 입양아동이 영아기(0–2세) 때 과업

2 _ 입양아동이 유아기(3세–5세) 때 입양부모의 과업

3 _ 입양아동이 학령기 및 잠복기(6세–12세) 때 입양부모의 과업

4 _ 입양아동이 사춘기(13세–19세) 때 입양부모의 과업

5 _ 입양자녀가 성인(19세 이상)이 되었을 때 입양부모의 과업

제 10장: 성공적인 입양을 위한 입양부모의 과업: 입양 후後의 과업

자신이 태어난 생물학적 가족에 의해서 양육된 모든 아동들이 서로 다르듯이, 입양가족에 의해서 양육된 모든 아동들도 서로 다르다. 많은 생물학적 가족에 의해 성장한 아동들이 자신의 정체감형성 시기에는 도전적인 어려운 시기를 거친다. 입양아동들도 그럴 수 있으며, 이들은 여기에 더하여, 비입양아동들보다 다루어야 할 여분의 문제와 밝혀낼 것들이 있다. 어떤 입양된 청소년들과 성인들은 자신들의 심리적인 문제를 그들이 입양된 탓으로 돌리곤 한다. 그러나 대부분의 입양아동들, 특히 신생아 때에 입양된 아동들은, 자신의 생물학적 가족에서 양육된 아동들보다 정체감형성을 다루는 것과 관련하여 특별히 더 많은 어려움을 겪는 것은 아니라는 것이다.

하나의 전체 집단으로서의 입양아동들이 더 자주 정체감 문제를 보이는 정도는, 그들 중 일부가 입양이전에 겪은 학대와 유기의 영향이지 결코 입양된 영향만은 아니다. 그럼에도, 아동이 입양되어 성장하는 동안에 경험하게 되는 문제의 유형을 입양부모가 이해하는 것은 매우 중요하다 하겠다.[1]

입양아동들은 임신의 개념을 이해하기까지는 입양을 완전히 이해할 수 없다. 아동들이 점점 성장해감에 따라, 입양의 역동성에 대한 이해도 또한 성숙해지며 시간

---

1. Brodzinsky, D. M., Schechter, N. D. & Henig, R. M., Being Adopted: *The Life Long Search for Self.* New York: Doubleday, 1992.
   Schooler, J. E. & Atwood, T. C. (2008) *The whole life adoption book.* Colorado Springs, CO: NavPress.

이 지나면서 잠재적으로 변화 한다: 입양아동들은 각각의 발달단계마다 입양에 대해 더 깊이 인식할 수 있게 된다. 아동들은 성장해 나가면서 부모의 민감성을 불러일으키는 더 많은 질문을 하게 된다. 이러한 아동의 발달단계는 숫자적인 나이와 연관되지만, 모든 아동은 다르다. 어떤 아동들은 한 단계의 이해에서 다음 단계의 진전이 빠른가 하면, 다른 아동들은 어떤 한 특정단계에 예상보다 훨씬 더 오랜 기간 머물러 있기도 한다. 입양부모가 입양자녀의 눈을 통해서 입양의 민감한 특성을 이해할 때, 입양아동의 각 발달단계에 효과적으로 그와 의사소통할 수 있는 더 잘 준비된 부모가 될 수 있겠다.[2]

1 _ 입양아동이 영아기(0~2세) 때 과업

입양아동이 영아기인 0세에서 2세경에 입양부모는 언어로서 아동과 소통할 수는 없다. 그러나 부모의 마음이 정신적으로 이 나이의 아동에게 전달될 수 있으므로 이 시기에 입양부모는 자신이 처한 상황에 대한 이해와 부모로서의 자신감이 중요하다.

아동이 입양이 되어 입양가정에 들어오게 되면 입양부모는 입양아동에 대한 자녀양육과 더불어 새로운 적응이 필요하게 된다. 입양부모들 중에, 특히 불임인 입양부모의 자녀양육은 비입양부모non-adopters에 비해 더 어려운 자녀양육경험을 가지게 될 확률이 높다. 따라서 입양부모는 자신들이 직면하게 될 입양아동 양육과 관련된 어려움의 성격을 잘 이해하여야 할 정신적인 과업이 있다.

입양부모는 자녀양육을 위한 역할모델 찾기가 힘들다

입양부모의 입양자녀양육은 비입양부모에 비해 자녀양육의 모델로 삼을 수 있는 역

2. Ibid., 2008.

할모델role model을 찾기가 힘들다. (예를 들면, 비입양부모의 경우는 자신들이 양육될 때의 부모를 자녀양육의 모델로 삼을 수 있겠으나, 입양아동을 양육하는 성인들(입양부모들)을 가까운 주위에서 보는 것이 쉽지는 않다.)[3]

입양자녀 양육과 관련하여 입양부모는 무엇보다도 입양과 출산의 차이점을 인정하여, 입양과 관련된 외부의 질문이나 자신들의 감정 및 관심사 등을 공개적으로 토론하여 함께 나눌 수 있어야만 한다. 이것은 또한 입양부모가 부모역할을 수행하는 과정 중에, 입양아동의 행동과 관련하여 발생할 수 있는 자신들의 상실감, 불안감, 혹은 부모로서의 부적절함inadequacy 등과 같은 감정을 부인하지 않는다는 것을 뜻하기도 한다. 입양부모가 이러한 감정을 부인하거나 억압하는 경우에는 공개적으로 입양과 관련된 이슈issues를 입양아동과 함께 다룰 수 없게 되어, 입양아동의 양육이 더 힘들게 되기 때문이다.[4]

부모로서의 자격 및 적절성에 자신감이 결여된다

불임인 입양부모의 경우에, 불임의 고통을 부인하며 불임에 기인된 상실감을 직면하지 못하는 입양부모는 자신들의 부모로서의 적절성adequacy에 대해 스스로 의문을 가질 수 있다. 즉 상담 등을 통해 정서적 지지를 받지 못하면 자신들은 부모가 될 권리가 없으며 부모로서의 자격이 없다고 믿게 된다.

이렇게 느끼는 입양부모들은 친생부모로부터 아동을 훔쳤다는 생각을 갖게 되며, 그 보상으로서 입양아동을 과도하게 과보호하는 경향을 갖게 된다는 것이다. (본서

3. Winkler, R. C., Brown, D. W., Keppel, M. V., & Blanchard, A., *Clinical Practice in Adoption, Elmsford,* N.Y.: Pergamon Press, 1988.
4. Ward, M., "Parental Bonding in Older-Child Adoption" *Child Welfare*, 60, 1(January-February), 1981, pp.24-34.
   Silverman, R., Campbell, L., & Patti, P., "Reunions between Adoptees and Birth Parents: the Adoptive Parents' View," *Social Work,* 39 (5), 1994, pp.542-549.

에 소개된 파양 사례 3에서도 양모가 "입양아동이 어렸을 때 과보호하여 가출한 것이 아닌가" 하는 양모의 발언이 내용에 소개되어 있다. 이것은 불임에서 연유된 심리적 갈등인 상실감에 대한 사회와 주위의 정서적 지지가 부족했기 때문인 것이다.)[5]

가족과 사회의 지지가 부족하다

확대가족 구성원들은 의도적이던 아니든 간에 입양부모의 입양을 지원하지 않는 경우가 많다. (1980년대 최초의 경험적수준의 연구에 의하면, 국내 입양의 경우에, 입양부모들의 약 35% 이상이 아주 가까운 가족들에게도 알리지 않고 입양을 하였다. 2010년대 수행된 가장 최근의 연구에 의하면, 아직도 15% 이상의 가족들이 확대가족에게 입양을 알리지 않고 절차를 밟았다.)

사회의 입양에 대한 반응도 우호적이 아닌 경우가 많다. (예를 들면, 이웃 사람들이 "저 집은 아이를 가질 수 없어서 입양을 했으니 참 안됐어." 등과 같은 말로 수근거릴 수 있다. 이것은 누구에게나 생리적 및 환경적 요인 등으로 발생할 수 있는 불임에 대한 사회의 정서적 인식인 편견과 관련된다 하겠다.)[6]

---

5. Ibid., 1994.
6. Hartman, A. & Laird, J., "Family Treatment After Adoption: Common Themes," in D. Brodzinsky & M. Schechter (eds.), *The psychology of Adoption*, NY: Oxford Univ. Press, 1990, pp.221-239.
   Silverman, Campbell, & Patti, op. cit., 1994.
   Bai, Tai-Soon, *Attitudinal Differences Among Prospective Adoptive Parents in Korea.* Unpublished Ph.D. Dissertation, the University of Chicago, 1987.
   배태순, "한국 입양부모들의 입양태도에 관한 연구", 사회과학연구, 창간호, 경남대학교 사회과학연구소, 1989, pp.201-244.
   Bai, Tai-Soon, "Adoptive parents' attitudes toward adoption and domestic adoption development in Korea: Adoptees' specific needs for origin", Asian Social Work and Policy Review, Wiley-Blackwell, 2012. pp.131-161.

사회의 이러한 반응은 입양과 관련하여 수치감이나 혹은 어떤 부정적인 낙인을 느끼게 만들 수 있으며, 이것은 외부의 정서적 지원을 받지 못하는 입양부모가 혼자 외톨이가 된 격리감을 더 느끼게 만든다. (이것은 본서의 국내 입양 상담사례 1의 두려움으로 스트레스가 쌓였다는 양모의 경우에서도 보여 지고 있다.)

입양자녀와 임신 중의 관계를 형성하지 못하였다

생물학적인 자녀를 두고 있는 비입양부모인 경우, 자녀가 신생아 때에 부모와 자녀 사이에 서로 사랑으로 이어지는 연대감을 결속하는 끈이 발생하는 시기이다. 그러나 입양부모의 경우에, 이 과정이 좀 다르다는 데에 어려움이 있다.

불임인 양모는 입양아와 출산 전, 임신 중에 태아와 가질 수 있는 고유한 관계를 형성할 기회를 갖지 못한다. 또한 입양모는 출산 후에 자녀에게 모유를 먹일 수 있는 수유의 기회도 가질 수 없게 된다는 점이 비입양부모와 비교할 때 어려움이 될 수 있다.[7]

입양자녀를 빼앗기지 않을까하는 두려움이 있다

대부분의 입양부모는 입양아동이 영아기(0세-2세)인 이 시기에, 그의 친생부모가 초기의 결정을 번복하여 포기한 아동을 되찾으러 오지 않을까하고 진정으로 두려워한다. (사실상 이 두려움은 현실적으로 발생할 수 있는 두려움이기도 하다. 즉 아동

---

7. Sorosky, A. D., Baran, A. & Pannor, R., The Adoption Triangle: *The Effects of the Sealed Record on Adoptees, Birth Parents, and Adoptive Parents.* Garden City, N. J.: Anchor Press, 1978.
Mahlstedt, P. P. & Johnson, P. T. (1988). Support to persons experiencing infertility: Family and friends can help. In Valentine, D. (ed.). *Infertility and Adoption: A Guide for Social Work Practice,* N.Y. : Haworth Press, pp.65-71.

이 입양가정에 들어온 후에 일정기간이 소요되어야 법적으로 완전히 입양부모의 자녀가 된다. 우리나라는 이 기간을 1년으로 정하고 있으며, 미국의 경우에는 주州마다 다르나, 대체로 6개월에서 1년간의 기간을 두고 있다. 예를 들면, 미국의 미시건Michigan 주의 경우는 1년이 지나야 입양이 완전히 법적으로 종결finalization된다. 이 기간 중에 친생부모가 자신의 친권포기를 번복하면 아동을 되 찾을 수 있게 된다.)

이러한 두려움은 입양부모에게 스트레스로 작용하며, 입양부모가 이러한 스트레스에 어떻게 반응하는가에 따라 입양아동과의 초기관계가 영향을 받게 되며, 또한 이후 아동의 가족적응에도 영향을 미친다.[8]

이처럼 입양자녀가 영아기(0세-2세)일 때 입양부모의 과업은 비입양부모에 비해 자녀양육의 과업이 더 복합적이라 할 수 있다. 이 시기에 입양부모는 입양아동에 대한 부모로서의 자격 및 정당성validation에 대해 확신을 갖기가 어려울 수도 있다. 그러나 필요하면 전문가를 포함한 가족, 친구 등 외부의 지원은 받아서라도 부모로서의 자신감을 반드시 가져야 한다.

미국의 경우, 입양부모들의 모임인 자조집단self-help groups이 부모로서의 자신감을 키워주는 데에 중요한 역할을 하고 있다. 또한 이전에 소개된 미국의 입양에서 완전개방입양을 수행하는 입양부모들이 아동의 친생부모로부터 부모로서 인정받음에 따라 더욱더 부모의 정당성에 대해 확신을 갖는다고 한다.[9]

국내의 경우에도, 전국적인 입양부모들의 자조집단조직인 한국입양홍보회(MPAK, www.mpak.org)가 있으며, 많은 국내 입양가족들에게 입양아동에 대한 이해와 부모로서의 자신감에 긍정적인 영향력을 보이고 있다.[10]

---

8. Silverman, Campbell, & Patti, op. cit., 1994.
9. Winkler et al., 1988.
   배태순, 미국 개방입양서비스의 경험과 시사점: 오리건(Oregon)주의 사례. 한국가족복지학회, 2009, 71-102.
10. Bai, T. S. op. cit., 2012.
   위의 영문논문의 한글번역논문이 국내 단독으로 본서의 부록에 참고논문으로 게재되어 있음(본서

2 _ 입양아동이 유아기(3세-5세) 때 입양부모의 과업

유아기(3세-5세) 때의 아동에게 입양이 의미하는 것은 매우 추상적인 개념이다. 이 나이의 아동들은 너무 어려서 입양의 개념을 이해하지는 못하나, 이 시기의 입양부모는 아동이 어린시기에 입양, 친생부모 및 그 자신에 대한 긍정적 태도를 발달시킬 수 있도록 돕는 기초적인 작업을 시작할 수 있다.

취학 전 나이의 아동들은 구체적인 생각만이 가능하다. 그들은 자신들의 입양스토리에 대해 듣는 것을 좋아하며, 그것을 잠들기 전에 듣는 이야기로서 반복해 주기를 자주 부탁한다. 세 살이나 네 살이 되면, 많은 입양아동들은 그들에게 들려준 대로 스토리 단어들을 반복할 수 있다.

다섯 살 이하의 아동들은 입양에 대해 이야기할 수 있는 어느 정도의 언어는 획득해왔겠지만, 그러나 진정으로 이해하지 못하는 단어들을 반복하는 것일 뿐이다. 예를 들면, 친생모의 배속에서 성장하여 그녀를 떠나서 다른 가족과 산다는 개념은 매우 추상적이며, 실제로 다섯 살 이하의 어린 아동에게는 인지가 되지 않는 개념이다. 5세 이하의 아동들은 입양스토리에 사용되는 단어들의 개념을 이해하는 인지적인 능력을 거의 가지고 있지 않다. 아동들은 단어를 따라 말할 수는 있지만, 이해는 되지 않은 상태인 것이다.

아동들의 이 발달단계동안에, 입양부모가 아동을 위해 할 일은, 가정에서 입양에 대해 이야기하는 것이 정상적이며 자연적이라는 인상을 아동에게 심어줄 수 있는 개방적인 가정환경을 창조하는 것이다. 입양부모는 이 나이의 입양아동에게 질문을 격려하며, 질문에 구체적으로 간단히 답할 수 있다. 입양부모는 아이가 입양이나 그의 스토리에 대해 부정확한 정보나 인식이 있는지 귀를 기울일 수 있어야 하며, 이 시기에 가족구성원 모든 사람들이 입양에 대해 이야기하는 것이 편안하게 느껴지는

의 8장에 한국입양홍보회의 소개가 있으며, 본서의 부록에 엠펙의 회고문이 게재되어 있음.).

환경을 창조할 수 있는 중요한 시기인 것이다.[11]

일차적 과업은 입양사실을 이야기해 주는 것이다

입양아동이 유아기(3세-5세) 시기의 발달단계에 이르면, 성공적인 입양을 위한 입양부모의 주된 과업은 언제, 어떻게, 자녀에게 그의 입양사실을 이야기 하느냐 하는 것이다.

미국의 경우에, 일찍이 1950년대 초부터 입양전문가들은 일반적으로 입양자녀에게 일찍 입양사실을 이야기해 줄 것을 입양부모들에게 권고했었다. 일찍 이야기해 줌으로써 입양아동이 가족외의 타인으로부터 입양사실을 듣게 될지도 모른다는 공포로부터 입양부모가 해방이 될 수 있다는 것이다.[12]

이 이야기 하는 과업이 입양부모에게 어려운 것은 자녀를 낳은 것처럼 키우라고 권고 받으면서도, 동시에 또한 낳지 않았다는 사실을 그 자녀에게 설명하여야 한다는 사실 때문이다.

많은 학자들이 입양아동에게 ① 이야기하는 시기의 중요성과; ② 이야기할 때의 태도의 중요성을 강조한다. 왜냐하면 입양에 관한 이야기를 자녀에게 할 때의 입양부모의 태도가 그 소식에 접하는 자녀의 반응을 좌우하기 때문이다.[13]

그 자신이 입양아였던 Lifton(1979)은 입양아동에게 입양사실을 이야기해 주는 시기로서(입양아동이 "아기는 어떻게 생기느냐?"는 질문을 언제 하느냐의 여부와는 상관없이) 자녀가 5세 정도가 되면(물론 만 5세를 뜻함. 본서에서의 나이는 항상 만

---

11. Schooler, J. E. & Atwood, T. C.(2008) *The whole life adoption book.* Colorado Springs, CO: NavPress.
12. Dukette, rita, "Value Issue in Present-Day Adoption," *Child Welfare*, 63, 3(May-June) 1984, pp.233-243.
    Ibid.
13. Brodzinsky, D. M., Schechter, M. D., & Henig, R. M., *Being Adopted: The Life Long Search for Self*, New York: Doubleday, 1992.

나이를 뜻한다.) 이야기해 주어야 한다고 주장한다.[14]

입양사실을 아동에게 이야기하는 시기와 이야기할 때의 태도는 중요하다

입양전문가들은 언제 자녀에게 입양사실을 이야기하는 것이 가장 적절한 시기인가에 대해서는 일치된 의견이 없으나, 그러나 ① 잠복기(학령기, 취학기(6세-12세)) 이전에는 반드시 이야기가 되어져야 하며; ② 이야기할 때의 태도가 아동의 자기가치감self-esteem 및 자존감에 지대한 영향을 미친다는 것에 대부분 동의하고 있다.[15]

입양아동은 입양에 관해 입양부모에게 질문하고 그 질문에 응답된 내용을 가지고 스스로 입양의 의미를 파악한다. 그러므로 입양아동이 사실을 정확하게 이해할 수 있도록 이러한 질문을 입양부모에게 자유롭게 할 수 있어야 하며, 이것은 거의 전적으로 입양부모가 얼마나 부모로서 안정적이냐 하는 것에 달려있다 하겠다.

만약 입양부모가 입양아동의 입양에 관한 질문에 응답하는 데에 있어서나, 입양에 관한 중요한 정보를 아동에게 제공해 주는 데에 있어서, 어떤 양가감정ambivalence, 즉 망설임이 있다면 입양아동은 이것을 즉각적으로 눈치 채게 된다. 입양부모의 양가감정을 눈치챈 입양자녀는 이후 입양에 관한 질문을 하지 않게 된다. 입양자녀가 자신의 입양에 관한 질문을 하지 않고, 자신이 버려졌다는 잘못된 상상으로 자신의 입양을 구성하면, 이것은 아동에게 위해가 되는 부정적인 영향을 미친다.[16]

입양에 대해 이야기하는 것이 불임인 입양부모에게 어려운 까닭은, 이것이 그들의 불임에 대한 고통과 친자를 생산하지 못하는 상처를 다시 상기시키기 때문이다. 즉 불임으로 인한 심리적 갈등을 해결하지 못한 경우에는, 이 외상trauma으로 인해

---

14. Lifton, B. J., *Lost and Found: The Adoption Experience,* Bentam Books Inc., 1979.
15. Brodzinsky, Schechter, & Henig, op. cit., 1992.
16. Ibid.
    Sorosky, D., Baran, A., & Pannor, R., *The Adoption Triangle: The Effects of the Sealed Record on Adoptees, Birth Parents, and Adoptive Parents,* Garden City, NJ: Anchor Press, 1978.
    Kirschner, D. Adoption: *Uncharted waters. Woodbury,* New York: Juneau Press., 2006.

입양부모가 입양자녀의 친생부모와 그의 출생상황에 대해 부정적으로 표현하게 되거나, 혹은 아예 입양자녀의 입양에 대한 질문에 응답하지 않을 수 있다는 것이다.

입양전문가들은 입양부모의 이 이야기하는 과업에 대해 다음과 같이 설명한다:

> 입양부모가 입양에 관해 말을 하지 않거나, 혹은 말을 하더라도 의식적으로 황급하게 이야기하는 경우에, 이것은 자녀에게 "입양은 그다지 좋은 것이 아니기 때문에 이야기하며 거론될 수 있는 성질의 것이 아니다"라는 메시지message를 전달하게 된다는 것이다. 또한 아동은 여기서 한 걸음 더 나아가, "그러므로 입양된 아이도 나쁘다"는 생각으로 쉽게 비약할 수가 있게 된다. 이것은 입양아동이 자신의 위치를 격하시키게 만들기 때문에, 결국 아동의 자기존중감에 부정적 영향을 미치게 되어 아동의 정체감 형성과 그의 복지에 좋지 않게 된다.[17]
>
> 입양아동은 자신의 입양과 친생부모에 대한 질문을 하였을 때에, 부모가 편안해하지 않는다는 것을 깨닫게 되면 이후에는 질문을 하지 않게 된다. 즉 입양아동은 자신이 질문을 함으로써 부모를 화나게 만들거나, 부모가 자신을 싫어하게 되지 않을까하고 두려워하므로 더 이상 질문을 하지 않게 된다.

따라서 입양아동이 이 시기 유아기(3세-5세) 때에 입양부모가 입양자녀의 질문에 반응적이지 않거나, 혹은 알고 있는 사실을 이야기하지 않거나, 혹은 어떤 식으로 사실을 수정한다면, 입양자녀와 신뢰에 바탕을 둔 부모자녀관계의 형성은 어렵게 된다는 것이다.[18]

---

17. Ibid., 2006.
    Winkler et al., op. cit., 1988.
18. Hoopes, J. L., "Adoption and Identity Formation," in D. Brodzinsky & M. Schechte(eds.), *The Psychology of Adoption*. New York: Oxford Univ, Press, 1990, pp.144-166.

입양아동은 입양의 복합성을 유아기 이후 학령기(6세-12세) 때 이해한다

입양부모의 "이야기하는 과정"에 대해서 학계와 실무에 가치 있는 공헌을 한 Brodzinsky와 그의 동료 전문가들은 다음과 같은 사실을 발견하였다[19]:

① 아동들은 아동 중기라고 할 수 있는 6세에서 9세까지는 정확히 입양의 의미를 잘 모른다는 것이다. (물론 이전에 개념에 대해서 소개는 되어졌다 하더라도, 즉 입양부모가 이전에 자녀에게 입양사실을 말하고 입양의 의미에 대해서 이야기해주었다 하더라도, 아동은 그 정확한 의미는 잘 모른다.); ② 입양부모는 입양에 관한 질문이 자유롭게 탐색되어 질 수 있는 가정환경의 분위기를 창출하여야만 한다는 것이다.

또한 "이야기하는 내용"에는 두 가지 요소가 포함된다. 즉, ① 입양의 일반적인 특성에 대해서 토론하는 것과; ② 아동의 친생부모에 대한 정보와 그의 입양스토리에서 다루었던 다른 개인적인 정보에 대해서 이야기하는 것을 포함한다. (본서의 입양스토리와 나의 입양 책my Lifebook 부분에서 이것이 다루어지고 있다.)

대부분의 입양아동은 취학하기 전인 약 6세(본서에서 나이는 전부 만 나이를 뜻함) 정도까지는 입양과 출산의 차이를 구별하지 못한다. 아동의 입양에 대한 다음 단계의 이해는 8세에서 11세 사이에 발생하게 되는데, 아동은 이때에 처음으로 그의 입양이 갖는 독특성과 복합성에 대해 이해하기 시작한다는 것이다. 입양아동의 이 깨달음은, 즉 자신이 이 가정에 들어오는 데에는 그의 친생부모의 존재 등이 포함된 복합적인 사정이 있었다는 깨달음은 아동에게 혼동감과 불확신의 원천이 될 수 있다.[20]

---

19. Brodzinsky, D. M. & Palacios, J. (Eds.), Psychological issues in adoption: Research and practice. pp.117-144. CT: Prager Publisher, 2005.
    Brodzinsky, Schechter, & Henig, op. cit., 1990.
    Schooler & Atwood, op. cit., 2008.
20. Schooler & Atwood, op. cit., 2008.

그러므로 이 시기에 입양부모의 주主가 되는 과업은 입양에 대해 자유로이 이야기 할 수 있는 분위기를 창출하는 것이다. 일단 입양사실을 밝히게 되면 불가피하게 친생부모에 대한 질문과 관심을 촉발시키게 되며, 이제는 입양이 입양아동에게만 국한된 이슈가 아니라 가족전체의 이슈가 된다는 것이다. (예를 들면, 본서에서 다루었던 성공한 입양 사례, 해외 입양아동 케이티Katie의 입양부모는 케이티에게 자유롭게 입양에 대해서 이야기하며 질문이 탐색되어 질 수 있는 환경 및 분위기를 입양자녀인 케이티에게 창출해 주었던 것이다.)21

입양자녀에게 이야기해 줄 수 있는 정보를 수집하여야 한다

입양부모는 자녀에게 그의 입양에 관해 잘 설명할 수 있도록 이 시기에 정보를 사전에 미리 수집하여야 한다. 입양당시의 정보가 미비하면 광범위한 사실파악이나 입양한 기관을 통해 특정한 정보를 수집하고(예를 들면, 무슨 일이 생겼나? 즉 왜 아동이 입양가정에 오지 않으면 안되게 되었나? 언제 어디서 임신이 되었나? 친생부모는 무엇을 했나? 어떻게 생겼나? 현재 그들은 어디에 있나? 등에 관한 정보를 수집한다), 자녀의 입양에 대해 이야기를 잘 할 수 있도록 이야기하는 연습도 거쳐야 하며, 이야기하는 과정에 대한 준비를 하여 자신감을 가져야 한다. (본 연구자가 면담한 국내의 한 양부는, 신생아 때에 입양하여 지금 8세 된 딸을 두었는데, 자녀가 입양에 대해 물으면 이야기해 줄 생각이며, 그녀의 뿌리를 찾아주기 위해 입양기관에 현재 정보파악을 요청해 놓고 있다고 한다. 지금도 딸이 크면 볼 수 있게 "딸에게 쓰는 편지"를 쓰고 있으며, 이후 딸에게 입양에 관해 이야기해 줄 것을 지금 미리 딸이

---

21. LePere, W. D., "Vulnerability to Crises during the Life Cycle of the Adoptive Family," in Valentine, D. (ed.), *Infertility and Adoption: A Guide for Social Work Practice,* NY: Haworth Press, 1988, pp.73-85.
Schaffer, J. & Lindstrom, C., "Brief Solution-Focused Therapy with Adoptive Families," in D. Brodzinsky & M. Schchter (eds.), *The Psychology of Adoption*, New York: Oxford Univ. Press, 1990, pp.240-252.

어렸을 적부터 계속 쓰고 있다고 한다. 즉 딸의 '입양 책'을 쓰고 있는 것이다.)[22]

입양아동이 자신의 친생부모에 의해 포기되었다는 사실과 관련하여, 누구나 자신이 포기되었다는 사실을 받아들인다는 것은 너무나 큰 엄청난 현실이라는 것을 입양부모는 이해하여야 한다. 그리고 이것은 입양자녀가 자신의 입양부모와 함께 직면하기를 원하는 현실이라는 것도 입양부모가 깨닫는 것이 필요하다. 그러므로 입양부모는 입양아동이 이러한 슬픔을 애도할 수 있도록, 입양에 관한 정보를 함께 나눔으로써 입양자녀를 지원해 주어야 한다.[23]

3 _ 입양아동이 학령기 및 잠복기(6세-12세) 때 입양부모의 과업

입앙아동은 학령기의 나이가 되기 전인 대략 6세까지는 입양에 대한 적절한 이해를 하지 못한다. 그러나 6세가 지나서 학령기가 됨에 따라 입양의 의미와 그 복합성을 서서히 깨닫기 시작하게 된다. 즉 입양이 되기 위해서는 자신이 먼저 친생부모에 의해 포기되어졌다는 것을 점점 깨닫기 시작한다는 것이다.[24]

이렇게 입양의 의미를 깨닫는 입양아동은 자신의 입양에 대처하려고 노력하게 되며, 그 노력의 결과로서 입양에 대한 관심과 질문이 생기게 된다. 또한 자신이 신체적으로 가족구성원들과 다른 점을 깨닫고 그것에 대처하려고도 노력한다. (예를 들면, 해외에 입양된 국내 아동들이나 백인부모에게 입양된 흑인아동들은, 이 시기에 부모와 다른 자신의 신체적인 차이점을 파악하고 입양의 의미를 점점 깨닫기 시작한다.)

---

22. Winkler et al., op. cit., 1988.
23. Schaffer & Lindstrom, op. cit., 1990.
 Schooler & Atwood, op. cit., 2008.
24. Hantman & Laird, op. cit., 1990.

주 과업은 입양자녀가 애도하는 것을 돕는다

이 시기 학령기(6세-12세)의 아동들은 진정한 입양의 의미를 깨닫기 시작하게 되어, 이 시기에 입양아동은 친생부모(혹은 친형제) 상실과 뿌리의 상실loss을 깨닫게 됨으로써 그 상실에 대해 슬퍼하게 된다.

입양아동은 자신의 뿌리와 또 왜 자신이 포기되어졌는가에 대한 해답을 찾기 위해 추구한다. 이것을 위해 아동은 아주 특정적인 정보가 필요하다. 예를 들면, 자신이 임신되고 출산될 때의 상황은 어떠했나? 생부와 생모의 관계는 어떠했으며, 현재 그들의 상황은 어떠한가? 왜 자신이 포기되어졌는가? 등에 대한 정보가 필요하게 된다.[25] 아동에게 이러한 정보가 제공되지 않을 때에 아동은 무력감을 느끼며 불안감은 쌓아지게 된다.

입양아동은 또한 자신이 친생부모에 의해 먼저 포기되어져서 새로운 가정의 가족이 되었다는 것을 점점 더 깨닫게 되면서 혼동감confusion과 의구심doubt을 갖게 된다. 즉 입양아동에게 입양부모도 자신을 포기하지 않을까하는 두려움과 불확신감이 생기게 된다는 것이다.[26]

초기 학령기(6세-8세)

입양아동들이 그들 생애의 이 시기에 진입하면, 그들의 입양에 대한 이해는 의미심장한 변화를 거치게 된다. 이 단계의 아동들은 그들의 사고에 있어서 더 반영적, 분석적, 및 논리적이 된다. 아동들은 인지적 및 사회인지적인 이성성장의 일부분으로서, 입양에 대한 지식 또한 변화를 거친다고 한다.

즉 취학나이의 아동들은 7세나 8세쯤에 처음으로 입양의 개념을 이해하기 때문

25. Campbell, L. H., Silverman, P. R. & Patti, P. B., “Reunions between Adoptees and Birth Parents: The Adoptees' Experience”, Social Work, 36, 4 (July), 1991, pp.329-339.

26. Brodzinsky, Schechter, & Henig, op. cit,. 1992.

에, 이때에 자신들이 그들의 가족과 다르게 합류하였다는 것을 깨닫게 된다는 것이다. 아동이 신생아 때에 입양되었다면, 이제는 입양을 상실로서 이해할 만큼 충분히 성숙하게 되었다는 것이다.[27]

입양아동들은 그들의 친생가족과의 연결과 관계, 그들 자신의 역사와 뿌리에 대한 지식 및 지속성 등을 상실하였다고 인지할 것이다. 비록 가정에서 입양이 개방적이라고 해도, 입양아동들은 그들의 친생가족과 함께 살아왔었을 그들의 삶을 상실한 것이다. 아동들이 이 시기에 그들의 삶에서 입양의 지대함을 구체적으로 더 잘 알게 되었기 때문에, 비록 친생가족과 이별이후 수년이 흘렀다 하더라도, 입양아동에게는 입양에 대한 정신적 및 정서적인 재교육이 시작된다. 입양아동들은 이제 입양을 가족 만들기의 관점에서 볼 뿐만이 아니라, 가족상실의 관점으로도 보게 되었다는 것이다.[28]

아동들이 자신의 생물학적인 과거에 대한 관심은 크게 다양할 수 있으나, 그에 대한 질문이 표면위로 나오기 시작하는 때는 이 나이 때이다. 이때 부모는 아동에게 질문을 격려하고 질문에 대해 정직하게 답할 수 있어야 한다. 아동에게 이야기하기 어려운 이슈는 아동이 나이가 더 들 때까지 생략될 수는 있을지라도, 그러나 절대 사실과 다르게 바꾸지는 말아야 한다.

입양부모는 아동의 입양스토리를 잠들기 전에 들려주는 좋아하는 스토리로서 아동에게 이야기해 줄 수 있다. 입양부모는 아동의 생애에서의 이 시기에 아동 자신의 생애 책life-book을 활용하고, 그 책에 내용을 더 첨부하는 시기로 이용할 수 있다. 생애 책은 입양아동의 과거스토리와 사진들을 포함한다. 가장 중요한 것은 입양부모가 입양아동에게 신이 입양을 통해 가족을 만드시며, 아동이 어디에 속하든 간에 (틀리지 않고) 옳다는 점을 그들의 아동에게 확신시켜 주어야 하며, 아동이 그의 입

27. Brodzinsky & Schchter op. cit., 1990.
Schooler & Atwood, op. cit., 2008.

28. Rosenberg, M. B. *Growing up adopted*. New York: Bradbury Press., 1989.

양가족을 잃지 않을 것이라는 점을 확신시켜 준다는 것이다.[29]

다음의 예는 8세인 아들에게 양부가 그에 대한 입양가족의 확신성에 대해 이야기하는 과정이다;[30]

> 신생아 때에 입양된 닥이 여덟 살 때, 잠들기 전에 아버지인 클리프에게, "부모님이 어떻게 저의 진짜 부모님인 것을 알 수 있지요?"라고 묻는 단계를 거쳤다. 아버지 클리프는 다음과 같이 매우 일관적으로 그에게 답하곤 하였다: "닥아, 우리가 네 진짜 부모라는 것을 네가 알 수 있는 여러 방법이 있단다. 우리는 너를 책임지고 있지. 우리는 너를 돌보고 있지. 우리는 너를 온 마음으로 더 없이 사랑하고 있지. 엄마와 아빠는 너를 위해 무엇이든 하며, 널 위해 죽을 수도 있지. 우리는 수많은 장난감을 네게 사주고, 너를 위해 여러 가지로 비용을 쓰고 있지. 네 친생부모는 우리가 네 부모라고 말씀하시지. 네 친생부모는 너를 사랑했지만 네가 필요하고 가져야만 했던 것을 줄 수 없다는 것을 아셨지: 네게 줄 결혼한 가정의 따뜻한 엄마와 아빠 말이다. 우리의 입양기관도 우리가 네 부모라고 말하지. 또 우리 집 캐비닛 파일과 지방법원에 있는 각각 법적서류에도 우리가 네 부모라고 쓰여 있지."
>
> 닥은 이러한 모든 이유들에 대해 감명 받고 믿게 되었다. 그러나 흥미롭게도, 정작 모든 이유를 함께 묶고 그를 매우 안정시킨 하나는 법적서류였다. 그의 부모로부터 느끼는 사랑에 더하여서, 법의 확실성이 그의 가정에서의 안정성을 그가 느낄 수 있도록 도와주었다. 즉 법의 확실성이 그가 이 가정에 소속되었으며, 그가 계속 머무르는 곳이라는 점을 확신하도록 도와주었던 것이다.

29. Ibid., 2008

30. Ibid.

닥이 13세가 되었을 때 다시 그 질문을 하였다. 아버지 클리프는 전처럼 똑같이 답하기 시작했다. 닥이 끼어들었다. "아니에요. 저 그거 알아요. 제 뜻은 '아버지가 다른 별에서 온 외계인이 아니라는 것을 제가 어떻게 알지요?' 예요." 그의 초기 10대의 방식으로, 닥은 자신이 입양됨에 대해 분명히 편안해 하였음을 보여준다.

후기 학령기(9세-12세)

많은 입양아동들이 그들의 발달단계에서 10대로 향할 때에, 입양관련 문제는 "지하로 내려간" 듯이 보인다. 즉 질문하는 것을 멈추고 자신의 과거에 대해 비교적 관심이 없는 듯이 보인다는 것이다. 이 시기에 입양부모가 입양자녀를 진정으로 알고, 입양에 대한 개방적인 환경을 유지하는 것은 입양의 성공에 참으로 중요하다. 모든 입양아동들은 입양에 대해 생각은 하지만, 그들이 입양에 대해 질문하는 것과 자신들의 생물학적 과거에 대해 알고 싶고 그것과 연결하려는 필요성은 크게 다양하다는 것이다. 즉 어떤 아동들은 일단 입양에 대해 이해하기 시작하면 수많은 질문이 그들의 마음속에 있지만, 부모로부터 얼마나 많은 "허락"을 가졌다고 느끼는 정도에 따라 그 질문을 하거나 하지 않거나 한다는 것이다.[31]

만약 한 입양된 초기 10대가 입양에 대해 "지하로 내려간" 듯하면, 그의 마음속에는 많은 일이 일어나고 있을지도 모른다. 즉 입양된 9세에서 12세의 아동들은 자신이 입양을 통해 한 가족을 얻고, 또 그 과정에서 한 가족을 상실했다는 것뿐만이 아니라, 자신은 사실상 "주어 버린" 것이라고 간주한다는 것이다.

이 시기의 입양아동들은 다음과 같은 잠재적으로 해를 끼칠 위험한 사고를 생각하지만 결코 이야기하지는 않는다는 것이다: 즉, 그들의 사고는, "사람들은 가치 있

31. Brodzinsky, Schechter, & Henig, op. cit., 1992.
Schooler & Atwood, op. cit., 2008.

는 것을 주어 버리지는 않아; 나는 "주어 버린" 것이므로 가치가 많이 없는 것이 틀림없어"라고 생각하며, 이것은 아동의 자기가치감에 지대하게 부정적인 영향을 미치게 된다.

거의 모든 사람들이 생물학적 가족에서나 입양가족에서 자랐던 간에, 자신의 가치에 대해 자주 생각해본다. 입양아동이나 입양청소년의 자기가치감 문제의 많은 부분들이 입양과는 거의 상관이 없을지도 모른다. 그러나 입양을 "버려진 유기"로 인식하는 입양아동들은 정체감 형성과 관련하여 건강한 자기가치감을 성취하는 데에 있어서 극복하여야 할 여분의 어려움을 분명히 더 가지게 되는 것이다.[32]

입양전문가들은 아동들이 대개 7세에서 12세 사이에 입양됨의 개념에 대한 이해를 더 잘 알 수 있게 되어, 그 상실의 영향력이 정서적으로 강하게 아동에게 나타나게 된다고 한다. 이것은 이제 아동들이 가족 바깥의 세계에 더 많이 살고, 그들 내부의 세계에 더 많이 익숙해져 있기 때문이며, 자립을 향한 큰 걸음이지만, 이때에 입양부모는 언제, 얼마나 많은 입양정보를 아동과 나누어야 할지에 대해 당황할 수 있다. 또 입양자녀가 입양이슈와 관련하여 "지하로 내려간" 듯이 보이므로, 아동이 입양정보를 듣고 싶어 하는지, 혹은 듣기 싫어하는지에 대해 입양부모는 확신할 수가 없게 된다. 자신의 친생부모에 관해 문의하지 않는 입양아동에게 무엇을 하고, 무엇을 이야기할지에 대해 결정하는 것이 이 시기 입양부모들에게 특히 어려울 수가 있게 되는 것이다.[33]

그러나 이 시기에 어떤 입양아동들은 알 필요성을 느끼지 않기 때문에 질문을 하지 않을 수 있으나, 다른 아동들은 이야기할 필요성을 느끼나 이야기하기를 어려워할 수 있다.

다음의 예가 이 시기의 입양아동들에게 입양 이야기의 필요성이 절실하다는 것을

32. Ibid., 2008
Brodzinsky, Schechter, & Henig, op. cit., 1992.
33. Schooler & Atwood, op. cit., 2008.

잘 보여주고 있다:[34]

> 5학년인 린은 그녀가 입양된 것을 알고 있으나, 그녀의 입양에 대해 많이 알고 싶다는 관심을 결코 그 만큼 많이 표현하지는 않았었다. 그래서 그녀의 부모는 입양이야기를 추구하지 않았다. 린이 입양에 대해 말은 하지 않았지만, 입양에 대한 그녀의 불안정감은 그녀의 행동을 통해 분명히 보여주었다.

다음은 린이 한 행동과 그녀 어머니의 깨달음을 그녀의 어머니의 말을 통해 소개하고자 한다:

> 우리는 딸 린이 시끄러운 어떤 것을 하기 시작한 것을 알았지요. 그 애는 자신의 속눈썹을 빼내기 시작했지요. 그건 신경질적인 습관이었죠. 제가 딸에게 뭐하는 거냐고 물으면 딸은 항상, "아무것도 아니야, 엄마. 아무것도"라고 답했죠. 어느 날 저녁 딸이 오래 전에 잠들었다고 생각했던 한참 후에, 딸이 눈물을 얼굴에 주르륵 흘리면서 거실로 소리 죽여 들어와서, 제게 "엄마, 무엇 좀 묻고 싶은데, 허지만 엄마 감정을 상하게 하고 싶진 않아요. 제 친생모는 어떻게 생겼어요? 저는 생각이 안나요. 제가 무엇을 했기에 제 생모가 저를 제거해버린 거죠?"라고 묻더군요.
>
> 저는 조만간에 이런 질문들이 나올 것을 예상하였었죠. 린에게 가까이 와서 소파 위 제 곁에 앉게 했죠. 내게 그런 질문을 하는 것은 괜찮다고 린에게 확신시켜 줌으로써 그녀를 격려했죠. 가족으로서, 우리는 앉아서 우리가 가지고 있는 그녀의 친생가족의 사진들이 간직된 사진함을 함께 살펴보았죠. 딸은 이전부터 각기 다른 그녀의 발달수준에서

34. Ibid.

이렇게 이야기할 필요가 있었던 것이었죠. 이것은 참으로 긍정적인 경험이었으며, 시간이 지남에 따라 변화하는 딸의 욕구를 부모가 고려할 필요가 있다는 것을 제게 깊이 상기시켜 주었지요.

위의 예처럼 입양부모는 자신들의 입양자녀가 입양에 대해 이야기하지 않을 때에, 그것이 입양에 대해 생각하지 않는 것이 아니라는 의미를 깨달음으로써, 아동이 이 학령기의 발달 단계를 거치도록 도와줄 수 있게 된다는 것이다. 입양부모의 과업은 입양자녀의 양육 중에 입양에 대해 이야기하는 것이 포함되며, 이것을 위해 입양부모는 자신들의 아이가 어떤 특정한 시기에 입양에 대해 얼마나 많이 이야기하기를 원하는지, 또한 얼마나 많이 이야기할 필요가 있는지에 대해 잘 알 수 있도록 자신의 민감성을 발달시켜야 할 것이다.

또한 이 발달단계(9세-12세)의 후기 학령기 아동들은 공평성과 충성심에 관심이 많기 때문에, 자신들의 친생부모에 대해 감정을 가졌거나 심지어 질문을 가지기만 해도 입양부모에 대해 자신들이 충성스럽지 못하다고 믿기 쉽다. 그러므로 입양아동들은 입양부모와 친생부모 모두를 사랑할 수 있다는 것을 알 필요가 있다. 아동들은 누구를 사랑해야 할지 선택할 필요가 없다는 것을 이해하도록 도와주어야 한다. 입양부모가 입양자녀에게 어른들은 한 가정에 있는 자신의 자녀들을 한 명보다 더 많은 자녀들을 사랑하는 것이 허용된다는 점을 설명해 주면, 입양아동에게 부모를 선택해야 한다는 고통을 어느 정도 경감시켜 줄 수 있게 될 것이다.[35]

입양부모는 또한 아동들이 가족과 합류할 때, 새로이 가정에 합류하는 자녀들을 사랑하기 시작하기 위해, 이미 가정에 있었던 자녀들을 사랑하는 것을 멈출 필요가 없는 것과 마찬가지로, 아동들은 자신에게 생명을 준 사람들과 자신에게 따뜻한 영구가정을 제공하며 자신을 양육하는 사람들을 모두 사랑할 수 있다는 것을 설명해

---

35. Ibid.
Silber, K. & Speedlin, P. *Dear birth mother, thank you for our baby.* San Antonio, TX: Corona Publishing Co., 1998.

준다: 즉 입양부모는 입양아동이 그들 입양가족의 일부분이 되었을 때, 그들의 친생가족에 대한 감정을 멈출 필요가 없다는 것을 깨닫도록 도와준다는 것이다.[36]

입양자녀가 애도하는 것은 그의 대처노력을 뜻한다: "문제행동"이 아니다

이 시기 학령기(6세-12세)의 아동들은 입양에 내포되어 있는 상실의 의미를 처음 깨닫게 되어, 그 상실에 대한 애도를 시작하게 되는 시기이다. 이 애도는 학령기 입양아동에게는 정상적인 경험으로서, 사실 이것은 입양에 내포된 상실의 의미를 마침내 이해한 아동의 능력의 결과라고 할 수 있다.[37]

그러나 때때로 이러한 아동의 정상적인 경험이 이해가 부족한 입양부모나 학교교사에 의해 "정서불안"이나 "문제행동"으로 오해되기도 한다. (예를 들면, 본서에 소개된 입양상담사례 2에서 입양아동은 초등학교 다닐 때부터 문제를 일으켜 겨우 졸업했다고 했다. 사실 이때의 입양아동은 입양의 의미를 깨닫고, 그에 따른 자신의 뿌리인 친생부모와 상실에 대한 적응하기 위한 애도를 외로이 입양부모의 도움 없이 혼자 대처하고 있었던 것이라고 볼 수 있다. 또한 본서의 "파양 사례 4: 친부모 찾아내라는 12세의 투정"에서도 입양아동이 자신의 입양사실을 처음 알게 된 후에, 자신의 상실을 애도하려는 그의 대처노력이었던 것이다.)

입양자녀에게 입양사실 이야기는 사전준비와 연습이 필요하다

입양부모가 자녀에게 입양사실을 이야기할 때에는, 언제 이야기하느냐 하는 시기 즉 타이밍timing이 중요하다. 이야기하는 시기는 입양부모가 자신과 서로에 대해서

36. Schooler & Atwood, op. cit., 2008.
37. Brodzinsky, Schechter, & Henig, op. cit,. 1992.

좋은 감정을 가질 때가 가장 좋다고 한다. 즉 입양부모가 자신에 대해서 우울한 감정이 있거나, 부부간에 다툼이 있었다거나, 혹은 자녀의 행동이 마음에 들지 않아 자녀와 논쟁이 있었다던가 하는 때에 이야기해서는 안된다는 것이다.[38]

사전에 입양에 관한 아동의 개인적인 정보를 가능한 한 많이 확보하고, 이야기하는 연습을 미리 해본 후에 자신감을 가지고 이야기하여야 한다. 이것은 이야기할 때의 부모의 태도가 어떠하였느냐에 따라서 아동의 입양에 대한 반응이 다르기 때문에 중요한 과정이라 하겠다.

즉 부모가 자녀를 빼앗기지 않을까하는 두려움 없이 부모로서의 자신감과 안정감을 가지고 입양자녀에게 이야기한다면, 그의 친생부모에 대한 입양부모의 긍정적인 생각이 입양아동에게 전달되지만, 친생부모에 대한 두려움과 불안감을 가지고 아동과 이야기하게 된다면, 무의식적으로 친생부모에 대한 부정적인 태도가 입양자녀에게 전달 될 수 있다는 것이다. 이것은 입양아동이 이후에 입양부모에게 자신의 친생부모에 대한 질문을 더 이상 할 수 없게 만들며, 또한 자신의 뿌리에 대한 존중감도 고양시키지 못하게 되므로 입양자녀에게 결코 바람직하지 않는 것이다.[39]

그러므로 입양부모는 입양사실에 대해 입양자녀에게 이야기하는 내용과, 그것에 대한 자신의 태도에 대해 사전에 준비와 연습과정을 거치는 것이 좋다. 이렇게 함으로써 자녀에게 자신의 입양에 대한 긍정적인 생각을 전달할 수 있는 확률을 높이게 된다. 따라서 아동의 자존감 및 자기가치감self-esteem도 고양시킬 수 있게 되며, 결국 이것은 입양부모와 입양아동 사이에 좋은 부모자녀관계 형성의 탄탄한 밑바탕이 된다 하겠다.[40]

---

38. Silber & Speedlin, op. cit., 1998.
39. Hoopes, op. cit., 1990.
    Reitz, M. & Watson, K. W. *Adoption and the Family System: Strategies for Treatment.* New York: The Guilford Press, 1992.
40. Ibid., 1990.

입양자녀와 입양사실 이야기하기의 걸림돌 극복하기

입양아동과 입양이야기 하는 것은 그러한 의사소통의 걸림돌을 인식하는 것이므로 전진에 도움이 될 것이다. 입양부모들이 입양자녀에게 그의 입양과 그의 과거에 관해 이야기하기를 힘들어 하는 이유는 대개 다음 중의 이유들이라고 한다; "내 아이가 가족의 일부분으로서 자신을 더 낮게 볼까봐 두렵다."; "내 아이의 사랑을 잃을까봐 두렵다."; "지금은 적당한 때가 아니다."; "이야기하면 내 아이의 자기가치감을 무너뜨리게 된다."; "내 아이에게 이야기를 할 수 있는 기술이 내게 없다." 41

예를 들면, 어느 입양모는 자신의 입양자녀와 입양에 대해 이야기할 때, 자신의 근심사항을 다음과 같이 표현했다;

> "제가 입양에 대해 이야기하면, 제 아이가 자신을 항상 다르게 보는 것을 제가 좋아한다고 생각할까봐 두려워요. 제가 입양에 대해 이야기하면, 제 아이가 가족 내에 포함 된다기보다는 오히려 더 소외되었다고 느끼지 않을까 염려되어요. 제가 입양에 대해 이야기하지 않으면, 이런 걱정은 할 필요가 없게 되는 것이지요."

1960년대까지 미국의 경우에도 국내의 경우와 마찬가지로, 입양아동에게 그의 입양에 대해 이야기하지 않는 것이 일반적인 관습인 때가 있었다. 즉 입양에 대해 이야기하지 않으면 아동이 입양가정에 완전히 통합되고, 입양부모는 아동과 생물학적인 연관이 있는 것처럼 행동하면서, 입양아동의 가슴을 그의 친생가족구성원들과 공유하는 것을 염려할 필요가 없게 된다고 생각했었다. 유감스럽게도, 아직 오늘날에도 때때로 이러한 일이 발생한다. 그러나 지금까지 입양사실을 감추는 것은 건강한 입양가족을 위해 결코 좋은 전략이 되지 못해왔다. 비밀은 잘 되지 못한다는 것은 수많은 성인 입양인들의 고통스런 스토리를 통해서 증명되어 왔다. 가족의 비밀

---

41. Schooler & Atwood, op. cit., 2008.

은 대부분 항상 밝혀지게 되어 있다.[42]

입양부모들은 입양아동이 그의 가족과 그의 친생가족 모두를 사랑할 수 있다는 것을 알게 해줄 필요가 있다. 입양아동이 안정적인 입양부모의 지지를 가졌을 때, 아동은 일찍부터 한쪽 부모를 선택할 필요가 없다는 것을 배우게 된다. 즉 아동들은 자신들의 가슴에는 생명을 준 사람들과 영구가정을 준 사람들, 양쪽 모두를 위한 여지가 있다는 것을 알게 된다는 것이다. 입양부모가 입양아동에게 그의 친생가족에 대한 생각과 감정을 가질 수 있도록 허용함으로써, 입양부모는 실제 그들 입양자녀와의 관계를 오히려 더 강화시키고 있는 것이다.

전문가들은 입양부모가 아동의 정체감 형성을 돕고, 입양자녀와 좋은 부모자녀관계의 형성을 위해서는 필수적으로 입양에 대해 이야기하는 것이 자연스러운 가정환경의 창출이라고 한다:[43]

> 입양에 대해 이야기하기 시작하는 데에 가장 좋은 때는 언제인가? 가장 좋은 때는 "시작"이라고 한다. 신생아를 입양한 부모를 위한 과업은, 입양이 그들 대화의 정상적인 부분이 되는 환경을 창출하는 것이다. 이것은 유아인 아동에게 입양에 대한 책을 읽어주거나, 혹은 입양아동이 입양가정에 도착할 때의 스토리를 반복해 말해줌으로써 일찍 시작할 수 있다. 가끔 우리가 우리 자녀들에게 그들이 아직 충분히 이해하지 못하는 스토리들을 읽어주거나 이야기하는 것처럼, 입양에 대한 그의 스토리도 그렇게 읽어주면 좋다는 것이다. 아동이 이해할 수 있기 훨씬 전부터 입양에 대한 이야기를 그에게 함으로써, 아동은 '입

42. Ibid.
Sullivan, R. & Lathrop, E. (2004). Openness in adoption: Retrospective lessons and prospective choices. *Children and Youth Services Review*, 26, pp.393-411.

43. Schooler & Atwood, op. cit., 2008.
Winkler, et al., 1988.
Sullivan & Lathrop, op. cit., 2004.

> 양'이라는 단어에 익숙해지고, 입양부모는 입양에 대해 이야기하는 것이 편안해지고, 자주 연습을 하게 되는 긍정적인 효과가 있게 된다는 것이다.
>
> 입양부모는 아동들이 그들의 입양스토리에 대한 이해가 그들의 발달적 수준에 따라 성장한다는 것을 알고 이해할 필요가 있다. 따라서 입양부모가 아동에게 입양에 대해 이야기하는 과정은, 아동의 나이와 성장에 따른 각각의 발달적인 이해수준을 따르는 것이 중요하다.

또한 과거에는 아동이 자신의 부정적인 가족의 역사를 알게 되면, 그것으로 아동의 자기가치감이 손상될 것이라고 믿었었다. 물론 아동은 그의 부정적인 가족의 상황 때문에 나쁘게 느낄 수 있을 것이다. 그러나 아동에게 아무런 이야기도 해주지 않을 때에는 훨씬 더 나쁜 일이 생길 수 있다는 것을 입양부모는 반드시 알아야만 한다.

왜냐하면, 입양부모가 중요하고 진실 된 정보를 아동에게 말해주지 않을 때, 입양아동은 사실이 아닌 틀린 정보나 상상에 기초하여 자신이 스스로 그의 친생가족 및 그의 스토리에 대한 이미지를 발달시키기 때문이다. 이 점을 입양부모들은 반드시 알 필요가 있다. 즉 아동이 상상하는 것은 자주 현실에서 일어났던 본래의 스토리보다 훨씬 더 나쁘다는 것이다. 이것은 수많은 성인 입양인들이 말해오기를, 그들이 아마도 진실을 좋아하지는 않았을지라도, 그러나 진실은 아무리 나빠도 환상이라는 위험한 미끄러운 경사보다는 훨씬 더 좋았었다고 한다. 그러므로 나쁜 진실이므로 아동에게 이야기해 주지 않는다는 생각은 절대 금물이라는 것이다.

입양부모는 유보해왔거나 생략해왔던 아동에게 힘들고 나쁜 진실은 아동이 10대의 사춘기가 되면 아동에게 모든 것을 밝혀주어야 한다. 아동에게 입양이야기를 할 때, 아동이 어떻게 그리고 누구에 의해 자신의 친생가족의 부정적인 역사에 대해 이야기를 듣게 되는가 하는 것은 중요하다:

예를 들면, 캐롤은 사춘기일 때, 그녀의 친생모가 어린 나이에 성적 및 신체적 학대를 당했다는 것을 알게 되었다. 캐롤은 이것을 알고 싶지 않았었는데 알게 되었으며, 캐롤과 접촉하기를 원하는 친생가족구성원을 위해 일하는 믿을만한 중재인을 통해 알게 되었다. 사실이 밝혀지는 경험은 캐롤에게 상흔을 남기는 외상이었다. 만약 이러한 정보를 타인을 위해 일하는 낯선 이방인에 의해 강요된 것이 아니라, 그녀의 부모가 사랑을 듬뿍 주면서 그녀에게 이야기해 주었다면, 캐롤은 이 사실을 더 쉽게 수용했었을 것이었다.

입양자녀와 관련하여 때때로 입양부모가 다루는 진실은 거칠고 어려울 수 있다. 따라서 입양부모가 이러한 정보를 공유하는 능력이 부족하다고 느끼는 것은 흔치않은 일이 아니다. 그러므로 입양부모는 거칠고 힘든 진실을 직면하는 것이 어려울 때는 전문가와의 상담이 필요하다. 즉 입양부모는 그들이 부정적이며 잠재적으로 해로운 사실로 간주되는 것에 의해 압도되었다고 느낄 때, 숙련된 입양전문가나 입양치료자의 도움을 활용할 수 있다는 것을 알 필요가 있다. 비밀은 자주 해롭지만, 개방적인 의사소통은 해로울 때가 거의 없다는 사실은 입양부모가 깊이 명심할 점이다.

4 _ 입양아동이 사춘기(13세-19세)때 입양부모의 과업

발달적 단계의 사춘기는 한 개인의 정체감 형성기로서 대부분의 사람들에게 어려운 시기이다. 특히 입양아동에게는 입양 그 자체가 가지고 있는 복합적인 성격으로 인해, 입양아동의 사춘기는 비입양아보다 더 어려운 시기가 될 수 있다.[44]

44. LePere, op. cit., 1988.

사춘기 입양청소년

청소년은 그들의 생애에 있어서 가장 극적인 변화를 겪게 된다. 이 시기의 놀랄만한 신체적인 변화 외에도, 청소년은 소용돌이치는 정신적 및 정서적 변천을 겪는다. 청소년들은 세상을 다르게 보기 시작하며, 사고과정이 깊어짐에 따라서, 청소년들은 보거나 경험하는 것에만 집중하는 아동중기의 구체적 사고에서, 좀 더 높은 수준의 삶의 관점으로 변화한다. 청소년들은 나는 누구인가? 내 인생에서 나는 무엇을 할 것인가? 삶의 의미는 무엇인가? 등의 심오한 질문을 하기 시작한다.[45]

입양된 10대들도 다른 청소년들과 다르지 않다. 똑같은 질문으로 이 시기의 어려움을 경험한다. 그러나 어떤 입양된 10대들에게는 삶의 정상적인 전환을 완전히 이해하지 못하는 자신의 역사를 가진 채 겪어야 하므로 이러한 전환의 복잡한 문제가 더 어려울 수도 있게 된다.

입양에 대한 의사소통을 개방적으로 포용하는 가족의 환경을 경험해보지 못한 10대 입양아동은 입양, 그의 가족 및 그 자신에 대해 부정적인 태도를 가질 수 있게 된다. 이제 추상적이며 세련된 사고가 가능한 초기의 청소년은 그의 친생부모가 자신을 유기한 이유들에 대해 혼란스러워 할 수 있다. 이 나이에 입양에 대한 그의 이해는 진전한다. 즉 10대 입양아동은 입양의 의미를, 한 가족을 얻고 한 가족을 잃은 것에서부터, 자신은 "주어 버렸고"에서 "나는 거부당했다"는 결론으로까지 도달한다는 것이다.[46]

건강한 입양가족의 환경을 경험해보지 못해왔던 10대 입양아동은 자신의 입양에 대한 통제의 결핍에 대해 분노할지도 모르며, 초기의 이별들과 그의 과거역사에 대한 정보결핍에 대해 질책할 누군가를 찾으려 할 것이다. 종종, 입양부모가 이러한

45. Brodzinsky, Schechter, & Henig, op. cit., 1992.
Schooler & Atwood, op. cit., 2008.

46. Ibid., 2008.
Kirschner, op. cit., 2006.

그의 분노와 혼동에 대한 희생양으로 선택된다.[47]

만약 너무나 많은 입양가족에게 발생하고 있듯이, 입양아동이 학령기이전 미취학 이후부터 그의 역사에 대해 이야기해 오지 않았다면, 아동은 새로운 정보망을 창출하려고 자신의 환상fantasy을 이용해 왔을 것이며, 환상의 위험은 환상 속에서 입양부모를 자신의 친생부모와의 이별에 책임이 있는 유괴자로 지명하고 있을 수 있다는 것이다. 입양된 10대는 심지어 그의 입양부모가 그의 역사에 대해 충분한 정보를 가지고 있지만, 사회복지사와 공모하여 그 정보를 자신에게 제공하지 않거나, 심지어 거짓말을 하기로 선택하였다고 굳게 믿고 있을 수도 있다.[48]

예를 들면, 현재 25세인 신생아 때 입양된 성인입양인의 다음과 같은 발언은 입양부모들의 입양에 대한 의사소통의 개방성에 대해 민감성을 유지하면서 입양청소년들의 정체성문제를 도울 수 있어야 함을 보여 준다:[49]

> "제가 14세가 되었을 때, 저는 분노하고, 혼자였으며, 소외되었다고 느꼈죠. 제 모든 친구들은 자신들의 배경과 과거에 대해 알았지요. 그들은 어디에서 탄생했는지 모두 알고 있었지요. 저는 전혀 알지 못했어요. 제 세계의 모든 사람들은 저를 추측하게만 만들었어요".
>
> - 베스, 25세, 신생아 때에 입양됨.

많은 10대들이 그들이 입양되었기 때문에 위에 보여준 입양청소년 베스처럼, "화나고, 혼자며, 소외되었다"고 느끼지는 않는다. 하지만 입양부모가 그들의 입양청소년 자녀가 겪게 되는 감정과 태도의 전범위에 대해 익숙해지는 것은 중요하다. 물론, 위에 베스가 표현한 감정들은 일반적인 많은 10대들이 그들의 사춘기동안 여러 시기에 걸쳐 경험하게 된다. 입양청소년의 자신의 배경에 대한 지식 부족이 반드시 이

47. Ibid.

48. Ibid.

49. Ibid., 2008.

러한 분노와 외로움을 야기하는 것은 아닐지라도, 어느 정도 기여하고 있으며, 모든 문제를 입양의 탓으로 돌리기 쉽게 만든다. 이러한 마음상태는 입양청소년이 입양 이전에 겪은 태만이나 학대로 인해 야기되거나 더 악화되기도 한다. 입양청소년이 이런 잠재적으로 소용돌이치는 10대를 거치면서 겪는 부정적인 감정이 무엇이든지 간에, 이들에게 입양을 통한 건강한 가정은 위탁가정이나 시설 혹은 독립적인 거주보다 거의 항상 더 좋다는 것은 확실하다.[50]

청소년이 생물학적 가족에게서 양육되었거나 입양가족의 의해 양육되었던 간에, 그녀가 어떻게 될지는 어느 정도 추측불가능이다. 이것은 생물학적 부모나 입양부모들이 보기에는 그들이 자녀들을 잘 키웠다고 생각했으나, 자녀들이 10대가 되면 이상하게 행동하는 것을 많이 보아왔기 때문이다. 입양아동들을 추적하여 연구하는 미국의 한 추적연구소에 의한 연구인, "입양되어 성장하기"는 신생아 때에 입양된 청소년들이 그들의 심리적 복지를 비입양청소년들과 거의 동등하게 발달시킨다는 것을 보여주었다. 입양가족 715가족의 신생아 때에 입양된 입양청소년 881명이 연구대상이었다고 한다:[51]

정체감 형성에 대한 일련의 측정도에서, 신생아 때 입양된 청소년들이 특별히 취약하다는 증거는 거의 찾지 못한다. 몇몇은 그렇기도 하지만, 그러나 일반 청소년들에게 나타나는 비율 이상은 아니다. 입양청소년들은 또래의 다른 청소년들과 비교했을 때, 정체감 관련사항들에 대한 만족감이 그들 또래와 같거나, 더 높게 나타났다. 또한 자기가치감 측정에서는, 입양청소년들이 전국적인 12세에서 18세 사이의 샘플과 비교하여 우호적으로 나타났다. 대부분의 연구 참여 입양청소년들에게 입양은 비교적 편안하게 받아들여진 생활의 사실로서 간주되고 있음을 보여준다.

입양청소년들이 그들의 정체감 형성을 위해 비입양청소년들보다 힘들게 노력하므로, 입양에 대한 감정들이 의미심장한 중요한 요소가 될 수 있다. 위에 언급된 추

50. Ibid.

51. Ibid.

적연구소의 연구에 의하면, 신생아 때 입양된 입양청소년들의 25%이상이 입양은 "나 자신에 대해 내가 어떻게 생각하는가의 큰 부분이다"라고 보고하였다고 한다. 입양이전에 겪은 학대나 태만과 수차례의 옮김 등이 입양청소년들의 양육을 더 힘들게 만들 수도 있다. 그러나 따뜻하고 안정적인 입양가족생활의 경험을 해왔던 대부분의 입양된 10대 청소년들은, 생물학적 가족에 의해 양육된 일반 10대보다 더 많은 소요를 가지지 않는다는 결론을 위 추적연구소의 연구는 보여주었다.[52]

이전에도 강조해왔듯이, 입양자녀와 의사소통을 위한 입양부모의 첫째 요건은, 입양아동이 시간의 흐름과 함께 성장의 발달단계들을 각각 전진해 나감에 따라, 아동이 자신의 입양됨에 대해서 어떻게 느끼고 생각하는가를 입양부모는 충분히 이해하여야만 한다는 것이다. 두 번째 요건은, 입양부모가 자신의 가족을 스스로 어떻게 간주하며, 자신들에게 입양은 무엇을 의미하는지에 대해 분명히 이해하여야만 한다는 점이다.

입양청소년의 정체감형성, 성적 호기심, 타인과의 관계

입양아동이 사춘기가 되어 성적 호기심이 증가하게 되면, 이것이 입양부모의 불임에 대한 고통을 다시 상기시킬 수 있다. 특히 사춘기인 입양자녀가 딸인 경우에, 입양부모는 입양아동의 출생당시의 상황과 관련하여, 입양자녀가 그녀의 생모와 마찬가지로 원하지 않는 임신을 하게 되지 않을까하고 두려워하게 된다는 것이다. (예를 들면, 본서의 "샤론가족 상담사례"에서도 이것이 나타나고 있다.)[53]

사춘기인 입양자녀가 강한 정서적인 반응이나 파괴적인 행동을 보이기 시작하면,

---

52. Ibid.
Triseliotis, J. & Hill, M. (1990). Contrasting adoption. foster care, and residential rearing. In D. Brodzinsky & M. Schechter (Eds.). *The psychology of adoption*. pp.107-120. New York: Oxford Uni. Press.

53. Sorosky, Baran, & Pannor, op. cit., 1988.

입양부모는 쉽게 부모로서의 실패감을 느끼며 자신들이 적절한 양육기술이 부족했던 탓으로 돌릴 가능성이 높다.

이 시기에 입양자녀의 특정적인 욕구에 대한 이해가 부족한 입양부모는 다루기 힘든 사춘기 자녀의 반항적인 행동을 자칫 자녀의 타고난 기원origin의 탓으로 돌리는 경향이 있을 수 있다. 즉 "근본 피가 나쁘다"든가, "근본이 좋지 않다" 등의 말로 모든 잘못을 입양자녀에게 떠넘기는 경향이 있게 된다는 것이다. (예를 들면, 본서의 "파양 사례 3: 18세 입양아의 반항적인 행동"에서도 처음 입양동의 특성과 입양자녀의 욕구에 대한 이해부족으로 자칫 이러한 오류에 빠질 수 있었음을 보여주고 있다.)

입양부모는 입양자녀와 입양 이야기 상대가 되어준다

입양아동은 자신의 정체감identity 문제와 관련한 그의 고통을 부모와 함께 나누기를 원한다. 이것은 입양부모와 자녀가 각자 서로 경험한 상실을 함께 인정함으로써 실행되어 질 수 있다.[54]

즉 입양아는 그의 생물학적 뿌리와 (친생부모와의) 관계의 상실을, 또 불임인 입양부모는 그들이 임신하여 출산할 수 없었던 (상상속) 자녀의 상실을, 서로 각자 인정하면서 슬픔을 함께 나누며 심리적 상실을 해결해 나간다는 것이다. (본서의 "샤론가족 상담사례"에서 16세의 샤론과 샤론의 양모가 상담중에 서로 샤론의 친생부모 상실과 양모의 불임의 고통을 나누는 과정이 소개되고 있다.)

서로의 상실을 인정하고 그 슬픔을 함께 나눔으로써 부모자녀간의 중요한 상호간의 결속이 창출되며, 입양아동의 뿌리에 대한 욕구에 입양부모가 지원적인 될 수 있게 된다는 것이다. Kirk(1984)는 입양부모와 입양자녀가 함께 서로의 상실을 나누는

54. Hartman & Laird, op. cit., 1990.
Kirk, David H., Shared Fate: *A Theory and Method of Adoptive Relationships.* Rev. ed. Port Angeles, Wash.: Ben-Simon Publications, 1984.

운명이라 하여, 이러한 입양부모와 입양아동의 관계를 "나누는 운명shared fate"이라고 명명하였다.[55]

사춘기 입양아동의 독립성 증가는 입양부모에게 상실을 상기시킨다

사춘기는 아동이 자율성을 추구하며 그의 가족으로부터 정서적으로 분리하려는 과정을 시작하는 시기이다. 그러나 아동이 정서적으로 부모와 분리하려는 노력이 불임인 입양부모에게는 특히 고통스러운 과정이 될 수 있다.

입양아동이 정서적으로 부모로부터 독립하려는 노력이 불임인 입양부모에게는 불임으로 인해 이미 경험한 이전의 상실을 상징할 수 있다는 것이다. 입양부모가 친자녀를 갖지 못함에 기인된 상실감이, 입양아가 사춘기가 되어 자신들과 거리감을 두며 정서적인 독립성이 증가됨에 따라 다시금 그 상실감이 상기되어진다. 즉 입양부모는 자녀를 잃게 된다는 두려움을 또다시 가지게 된다는 것이다.[56]

입양아동이 사춘기인 이 시기에는, 필요하면 입양부모와 입양아동을 위한 외부원조를 받음으로써, 성공적인 부모자녀관계를 유지하며 입양자녀가 효과적인 사춘기를 맞이할 수 있게 된다. 이러한 외부원조로서는, 전문가와의 상담이나, 자녀양육에 대한 연수workshops나, 사춘기 입양아동들을 위한 자조집단self-help group과 같은 지지집단, 혹은 입양부모들의 자조 집단 등이 있을 수 있다.[57]

입양부모는 의사소통하는 환경의 입양가정을 창출한다

입양부모가 입양의 문제를 대처하는 두 가지 방법은, 한 방법은 가족생활에서 입양

55. Ibid., 1984.
56. LePere, op. cit., 1988.
57. Schaffer & Lindstrom, op. cit., 1990.
Winkler et al., op. cit., 1988.

의 역할을 거부하고 입양에 대한 의사소통을 없애는 방법이며, 또 하나의 방법은 입양의 역할을 수용하고 인정하며 입양에 대해 개방적으로 의사소통하는 것이다.[58]

입양전문가들은 입양의 역할을 인정하는 접근방법에서 수많은 혜택이 있다는 점을 강하게 주장한다. 입양부모와 전문가 모두 이 스타일이 감정이 표현될 수 있고, 정당한 것으로서 인정받을 수 있는 공감과 민감성의 환경을 창출할 수 있기 때문에, 특히 가치 있는 스타일이라고 지적하고 있다. 이러한 입양을 인정하는 접근방법에 대한 다섯 가지의 다른 장점들도 알 필요가 있겠다:[59]

첫째, 입양을 인정하는 접근은 부모자녀사이의 신뢰하는 관계를 구축한다. 예를 들면, 로렌(현재, 21세)은 자신이 입양되었다는 사실을 그녀가 12세 때에 부모님이 이야기해 주시기 전까지는 알지 못했다: "저는 그때의 밝힘으로 인해 외상trauma을 겪었지요. 입양 때문이라기보다는, 부모님이 그때까지 그 사실을 제게 비밀로 해왔다는 사실 때문이었지요. 저는 그 외에 부모님이 이야기하지 않으시는 것은 무엇일까에 대해 궁금해 하면서 성장해 왔었지요." 그녀에게 부모의 너무 늦은 밝힘은 부모님에 대한 그녀의 신뢰가 손상되었음을 보여준다;

둘째, 이러한 개방적 스타일은 아동의 과거에서 빠진 부분들을 통합시켜 준다. 수많은 입양아동들에게 정보의 부족은 그들의 삶에서 공허감을 느끼게 만든다. 어떤 사람들은 이것을 마치 모든 조각들을 가지고 있지 않다는 것을 알면서도, 퍼즐을 맞추려고 노력하는 것과 같다고 말한다. 연구들은 입양문제에 대해 개방적인 부모를 가진 입양아동들이 일반적으로 가족의사소통과 가족관계의 질에 대해 더 만족하고 있음을 보여주고 있다;

셋째, 공개적인 밝힘은 과거에 대해 가지고 있는 잘못된 견해를 교정할 수 있는 기회를 준다;

넷째, 공개적인 밝힘은 아동이 현실과 환상을 분류하도록 도와준다. 예를 들면,

58. Kirk, op. cit., 1984.

59. Schooler & Atwood, op. cit., 2008.

27세인 다이앤은 다음과 같이 자신의 환상에 대해 말한다: "제가 학령기에 유지했던 가장 멋진 환상들 중의 하나는, 어느 날 이제 부자가 된 제 친생부모가 저를 없애버린 것을 후회하면서 저를 찾아오는 거였어요. 그때 저는 입양당시의 현실에 대한 아무런 실마리도 가진 것이 없었기 때문에, 제가 그 환상을 멋지게 꾸민 것 같아요";

다섯째, 이러한 직설적으로 이야기하는 접근은 정체감 형성을 위한 기초를 형성토록 도와준다.

입양의 문제를 아동에게 직접적으로 앉아서 이야기해보라고 요청하는 것은 아마도 성공적이 될 수 없는 노력이라 하겠다, 전문가들은 입양부모들이 덜 직접적인 방법을 찾거나, 씨를 심기를 장려한다.

예를 들면, 부모가 다음과 같이 말하면서 입양에 대해 문을 열 수 있겠다:

"어제 저녁에 한 TV프로그램을 보았는데, 흥미로웠어. 그건 자신의 아이를 입양보내려고 계획한 어느 친생모에 관한 스토리였어. 너의 스토리를 많이 생각나게 해줬어. 네 스토리에 대해 내가 많이 생각하고 있어. 최근에 네가 우리가 대화가 필요한 사고나 질문이 있는지 궁금하구나." 이러한 부모의 언급이 자녀의 마음속에 입양에 대해 이야기하는 것이 괜찮다는 생각을 심어주는 것이다.[60]

또 다른 제안은 도서의 활용이다. 예를 들면, 부모는 다음과 같이 말할 수 있다: "지난번에 서점에 갔었는데 입양에 관한 책이 한권 있었어. 네 나이의 아동들을 위한 책이더구나. 너 주려고 내가 샀어. 나와 같이 앉아서 함께 읽을까? 아니면 네 혼자서 읽고 싶으니?"

입양아동이 가족내부에 합류하고 연결과 신뢰를 구축하는 것이 일차적인 업무인, 가족생활의 초기 몇 년에는 입양을 숨기는 스타일이 가족에게 잘 맞을 지도 모른다, 그러나 이후에는, 아동이 성숙해지면서 입양된 것과 포기된 것의 의미를 찾으려고 노력해감에 따라, 입양을 인정하고 그 차이를 인정하는 스타일이 개방성, 정직함,

---

60. Ibid.

및 아동욕구의 충족에 대해 분명히 더 나은 선택을 제공한다는 것이다.[61]

입양가족에 대한 아름다운 점은, 아동들이 성장해 나감에 따라 모든 가족이 문제에 직면하며, 이런 점에서 입양가족도 생물학적 가족과 같다는 것이다. 건강한 가족은 자녀들이 어떻게 문제를 해결하며, 어떻게 성공적이며 잘 적응된 성인으로 성장하도록 돕는가를 배우게 된다는 것이다.

다음은 의사소통하는 환경의 가정에서 성장한 10대 입양아동들이 입양된 것이 어떤 느낌인가를 세상이 알기 원하는 그들로부터의 진술들이다:[62]

11세의 발레리(생후 4주때 입양됨): 제가 입양된 것에 대해 어떻게 느끼냐구요? 대부분, 저는 정말 괜찮게 느낍니다. 제게는 큰 문제가 아니에요. 제 엄마, 아빠, 두 여동생이 제 가족이에요. 가끔 한 번씩 아주 잠시동안 슬프게 느껴요. 요즘 최근에는 입양된 것에 대해 생각해오고 있어요. 때때로 제 친생모는 어떻게 생겼을까하고 궁금해져요. 제가 질문이 있으면, 저는 제 엄마에게 가서 물어요. 엄마는 항상 제게 말씀하시지요. 제가 질문해도 괜찮으시다구요. 허지만 전 엄마를 마음 아프게 하고 싶지 않아요. 저는 제게 다른 남자형제와 여자형제가 있는지 궁금해요. 아마 언젠가는 파악할 수 있겠죠;

13세의 니키(9세에 입양됨, 입양이전에 심각한 태만(학대)의 역사가 있음): 입양된 것이 어떻게 느껴지냐구요? 저는 태어나면서부터 부모님과 항상 살아온 것처럼 느껴요. 많은 사람들이 제게 어떻게 느끼며 무엇을 생각하는지 물어요. 그냥 정상적인 가족이예요. 제가 안전하며 안심된

---

61. Ibid.
Grotevant, H. D. & McRoy R. G. *Openness in adoption: Exploring family connection*. CA: Sage Publication Inc.. 1998.

62. Ibid., 2008.

다는 것을 알아요. 제 부모님은 저를 많이 사랑하셔요. 저는 전처럼 많이 염려하거나 많이 당황해 할 필요가 없지요. 전에는 학교에 가질 않았어요. 이제 항상 학교에 가지요. 그리고 입양된 이후, 지금은 이전처럼 위탁아동인 것에 대해 염려할 필요가 없게 되었어요. 이게 제가 어떻게 느끼는가입니다. 저는 어떤 사람이 제게 묻지 않으면 친생부모에 대해 정말 생각하지 않습니다;

11세의 티나(7세에 입양됨, 입양이전에 학대와 태만의 역사가 있음): 저는 입양된 것이 좋아요. 저는 안전하고 절대 여기를 떠나지 않을 거예요. 적어도 훨씬 더 나이들 때까지는요. 이 가족이 항상 제 가족일거에요. 처음에는 무서웠어요. 5년간 여기서 지내고 나니, 이 가족이 제 가족임을 알지요. 이곳이 재미있어요. 이전처럼 문제가 많지 않아요. 제 엄마와 아빠를 사랑해요.

입양에 대해 이야기하는 것이 의사소통의 정상적인 부분이 되는 한 가정을 창출할 때에, 즉 의사소통적인 환경의 가정을 창출할 때에, 입양부모는 두 가지 중요한 요구사항을 이해하는 것이 중요하며, 간단히 요약하면 다음과 같다:63

첫째, 입양부모는 자신의 아동이 성장해 나가는 동안 그의 각각의 여러 발달단계에서 그가 입양에 대해 어떻게 생각하고 느끼는가를 이해할 필요가 있다: 즉, ① 3세-5세 아동들은 자신의 스토리에 대해 알게 되나, 입양의 개념을 이해하지 못한다; ② 6세-8세 아동들은 자신이 가족과 다르게 합류했다는 것을 이해하며 연결을 상실해왔다는 것을 이해하게 된다; ③ 9~12세 아동들은 자신의 입양문제를 표면으로 나타내지 않고 지하로 내려간 듯이 보이지만, 많은 아동들이 입양이슈에 대해 생각하며, 그러한 입양문제와 관련하여 감정을 형성한다; ④ 13세 이상의 이제 추상적인

63. Brodzinsky, Schechter, & Henig, op. cit., 1992.

사고가 가능한 10대는 자신의 입양과 입양의 의미에 대해 강력한 감정을 가질 수 있게 된다. 10대는 자신의 입양은 거부를 의미한다고 느낄 수 있다.

둘째, 입양부모는 입양부모로서의 자신들에게 입양은 무엇을 의미했는지, 자신들의 가족을 자신은 어떻게 간주하는지에 대해 솔직하게 평가할 필요가 있다. 즉, 입양부모가 그들의 삶에서 입양의 역할을 부인하고 그것에 대한 의사소통을 막아버리고 있는지? 입양부모가 입양을 인정하고 그것에 대한 개방적인 의사소통을 장려하고 있는지? 혹은 입양부모가 입양관계에서 문제에 직면할 때 입양과 입양아동을 질책하는지? 등에 대해 자신은 어떠한가를 평가해 본다는 것이다.

10대 입양청소년들에게 취약한 입양문제(이슈) 및 관심사

입양아동들은 그들의 발달적인 척도에서 입양의 의미를 서서히 이해한다. 아동이 사춘기에 도달하면, 청소년으로서, 입양아동은 정상적인 정체성의 고통뿐만이 아니라, 다음과 같은 더 불안한 질문들에 사로잡히게 된다는 것이다;

즉 나는 정말 누구인가? 내가 나의 이전 과거를 모르는 데도 내 미래가 있는 것일까? 내가 친생가족과 헤어지게 된 진실은 무엇인가? 내가 지금 가족과 헤어질 때 내게 무슨 일이 생길까?[64]

이러한 입양아동의 내부 마음의 고통으로 인해, 입양청소년에게서 정상적인 직면의 문제를 넘어선 커다란 사춘기의 행동적인 변화를 보게 된다. 이러한 행동적인 변화는 입양청소년이 여러 개의 일차적인 입양문제들 중의 한 개 혹은 그 이상을 가졌다는 표시일 수 있다.

입양청소년들이 범위 밖의 행동적인 변화를 보여서 상담을 제공받을 때에, 입양상담가들은 입양부모들이 그들의 10대가 겪고 있는 고통의 일차적인 문제의 규정을 할 수 있도록 권고하면서 부모들이 규정할 수 있도록 도움을 제공하는데, 이것은 중

64. Schooler & Atwood, op. cit., 2008.

요하기 때문이다. 이러한 일차적인 문제는 "입양아동이 그의 행동을 통해 자신의 출생기원에 대해 표현하는 것에 대한 분명하게 대처할 수 있도록 제공해 주는 것"으로 정의하였다.

즉 이렇게 일단 입양청소년의 문제를 그의 출생과 관련된 것으로서 일차적인 문제가 밝혀지면, 입양부모와 상담가는 그들의 젊은이를 도울 수 있는 훨씬 더 많은 통찰력을 가질 수 있게 되기 때문이다.

입양아동의 주요 입양이슈 및 문제는 주로 반복되는 그의 행동에 대해 면밀히 주의를 기울이고, 스트레스를 유발시키는 사건들의 패턴을 봄으로써 깨달아질 수 있다. 10대들은 종종 자신의 내부에 무엇이 일어나는지 충분히 알지 못한다. 그들의 태도와 행동은 그들의 입양부모에게 혼란스러운 만큼, 그들 자신에게도 혼란스러울 수 있다는 것이다.[65]

전문가들은 10대 입양청소년들의 마음속에 가장 취약하게 느끼는 일차적인 입양 문제(이슈)나 관심사들을 대개 다음과 같이 본다;
즉 자신의 과거를 모르는 데에 기인된, "나의 일부분이 없어짐", 입양되는 과정에 대한 통제 불능에 대항하는, "통제를 향한 외침", 입양아동들에게 가장 가슴 아프며 취약한, "거부와 유기의 상흔(외상)", 입양아동이 자신의 뿌리인 출생의 기원을 모를 경우에 형성하기 어려운, "정체성 확립의 문제", 다른 일반적인 비입양아동과 다른, "입양됨의 차이" 등이라 하겠다:[66]

"나의 일부분이 없어진 상태이다"

어떤 입양청소년들은 자신의 마음속에 불완전하며 빈 듯한, 마치 내부의 공백 같은

65. Ibid.
66. Ibid.
Brodzinsky, Schechter, & Henig, op. cit., 1992.

느낌을 다음과 같이 표현한다;

"제가 어떻게 느끼는지 묘사하기가 참 어려워요. 저의 일부분이 여기에 있지 않은 것 같아요. 공허함을 느껴요." 이들은 이러한 인식은 그들이 친생가족과의 연결부족이기 때문이라고 생각한다. 또한 입양청소년들은 친생부모를 대신하여 자신들을 돌보는 사람이 얼마나 따뜻한 사람이었든지 간에, 그 공백을 채우지 못해왔다고 말한다.

어떤 입양아동들은 이러한 공허함과 상실의 감정이 너무나 강력하여 이러한 감정을 자신의 내부로 돌려, 타인과 사랑을 주고받을 수 있는 그들의 능력을 아예 차단시키기도 한다.

입양에서 애도grief와 상실loss을 고려해 보면, 입양의 상실들은 모든 다른 상실들과 다르게 독특하다고 한 입양전문가는 그 독특성을 다음과 같이 진술한다:

> "입양의 상실은 죽음에서와 같이 마감이 없다. 이 상실은 사회적으로 잘 인식되고 있지 않다."
>
> "하나의 사회로서, 우리는 모든 아동들이 따뜻한 영구적인 가정에 있어야 할 권리를 믿기 때문에 입양을 축하하는 방식으로서 포용한다. 입양은 애도할 사건으로서가 아니라, 축하하여야 할 행복한 사건으로서만 받아 들인다. 이러한 행복한 장면 뒤의 수많은 상실을 분명하게 보는 것은 따뜻하고 부드러운 빛을 망가뜨리게 된다고 생각하기 때문이다. 그러나 보지 않는 것은 이후에 더 커다란 고통을 유발하게 될 것이다".67

위의 "입양의 상실은 마감이 없다"는 발언을 입양부모들이 깊이 마음속에 새긴다면, 입양자녀의 심리적인 상태를 더 잘 이해할 수 있게 될 것이다. 이러한 발언은 입양이 내포하는 상실의 의미를 더욱 두드러지게 느끼도록 만들며, 더 잘 대처할 수

---

67. Schooler & Atwood, op. cit., 2008.

있도록 돕게 된다 하겠다.

입양부모의 대처 및 과업

입양의 특성에 의해 고통 받는 입양청소년들이 그들의 문제에 대해 입양부모나 다른 타인과 의논할 수 없을 때, 대개 약물 의존성, 우울증 및 자살시도 등의 문제행동을 보이게 된다.

10대 입양아동들의 상실과 공허함의 문제는 자신의 과거를 모르는 데서 기인된 아마도 모든 입양청소년들의 문제 중 가장 심각할 수 있으며, 이것은 아동의 애도의 출처인 친생부모 상실감을 일부분 제거하도록 시도해봄으로써 잘 해결 될 수 있다고 전문가들은 조언한다.[68]

이것을 성취하는 방법은 어떤 경우에, 입양부모가 입양가족과 친생가족과의 사이에서 중재자 역할을 한 입양기관을 접촉하여, 친생가족의 구성원으로부터 편지나 비디오 등을 확보해올 수 있겠다. 어떤 극단적인 경우에는, 즉 애도가 매우 심각하고 심지어 생명이 위협받는 적응문제인 경우에는, 입양아동과 그의 친생가족과의 만남이 이루어지도록 한다면 아동의 고통이 경감될 수 있을 것이다. (이런 연유로서, 입양아동이 입양가정에서 성장하면서, 계속 자신의 친생부모와 서신, 사진, 만남 등의 접촉을 가지는 경우에, 이러한 상실과 공허함의 문제가 없게 되어, 아동은 정서적으로 안정되어 자신의 정체감을 형성하며 행복할 수 있을 것이다. 이것이 완전개방입양이다.)

입양가족은 10대 입양자녀를 위한 그의 친생가족과의 재회가 그들이 아동과 가지고 있는 관계에 대해 어떻게 영향을 미칠지에 대해 염려하며 질문한다. 그러나 아동과 가족이 생명을 위협받는 위기에 놓여 있거나, 약물이나 알코올로 부서진 상태라면, 아동이 그의 친생가족과 재회를 한다고 해서 더 이상 잃을게 많지는 않을 것이

---

68. Ibid.
Sullivan & Lathrop, op. cit., 2004.

다. 17세인 앤드리 미첼이 이 경우에 해당된다 하겠다. 다음에 소개하는 미첼의 전문 내용은 입양부모에게 시사해 주는 바가 크다 하겠다:69

> 앤드리 미첼(17세)은 10대 이전에는 입양이라는 주제에 거의 관심이 없어 보였다. 그녀는 자신이 태어나 병원에서 곧장 그녀의 집으로 왔다는 것을 알고 있었다. 그녀는 그녀의 입양상황에 대해서 이야기 들었고, 그녀의 부모는 어떤 질문이든지 항상 답해 주곤 하였다. 그녀는 따뜻한 가정에서 성장해왔었던 것이다. 그녀는 자신이 부모의 자랑이며 기쁨이라는 것을 알고 있다.
>
> 그러나 앤드리가 10대 중반에 가까워지면서, 그녀는 좀 더 꿰뚫는 질문들을 묻기 시작했다. 그녀의 부모는 극적인 변화를 딸의 행동에서 보게 되었는데, 앤드리는 점점 더 우울하고 위축되었다. 그녀가 이야기하도록 시도했으나 성공치 못했다. 앤드리는 왜 이러는지 도대체 알지 못했다.
>
> 이 당시 앤드리의 문제는 위기수준이었다. 어느 날 아침, 앤드리가 학교 가는 날인데도 일어나지 않으므로, 그녀의 어머니인 신시아가 딸의 방을 노크했으나 응답이 없자, 문을 세게 차서 열은 후에, 딸이 아직 잠든 상태에 있는 것을 발견하였다. 딸을 깨우려고 걸어가는 동안 침대 곁 바닥위에 있는 약병을 밟았다. 앤드리를 깨우려 했으나 깨우지 못했다. 어머니는 긴급도움을 요청했고 직장에 있는 남편에게 전화했다. 앤드리와 그녀 가족에게는 천만다행으로, 그녀의 자살시도는 실패했다.
>
> 그녀의 회복 후에, 전 가족이 상담을 받았다. 앤드리에게 일관적으로 발생하는 테마는, "내부에 항상 존재해왔던, 거대한 부서진 구멍 같

69. Schooler & Atwood, op. cit., 2008.

은 감정이 있다. 멀리 가버리지 않는다. 나의 일 부분이 없어진 것처럼 느껴진다. 이렇게 느끼는 것에 너무 지쳤다."였다.

치료자로부터의 강력한 권고사항은, 전 가족이 추구하려고 하는 앤드리의 친생가족을 찾을 것을 시작하는 것이었다. 그녀의 부모는 이런 업무에 특별화 된 한 지역조직과 접촉하였다. 그들의 질문은 아버지가 오랫동안 보관해왔던 옛날의 정보를 생각하게 하는 계기가 되었다.

즉 앤드리의 출생 2개월 전에, 부부가 그들 변호사의 사무실에 앉아 있을 때, 당시에는 관련성이 없는 듯한 전화가 걸려와 회의가 방해된 적이 있었다. 그 전화통화의 끝에 변호사는 패트리셔 스미스라는 이름과 그녀의 예정출산일을 적었다. 그 정보가 아버지 피터의 눈을 끌었다. 충동적으로 그는 그 이름과 출산 예정일을 마음속에 외워서, 이후에 그것을 집에 있는 앤드리의 입양파일내의 종이위에 적어 놓았다.

아버지 피터는 추구집단search group의 제시에 따라 그 옛날 파일을 찾아서 자신이 썼던 내용을 찾았는데, 그 여성의 출산예정일은 앤드리의 출생과 5일내에 있었다. 아마도 이것이 하나의 단서였다.

4개월간의 추적 후에, 앤드리의 친생모를 찾았는데, 그녀는 불과 앤드리의 집에서 1시간의 운전거리 내에 있었다. 그녀의 생모는 만나는 것에 동의하였고, 가족은 그들 지역의 공원에서 그녀를 만났다. 그날 이후, 앤드리는 간헐적으로 그녀의 친생모와 접촉을 유지하고 있다. 앤드리는 그녀 삶의 이 시점에서, 생모와 가까운 관계의 형성을 의도하지는 않았다. 그녀는 친생모를 만난 후에, 그것이 자신의 삶에 어떤 영향을 미쳤는지에 대해 다음과 같이 말했다:

미첼가의 부모님이 제 부모예요. 그분들이 저를 사랑해왔고 돌보아 주셨어요. 생모를 만난 것은 제가 할 수 있는 것 중에서 가장 중요한 것이었어요. 왜냐면 그것으로 인해 제가 전혀 몰랐었던 제 과거에 대한 책을 닫을 수 있었으니깐요. 그것은 저를 갉아 먹어왔던 믿을 수 없을 정도의 깊은 공허감을 채워주었지요. 이제 저는 잃어버린 것이 없는 완전함과 온전함을 느낍니다.

위의 10대 입양청소년 딸 앤드리의 위기에 대응하기 위해 즉각적으로 입양상담을 받으며, 입양자녀의 욕구에 반응하는 가족의 전 과정은 입양부모들에게 시사하는 바가 크다 하겠다.

통제를 위한 외침

자신의 삶에 대한 통제가 필요하다고 생각하는 10대 입양청소년들은 지금까지와는 다른, 권위를 무시하거나, 규칙을 지키지 않는 등의 행동을 함으로써, 자신의 삶을 스스로 통제한다고 믿게 된다. 다음의 사례에서 통제를 향한 입양청소녀의 행동이 보인다:70

어머니 프랜은 다시 아들의 교장선생님으로부터 전화를 받고 또 교장실에 갔는데, 그 달에 세 번째 정학을 당했던 그들의 15세 아들 스티브가 그곳에 있었다. 이번에 또 정학을 당하면, 스티븐은 다음 세 번의 농구경기 참여자격이 불가능하게 된다. 어머니 프랜은 "도대체 얘는 무슨 생각을 하는 것이지?" 하며 궁금해 했다. 아버지는 아들과 이야기해보려고 노력해왔었으나, 아들 스티브는 의미 없는 반응들을 혼자 중얼거려서 이야기할 수가 없었다.

금년까지, 스티브는 사소한 위반들로 작은 규제 등은 받았으나 집이나 학교에서 어떤 큰 문제를 경험하지는 않았다. 그것들은 현재 그가 하고 있는 것만큼 파괴적인 것들은 결코 아니었다.

아들 스티브는 성장하면서 잘 따르고, 협조적이며 재미를 좋아하는 쾌활한 아이

---

70. Ibid.
Kirschner, op. cit., 2006.

였었다. 스티브는 나이가 세살 반 때에 이 가족의 일부가 되었다. 입양 전 그의 과거는 친생가족에 의한 극단적인 태만과 학대가 일색인 슬픈 그림이었다. 그러나 스티브는 전혀 그것 때문에 영향을 받는 것처럼 보이지 않았었다. 그는 일반적으로 그에게 요청되는 것은 무엇이든지 하였다.

그녀 아들의 행동으로 혼란을 겪고 있던 어머니 프랜은 어떤 결심을 했다. 그녀는 친구이자 청소년아들을 둔 다른 입양모에게 전화하여 조언을 구했다. 어머니 프랜이 아들의 행동을 설명하자, 그녀 친구는 아마도 스티브가 그의 삶에서 어떤 통제를 요구하는 것 같다고 제시했다.

입양된 10대들의 공통된 문제 중의 하나는 통제를 향한 욕구이다. 이들의 많은 수가 그들의 삶이 그들 세계의 성인들에 의해 과도하게 관리되거나, 혹은 잘못 관리된다고 느낀다. 즉 그들은 자신들의 삶에 대해 잘못 관리되고 있는 것은 그들의 친생부모가 부모의 권리를 포기하는 결정부터 시작되었으며, 혹은 훨씬 더 나쁘게는, 그들의 친생부모가 학대나 태만으로 인해 친권을 상실할 때부터 시작되었다는 것이다.

그런 일련의 사건 후에, 자신들의 삶에 대한 아동들의 통제 밖의 결정들인, 미래의 위탁 혹은 입양부모, 얼마나 많은 정보를 그들에게 주게 될지, 아동의 행동에 대한 기대와 어떠한 삶이 그들에게 전달될 지에 대한 수용의 결정들, 등이 있게 되었다는 것이다. 어떤 청소년들은, 그들의 삶에 자신들이 통제를 갖지 못해왔다고 믿는 신념으로 인해, 수년간 좌절된 느낌을 구축하기도 한다. 자신의 삶을 자신이 다스리려는 강력한 욕구는 사춘기에 폭발한다는 것이다.[71]

입양부모의 대처 및 과업

통제감을 위해 고통을 겪고 있는 10대 입양청소년들은, 권위를 가진 사람들을 극단적인 한계까지 시험해 보거나, 거짓말, 규칙 지키지 않기, 섭식장애, 약물 의존 등의

71. Schooler & Atwood, op. cit., 2008.
Brodzinsky, Schechter, & Henig, op. cit., 1992.

행동문제를 보인다.

통제의 부족으로 고통 받는 10대들은 그들이 선택할 수 있는 기회를 더 많이 가지게 되면 해결을 향해 가장 잘 움직일 수 있다고 한다. “10대들이 결정할 수 있도록 더 많은 기회를 제공할 수 있는 부모가 집에서 힘의 경쟁을 더 적게 하게 된다”고 전문가들은 말한다.

예를 들면, 구축된 경계의 틀 안에서, 부모가 10대에게 옷을 선택하는 데에 충분한 여지를 줄 수 있을 것이다. 가령, 바지 4벌과, 셔츠 4개, 양말 5켤레를 사라고 특정한 금액을 받은 청소년은 그의 구입품들에 대한 선택이 허용될 때, 그의 삶에서 통제감을 얻게 될 것이다.

선택을 위한 또 다른 기회는 청소년에게 집안일을 맡길 때이다. 즉 부모들은 10대에게 어떤 집안일이 끝낼 필요가 있는지에 대해서, 그 일들을 마쳐야 할 시간제한과 함께 여러 가지 선택을 제공한다. 10대들은 그들이 다양한 선택을 가졌지만, 또한 그들이 선택한 것이 실행되지 않은 경우의 결과에 대해서도 주지하도록 부모는 10대 자녀에게 상기시킨다는 것이다.[72]

상실과 통제는 대개의 10대들이 직면하는 두 가지 문제이며, 그들이 느끼는 거부감은 그들에게 또 하나의 다른 문제이다.

거부 및 유기: “내가 여기에 (이 가정에) 영원히 있는가?”

입양아동들의 마감 없는 상실의 감정과 직결되는 가장 아픈 고통이 친생부모에 의해 거부denial되었다는 감정일 것이다:[73] 입양된 10대들이 느끼는 거부 및 유기의 고통은 다음 입양청소년들의 진술에서 잘 드러나고 있다.:

72. Ibid., 2008.

73. Ibid.

> "아이가 그렇게 나빠서 부모가 그를 한 조각의 쓰레기처럼 버린다는 것은 상상할 수가 없어요."; "누구에게도 그런 식으로 너무 가까이 가지 않을 거예요. 저는 다시는 결코 버림받지 않을 거예요."; "제 친생부모는 저를 거부했지요. 제 입양부모와는 언제 이런 일이 생길건가요?"; "제가 어느 날 아침 일어났을 때, 아무도 여기에 없는 두려움을 항상 느껴왔어요. 그들이 모두 신비하게 사라져 버린 거예요."

거부는 삶의 가장 고통스러운 경험 중의 하나로 꼽힌다. 입양아동들의 경우에, 특히 그들이 정서적으로 취약한 사춘기 때에, 친생부모에게서의 거부와 유기의 느낌은 너무나 강력하게 느껴져서, 입양가족의 긍정적이고 따뜻한 사랑도 넘어설 수 있을 만큼 강력하다는 것이다.

10대들의 거부에 대한 인식은 건강한 관계를 형성하는데 부정적인 영향을 미칠 수 있다. 이들은 수용을 추구하고 정서적 친숙함이 가까워 질 때, 그것으로부터 물러나는 패턴을 발전시킨다는 것이다.

이것은 가까워지려는 사이를 거부하는 패턴을 행사하는 16세의 입양청소년 로빈이 보여준다:74

> 클라크가족의 아름다운 딸인 16세의 로빈은 결코 한 소년과 오랜 기간 사귀지 않는다. 그녀는 학교에서 젊은 남자들로부터 받는 많은 관심에 기뻐한다. 그녀는 가능한 데이트상대들에 대해 엄마와 신나게 이야기했다. 그러나 서너 번 데이트 후에 로빈은 전화를 받지 않고 더 이상의 데이트를 위한 초대를 거부하기 시작했다.
>
> 로빈의 헷갈리는 행동은 거부문제를 대처하고 있는 젊은 사람들의 전형적인 행동이라 하겠다. 로빈은 클라크가족에 의해 생후 6주 때에

74. Ibid.

입양되었다. 그녀의 부모는 그녀가 어떻게 가족과 헤어졌는지에 대해 그녀에게 정보를 주었으므로, 그것이 그녀에게 도움이 되었다. 그러나 그녀는 부모가 답할 수 없는 다음의 두 질문을 반복적으로 물었다:

"왜 그들이(친생부모) 저를 제거해 버렸지요?"; "왜 그들이 저를 떠나버렸지요?" 이 거부의 주제가 로빈에게 너무나 강력했으므로, 그녀의 대부분의 관계에서, 그녀의 여자 친구나 남자친구들이 그녀를 거부하기 전에, 그녀가 먼저 퇴짜를 놓는 것이었다. 즉 실제로 그녀가 해고되기 전에 관계를 그만 두는 것을 계획한다는 것이다.

입양된 10대들의 영구성의 문제는 특히 신생아 때가 아닌 나이가 들어서 입양되고, 입양 전에 여러 번 자신의 거주지를, 예를 들면, 위탁가정을 여러 번 옮겼던 경험을 가진 입양된 청소년들은, 거부의 주제뿐만이 아니라 거부와 관련된 영구성의 주제도 가지게 된다.

다음의 고교생 존의 사례는 졸업이 많은 입양청소년들에게 과거의 유기와 관련된 두려움으로 나타남을 보여준다:75

10세에 입양된 존은 항상 평균수준의 학생이었다. 그에게 학업은 큰 문제가 아니었다. 그러나 존이 고학년이 되었을 때 모든 것이 변하였다. 존은 낙제를 하였으며 그의 부모는 기겁을 하였다. 10대들이 고교의 마지막 년도에 들어가면, 그들에게 졸업은 부모의 상실과 함께 인식된 유기로 대표될 수 있다는 것이다. 성장해서 집을 떠나는 공포는 존의 마음속의 무의식적 반응과 공포를 야기 시켰던 것이다:

---

75. Ibid.

Ward, op. cit., 1981.

Elbow, M. From caregiving to parenting: Family formation with adopted older children. *Social Work*, 31(5), 1986, pp.366-370.

"만약 내가 여기를 떠나면, 나는 정말 이 가족의 영원한 구성원인가?" 영구성의 결핍을 깊이 느낀 탓에 존은 그의 졸업학년을 거부하였다. 그는 자신이 졸업을 하지 않으면, 그가 집을 떠날 필요가 없을 것이라고 자신을 설득시켰던 것이다.

성장해서 집을 떠나는 두려움은 18세인 브라이언에게도 무의식적인 반응을 유발시켰는데, 그가 3학년 마지막 학기를 거부하려고 시도하였던 것이다: 즉 그의 마음속 어딘가에 그는 다음과 같은 생각에 집착하고 있었는데, "만약 내가 졸업하지 않으면, 내 부모님은 내게 집을 떠나서 대학에 가도록 하시지는 않을 거야"라는 생각에 빠져 있었던 것이다.

입양부모가 이런 형태의 반응을 자신들의 10대에게서 느낀다면, 점진적인 단계로 10대의 집 떠남을 계획할 수 있을 것이다. 예를 들면, 만약 10대가 대학이나 기술학교의 입학을 계획한다면, 부모는 10대 자녀에게 첫 1년은 집에서 지내며 통학할 것을 제안할 수 있다는 것이다. 졸업 후 곧장 일할 계획을 가진 젊은 성인들을 위해서는 독립적인 주거를 위한 계획을 완료하는 데에, 짧은 기간이 아닌 2년 정도의 기간이 걸리도록 계획할 수 있을 것이다.[76]

입양부모의 대처 및 과업

거부의 문제로 흔들리는 10대 입양청소년들의 행동특성은 거부당하기 전에 먼저 거부하는 패턴의 사용, 상대로부터 거부하는 반응을 초래할 수 있는 부정적인 행동의 시작, 의존적인 행동, 사람들과 가까워지는 것에 대한 두려움, 등을 보여준다.

입양아동들은 거부와 유기에 대한 두려움이 너무나 강력하기 때문에, 10대들은 입양부모로부터 자신들을 정서적으로 거리를 두게 함으로써, 친생부모로부터 느꼈던 거부감을 재현하려고 시도하기도 한다.

---

76. Schooler & Atwood, op. cit., 2008.
Brodzinsky, Schechter, & Henig, op. cit., 1992.

예를 들면, 입양부모에게, "아빠는 내 진짜 아빠가 아니에요."라고 말하거나, "난 이 가족에게 있고 싶지 않아요."와 같은 거부하는 메시지를 그들의 10대가 던지게 되면, 상처받고 좌절한 입양부모는 쉽게 그와 유사한 거부하는 메시지를 10대에게 되돌려주게 된다. 즉, "네가 이런 행동을 멈추지 않으면, 더 이상 우리 가족의 일부분이 될 수 없어"라고 부모는 입양자녀에게 반박하게 된다는 것이다.

그러나 10대가 깊은 거부의 감정과 고통을 대처하도록 돕기 위해서는, 부모는 10대의 행동에 대한 자신들의 반응을 모니터할 필요가 있다. 자녀와 격앙되었을 순간에, 부모에게는 다음의 두 가지 선택이 있게 된다:

즉, 거부하는 말을 하며 화내서 반응하는 것과, 혹은 일종의 부모의 자리 비움으로서, 갈등을 순간적으로 피하기 위하여 부모가 그 현장을 빠져 나가는 것이다. 자리비움이 요구되는 이유는, 대부분의 거부하는 메시지는 격앙된 갈등의 와중에 발생하게 되기 때문이다.

부모는 또한 자신들이 그들의 10대 자녀에게 어떤 메시지를 분명치 않게 미묘하게 보내는지, 혹은 그렇게 미묘하지는 않게 보내는지를 판단할 수 있는 그들의 의사소통 기술을 검토해 볼 수 있다. 즉, 부모는 다음의 질문을 자신에게 해 볼 수 있겠다:

부모는 자녀의 말을 들으려고 하는가? 부모는 표면적인 단어를 넘어선 자녀의 말에 경청하는가? 부모는 말의 표면아래에 닿을 수 있는 질문을 물을 수 있는가? 부모는 자신들의 10대 자녀가 비판받지 않고 감정을 표현하도록 혹은 방어적으로 반응하지 않도록 허용하고 있는가?

좋은 가족의 의사소통은 입양된 10대가 자신의 가족 내에서 자신이 수용되었다는 메시지를 전달하는 것이라 하겠다.[77] 초기 10대와 어떤 후기 10대들은 자신들의 깊은 정서적인 상처인 거부와 유기에 대한 반응이, 정상적인 가족생활의 변화나 혹은 그들 삶의 전환적인 시기 동안에 발생한다. 예를 들면, 만약 부모 중 부나 모가 아프

77. Schooler & Atwood, op. cit., 2008.
Hoopes, op. cit., 1990.

거나 장기여행을 계획하면, 유기의 공포로 인해 부정적인 행동을 촉발시킬 수도 있다는 것이다. 이러한 때에는 부모가 10대의 두려움에 대해 소통하려는 노력과 특별한 지식이 요구된다.

즉 이 나이 범위의 아동들이 인지적으로는 부모가 회복되거나, 여행 후 집에 돌아온다는 것을 이해하고 있다하더라도, 10대들은 정서적으로 쓰러지게 된다고 한다.[78]

정체성에 대해 조사하기

어떤 입양청소년들은, 특히 10대 후반 시기에, 이들이 반복해서 하는 말은 "내가 정말 누구일까?"이다. 공통적으로 사춘기의 탓으로 돌려지는 정체성 위기는 입양된 10대들에게는 더 복합적이 된다.[79] 이것은 "유전적인 방황"이라고 부르기도 하는데, 이것은 입양된 10대들이 그들의 타고난 "전통, 종교적 배경, 문화, 종족 등에서 절연된 느낌"을 묘사하는 것으로서, 이것은 병리학적인 것이 결코 아니다. 그러나 비입양청소년들이 자신의 유전적인 뿌리와 가족과의 동일시에 대해 확실히 알고 있는 것과는 다르게, 입양청소년들은 대체로 자신의 뿌리인 시작에 대한 정보가 부족한 상태인 불리한 위치에 있는 것이 사실이다.

다음의 예들이 이것을 보여준다:[80]

> 10대인 댄의 엄청난 음악적 재능은 그의 음악적인 부모의 자랑이며 기쁨이었다. 댄은 그의 입양부 처럼 트롬펫이나 피아노를 뛰어나게 연주할 수 있었다. 댄이 성숙해짐에 따라, 그는 "나는 진정 누구를 닮은 것

---

78. Ibid., 2008.
    Rosenberg, op. cit., 1988.
    Sullivan & Lathrop, op. cit., 2004.
79. Hoopes, op. cit., 1990.
    Triseliotis & Hill, op. cit., 1990.
80. Schooler & Atwood, op. cit., 2008.

> 일까? 내 친생가족, 혹은 내 입양가족?"과 같은 혼란을 느꼈다. 댄은 그의 입양부모의 성격을 닮았다. 그는 그의 입양부모가 어떠한 분들인지 알고 있었다. 매일 그들을 본다. 그러나 그의 친생부모의 성격은 어떠할까? 그들도 음악적일까? 그는 친생부모를 더 닮은 것일까? 그는 알 수 없었다.
>
> 17세인 케이시는 졸업이 가까웠고 그녀의 삶의 방향을 결정하려고 노력했다. 케이시는 그녀의 입양당시의 상황을 알고 있었다. 그녀는 복지수혜금으로 살았던 10대 미혼모에게서 태어났다. 그녀가 정체성을 찾으려는 시도로 고통 받는 중에, 그녀는 부모에게 자신이 임신했다고 알렸다. 그녀의 부모가 이 위기를 수용하고 도우려고 하였는데도 불구하고, 케이시는 집을 나와서 그녀의 애기아빠의 아파트로 옮겨갔다. 부모의 집을 떠난 것이다.

정체성에 흔들리는 케이시는 불행하게도 그녀의 친생모의 특성이라고 생각되는 정체성을 입어봄으로써 자신의 삶을 구축할 정체성을 선택한 것이다. 만약 그녀가 입양부모의 도움을 받고 또한 상담을 통해 자신의 정체성을 형성해 나갔다면, 더 많은 밝은 선택의 삶이 그녀에게 펼쳐졌을 것이다. 그러나 불행히도, 그녀는 자신의 정체성을 확립하기 전에, 그녀의 친생모와 자신을 동일시하였던 것이다.

이처럼 10대의 입양자녀가 자신의 정체성을 확립하도록 도와주기 위해서는, 입양부모가 입양자녀의 친생부모가족에 대한 정보를 많이 수집하여, 반드시 자녀와 자유로운 의사소통을 하는 것이 필수적으로 요구된다.

입양부모의 대처 및 과업

정체성에 고통 받는 10대들을 위해 입양부모가 할 수 있는 과업은 다음과 같겠다:[81]

---

81. Ibid.
Silber & Speedin, op. cit., 1998.

첫째, 부모는 자녀를 입양한 기관에 돌아가서 가능한 한 많은 정보를 가질 것을 시도해 해보도록 한다. 입양자녀의 친생부모의 성명과 같은 누구인가를 밝힐 수 있는 정보는 아니더라도, 신체적인 묘사, 민족적 혹은 문화적 정보 및 그들의 관심사 등에 관한 정보라도 자녀의 정체감 형성에 도움이 된다는 것이다.

입양자녀가 아직 어려서 입양관계의 초기단계에 있으며, 청소년기를 직면하려면 아직 기간이 한참 남은 입양부모들의 경우는, 시간이 경과되어 입양기관과 "사이가 뜸해지기 전에" 입양기관에 돌아가서 유사한 정보를 획득하도록 노력한다. "또한 모든 것을 글로 써서, 이후에 입양된 젊은이가 그것을 자신이 직접 읽을 수 있도록" 할 것을 전문가들은 권고한다.

둘째, 부모는 자녀의 친생부모에 대해 자신들이 어떻게 느끼고 생각하는가에 대해 모니터하여야만 한다. 특히 불임인 입양부모는 때때로 자녀의 친생부모, 즉 보이지 않는 존재이며, 또한 심리적인 존재라고도 알려진 친생부모에 의해 위협을 느낄 수 있으므로, 자녀에게 친생부모를 비판하려는 경향이 있을지도 모른다. 아동은 자신이 출생한 곳에 대해 좋게 느끼지 않는다면, 자신에 대해 좋게 느낄 수가 없으므로, 부모는 아동의 친생부모에 대해 가능한 한 긍정적이면서 동시에 현실적이 되도록 노력한다.

"입양된 것은 다르다. 그렇게 느낀다"

입양청소년들이 자신의 입양에 대해 이야기는 들었으나, 입양에 대한 질문이나 그것에 대한 응답이 의사소통의 일부분이 되지 못하는 가정환경이면, 입양청소년들은 자신의 과거에 대한 정보가 없는 경우에, 자신이 다르다는 것으로 고통을 느낀다.[82]

예를 들면, 본서에 소개된 "성공적인 입양 사례의 케이티"처럼, 그녀는 입양 부모

---

82. Schooler & Atwood, op. cit., 2008.
Rogenberg, op. cit., 1988.

와 외모가 확연히 다른 경우임에도(국제입양인 경우였으므로), 그 다름을 극복하고 그녀의 정체성 확립에 성공하였다. 그러나 케이티의 가정처럼 입양에 대해 자유로이 의사소통하는 가정환경이 되지 못하면, 입양청소년은 다른 가족구성원들과의 다름을 느끼며 소속감을 갖는데 어려움을 느낄 수 있다.

다음의 예는 학령기인 초등학교 2학년 때, 처음으로 아기의 탄생에 대해 학교에서 학우에게 들어 알게 되어, 집에 달려와 양모에게 자신의 탄생에 대해 질문한 것의 응답으로 자신의 입양을 처음 듣게 된, 현재 42세의 여성입양인의 진술이다. 갑작스럽게 알게 된 충격과, 자신의 과거에 대한 정보부족 및 의사소통의 부족으로 정체성 확립이 어려웠으며 자신의 다름을 크게 느꼈던 경우이다:83

> "어머니에게서 처음 저의 입양을 들었을 때 그만큼 저를 놀라게 한 것은 없었어요. 갑자기 모든 것이 다르게 보였지요. 어머니는 저의 눈을 뜨게 한 그날을 기억하고 계시는데, 제가 엄마와 아빠에게 소리 지르면서, '두 분은 내 진짜 엄마 아빠가 아니에요! 두 분 말씀은 듣지 않을 거예요!' 라고 했대요. 부모님은 제게 이야기해줄 적당한 때를 기다리셨지만, 정말 "적당한 때"가 있는지는 모르겠지만, 제가 그런 식으로 제 입양을 알게 된 것은 불운이었죠. 입양아동에게는 입양이 가정에서 개방된 이야기의 주제(토픽)가 될 때에 자신의 입양에 대해 대처하기가 훨씬 쉽지요."
>
> "우리 집에서 저만 빨간 머리를 가졌지요. 저는 가족 중에 저를 닮은 얼굴을 정말 보고 싶었어요. 제 부모님은 제가 어릴 때부터 저의 입양을 알고 있는 가장 친한 친구들과도 저의 입양에 대해 이야기하지 않으셨어요. 부모님이 불편해 하셨으므로, 입양에 대한 이야기를 물을 수가 없었지요, 대학 때까지 제자신의 일부를 친구들에게 비밀로 했지요."

83. Ibid., 1988.

“저는 이 당시 저의 모든 약점들을 입양 탓으로 돌리곤 했지요. 부모님께 저의 친생부모에 대한 정보를 요청했으나, 부모님도 저만큼 아시는 게 없었어요. 당시는 입양기록을 볼 수 있도록 허용되어 있지 않았지요. 이 사실을 수용했으나, 마음속 깊이 알고 싶은 대답이 너무나 많았었지요.”

“제가 결혼하여 아이들을 갖게 된 것이 제 삶을 크게 바꾸었지요. 그제야 제가 제 아이들을 얼마나 사랑하며, 아이를 포기하는 것이 얼마나 힘든가를 깨닫게 되었지요. 부모님께 말씀드리고, 사립기관을 통해 저의 친생모를 찾았고, 전화통화를 1년여의 기간 동안에 2회 하였죠. 왜 제가 입양되어야 했는지에 대해서 알게 되었죠.”

“제가 여러 부분들로 만들어졌으며, 입양은 단지 그 하나의 부분이라는 것을 제가 깨닫는데, 수년이 걸렸었지요. 친생모를 찾은 후에는 부모님과의 관계가 개선되었어요. 저는 제 부모님을 소중하게 생각해요. 제가 부모님을 방문하고 떠나려면, 부모님은 언제 다시 저를 볼 수 있느냐고 물으시곤 하셔요. 부모님이 저를 사랑하신다는 걸 알고 있지요.”

“제가 10대 때 할머니께 저의 입양과 관련된 마음 아픈 스토리를 이야기하면, 할머니는 저를 보시고, ‘네가 입양 되었다는 것을 잊고 있었구나’ 하셨지요. 할머니께서는 제가 입양에 집중하던 방식으로 입양에 대해 생각하지 않으셨던 것이 정말 좋았어요. 할머니는 그런 분이셨고, 우리는 서로에게 특별한 사랑을 갖고 있지요.”

“저는 지난 4년간 치료를 받고 있는데, 저의 분노를 마음 밖으로 끌어내고, 저의 재주와 장점들을 파악해 나가고 있지요. 저는 그지없이 좋은 남편이 있고, 지금대로라면, 앞으로 일들이 더 좋아질 것 같아요”

자신의 입양과 입양이전의 과거를 통합함으로써 정체감을 형성하게 되는 입양아동은 이러한 통합의 작업이 이루어지지 않게 되면, 자신의 다름을 깊이 느낀다. 다음의 진술들이 이것을 보여 준다:

> "때때로 저녁식사 테이블 주위를 둘러보고 저 혼자 생각하지요, 여기에 나를 닮은 사람은 없구나 라고요. 제가 정말 여기에 이 가족에게 소속되지 않는다고 느끼는 때가 있지요.": "저는 제 과거에 관해, '당신의 진짜 어머니를 만나고 싶지 않으세요?'라고 질문하는 사람들이 정말 짜증나요."

입양부모의 대처 및 과업

입양부모는 입양자녀가 자신은 다른 가족구성원들과 다르다고 느끼는 문제를 돕기 위해, 자신들의 가족서클 밖의 다른 입양가족을 만나 볼 수 있겠다. 유사한 상황의 가족들과 우정을 개발하는 동안에, 그들의 입양자녀들은 자신들과 꼭 같은 상황의 다른 사람들을 보게 될 것이다.[84]

지지집단은 이러한 욕구에 직면한 가족들을 위해 긍정적인 자원을 제공한다. 미국의 경우에, 점점 더 많은 지지조직이 입양아동들의 각각의 나이에 기초한 집단들과 레크리에이션 활동들을 통해 서로 만날 수 있는 기회를 제공하고 있다.

국내의 경우에도, 전국적인 입양부모지지집단인 한국입양홍보회, 엠펙MPAK 및 입양기관 산하 지지집단의 모임과 그 입양자녀들의 모임이 점점 활발히 진행되고 있는 상황이다. 가장 최근의 한 연구는 이러한 모임이 국내 입양부모들의 입양만족과 입양이해에 유의미하게 중요한 요인임을 보여주었다.[85]

---

84. Schooler & Atwood, op. cit., 2008.
    Rogenberg, op. cit., 1988.
    Winkler et al., 1988.
85. Bai, Tai-Soon, "Adoptive parents' attitudes toward adoption and domestic adoption development in Korea: Adoptees' specific needs for origin", *Asian Social Work and Policy Review*,

입양청소년들의 고마움의 주제theme

사춘기 격동의 시기에 10대들이 직면하고 있는 이슈의 밝은 면은 공통적으로 고마움의 주제이다. 10대들의 진술이 이것을 가장 잘 대변한다:86

안나, 19세(여, 생후 3개월에 입양됨):

"저는 부모님께 제가 얼마나 중요한가를 압니다. 제가 성장하는 내내 부모님은 제게 이것을 여러 방식으로 말씀해주셨지요."

"제가 고통 받았던 가장 힘든 일 중의 하나는, 부모님께 가서 제 친생부모에 대한 정보를 요청하는 것이었지요. 부모님의 반응은 넘치도록 긍정적이었어요. 저는 그것이 마치 제가 부모님을 거부하기나 하는 것처럼 고통을 느낀 그들의 가슴에서 우러난 긍정적인 반응이었음을 알고 있습니다."

"그러나 부모님은 그러한 그들의 염려에도 불구하고 저를 도우셨지요. 부모님의 반응은 저와 저의 욕구에 대한 민감한 마음에서 우러났지요. 저는 제가 성장한 가정에 대해 깊이 감사드리고 있습니다."

리차드, 20세 (남, 5세에 입양됨);

"제가 우리 가족에게 온 것에 대해 많이 기억하지는 못합니다. 제가 기억하는 것은 제가 초등학교 후반부와 고교 1년 때 터진 문제들입니다."

"저는 꽤 복잡한 아이였지요. 밤늦게, 제가 잠자리에 든 후에, 부모님이 부엌에 앉아서 저에 대해 이야기하시는 것을 듣곤 하였지요."

Wiley-Blackwell, 2012. pp.131-161.

86. Schooler & Atwood, op. cit., 2008.

"저는, '리차드는 가진 게 정말 많아요. 재주 있는 아이예요. 우리가 도와주면 이것을 견뎌낼 거예요. 우리 가족이 그렇게 할 거예요.'와 같은 말들을 들었지요. 저는 부모님이 저를 포기하려 한다는 생각을 주는 어떤 단어들도 결코 들어본 적이 없습니다."

"제가 얼마나 부모님을 사랑하는지를 충분히 표현할 수가 없습니다. 언젠가 부모님의 사랑을 갚을 수 있기를 희망하지요. 부모님께 어려운 시기가 닥치면, 제가 바로 부모님 곁에 있을 겁니다."

5 _ 입양자녀가 성인(19세 이상)이 되었을 때 입양부모의 과업

입양가족의 많은 문제가 대부분의 경우, 입양사실이 가족 내에서 어떻게 다루어지고 있느냐의 결과라고 볼 수 있다.

입양자녀는 다시 거부되지 않을까하는 두려움이 있다

입양아동은 그의 나이와 상관없이, 한번 친생부모에 의해 거부되어졌으니 다시 거부되지 않을까하는 두려움이 있다. 이러한 두려움은 본서에서 여러번 반복되어 왔듯이 입양아동이 성장하면서 겪는 입양경험의 근간을 이루고 있으며, 모든 입양아동들이 공통적으로 느끼는 감정이라 하겠다.

한번 버려졌다는 이러한 두려움으로 인해 입양아동은 타인과 신뢰에 바탕을 두는 관계를 형성하는 데에 어려움을 갖게 된다. 즉, 입양아는 친생부모로부터 포기되어졌으므로 입양부모를 포함한 다른 사람들도 자신을 포기하지 않을까하는 두려움을 가지게 된다는 것이다. 10대 입양청소년들의 가장 취약한 문제 중의 하나인 이 두려움으로 인해 가족 내에서도 자신은 다르다고 생각하며 소속감을 느끼지 못하게 될

확률이 높게 된다.[87]

입양아동의 이러한 두려운 감정은 사춘기 때에는 부모를 테스트해 보는 행동을 함으로써 표출된다. 즉 사춘기 입양아동의 반항적인 행동은 입양의 의미를 깨닫는 입양청소년이 입양부모도 자신을 버리지 않을까하는 두려움에 기인된 행동이며, 입양부모를 시험해보는 행동이라 할 수 있다. (본서의 "국내 입양상담사례 2: 16세 입양아의 가출과 반항"에서도 사춘기 입양청소년이 부모를 테스트 한다고 볼 수 있다. 그러나 그녀의 입양부모는 가출한 입양자녀를 찾아다님으로써, 딸을 포기하지 않을 것임을 그녀에게 보여주었다.)

그러나 반항적인 태도를 보이는 입양아동과는 달리 또 한편으로는, 친생부모와의 이별과 또 다시 버려지지 않을까하는 두려움으로 인해, 입양부모에 대해 과도한 충성심을 느끼는 입양아동도 있다는 것이다. 이 경우에 입양아는 자신보다도 부모를 기쁘게 해주기 위하여 결정을 내리는 경향이 있게 되며, 배우자 선택이나, 직업선택, 특히 친생부모를 추구하는 것 등과 관련하여 자신의 욕구보다도 입양부모의 욕구를 먼저 고려하게 된다는 것이다.[88]

성인 입양자녀는 친생부모를 찾으려 한다

성인이 된 입양아동은 그의 친생부모를 찾아서 재회reunion하는 것을 고려해 보게 된다. 친생부모를 찾겠다는 결정은, 주로 입양아동이 자신의 삶에 중요한 사건이 발생할 때에 촉발되는 경향이 있다. 예를 들면, 약혼이나 결혼, 입양부모의 죽음 등을 겪거나, 특히 여성의 경우에, 자녀의 출산 후에 자신을 닮은 아이를 보면서 자연히 자신의 뿌리에 대한 궁금증이 더 가증된다는 것이다. 예를 들면, 성인 입양인adult

87. Hoopes, op. cit., 1992.
Campbell, Silverman, & Patti, op. cit., 1991.

88. Reitz & Watson, op. cit., 1992.
Winkler et al., op. cit., 1988.

adoptees이 자신을 닮은 자녀를 출산하였을 때에 유전의 신비를 느끼게 되며, 자연히 자신이 닮았을 친생부모와의 관계를 생각하지 않을 수 없게 된다는 것이다.[89]

그러므로 성인이 된 입양자녀를 둔 입양부모는 성인이 된 자녀가 친생부모를 추구search하는 데에 있어서, ① 어떻게 최선의 지원을 할 것인가에 대해 결정하고, ② 또한 입양자녀가 친생부모를 찾는 과정 중에 도움을 요청할 시에 어떻게 반응할 것이며, ③ 입양자녀가 친생부모를 찾은 후에는 어떤 종류의 관계를 그들과 가질 것인가에 대해 생각하여야 한다.[90]

성인자녀의 친생부모에 대한 추구는 입양부모에 대한 거부가 아니다

성인 입양자녀가 그녀의 친생부모를 찾기로 결정을 내리면, 특히 불임인 입양부모는 간혹 이것을 예상치 않았던 위협으로 간주할 수도 있게 된다. 즉 입양부모는 입양자녀의 친생부모추구search for birth parents 결정을 자신들에 대한 거부로 생각하며, 이것은 자신들이 부모로서 부적절하다는 것을 보여주는 증거로 생각할 수도 있다는 것이다. (불임인 입양부모의 이러한 생각은 자신들의 불임에 기인된 갈등으로 인해, 부모로서의 자격과 정당성에 대해 자신감을 갖기가 어려웠었기 때문에 발생한다.)[91]

또한 입양부모는 자녀의 친생부모에 대한 추구가 결국에는 자녀를 친생부모에게 잃어버리게 되는 긴 과정의 첫 단계가 아닐까하고 염려할 수도 있게 된다는 것이다.

---

89. Anderson, Robert S., "Why Adoptees Search: Motives and More". *Child Welfare.* 67, Nov, 1988, pp.15-20.
    Campbell, Silverman, & Patti, op. cit., 1991.
    Sachdev, P., "Adoption Reunion and After: A Study of the Search Process and Experience of Adoptees". Child Welfare, 71, 1 (January-February), 1992, pp.53-68.
90. Winkler et al., op. cit., 1988.
91. Silverman, Campbell, & Patti, op. cit., 1994.

그러나 실제 현실에 있어서는 입양부모의 이러한 두려움은 근거 없는 두려움이다. 왜냐하면 대부분의 입양아동들은 자신들의 삶에 있어서 입양부모가 차지하는 부모로서의 지대하게 중요한 위치와 역할에 대해서는 분명한 태도를 취하고 있기 때문이다.[92]

친생부모를 찾는 과정과 다시 만나는 경험은 결국에는 입양가족에게 그동안의 입양과 관련된 문제들을 해결할 수 있는 예상치 않았던 많은 기회를 제공해 줄 수 있게 된다. 즉 추구search와 재회reunion의 과정 중에서 가장 중요한 산물은 아마도, 전 입양가족이 (입양아동과 입양부모를 포함하여) 그동안 부인하던 것이 있었다면 이것을 떨쳐버릴 수 있는 기회를 갖게 되기 때문이다.

다시 말하면, 친생부모를 추구하는 성인 입양인은 그동안 부인하던 것을 포기하였다고 할 수 있다. 즉 자신의 뿌리에 대해 알고 싶은 욕구를 부인하던 과거의 행동들을 버림으로써 친생부모 추구를 하게 되었다는 것이다. 동시에 자신의 입양부모를 현실로부터 보호하려는 책임도 포기한 것이라고 할 수 있다. 즉 그동안 입양아동은 친생부모를 추구하지 않음으로써, 그의 부모가 자신에게 입양부모라는 현실에 직면하게 되지 않도록 그들을 보호하려는 마음이 있었다는 것이다.[93] 따라서 성인입양자녀의 친생부모에 대한 추구는 궁극적으로는 모두 각자의 현실을 테스트해 보는 행동이라고 할 수 있겠다.

---

92. Sachdev, P. "The Triangle of Fears: Fallacies and Fact". *Child Welfare*. 68, 5 (Sepember-October) 1989, pp.491-503.
Sachdev, op. cit., 1992.

93. Ibid., 1992.
Silverman, Campbell, & Patti, op. cit., 1994.

성인 입양자녀의 친생부모 추구에 대한 사례 연구

19세 입양인의 친생부모 추구 사례

다음은 미국의 한 성인 입양인adult adoptees이 그녀의 친생부모 찾기를 원하는 사례이다[94]:

> 반즈씨 부부는 불임이었으며, 세 성인 입양인, 질(19세), 잭(22세), 죤(24세)의 입양부모이다. 막내인 딸 질이 친생모를 찾기를 원함에 따라 발생하는 어려움을 다루기 위해 가족이 상담치료를 받게 되었다:
>
> 반즈씨 부부의 염려는 딸 질이 아직 친생모를 만나는 것에 대해 준비가 되어 있지 않으며, 따라서 이것으로 인해 상처를 받지 않을까하는 것이었다. 부부는 다른 두 아들은 자신들의 입양이나 친생부모에 대해 전혀 관심을 보이지 않는 데에 비해, 왜 딸만이 유독 그녀의 친생모에 대해 궁금해 하며 찾으려고 하는지 이해할 수가 없었다.
>
> 딸 질은 두 번째 회기session에 부모와 함께 상담에 참여하였는데, 그녀는 벌써 추구집단search groups - 친생부모를 찾는 입양아동들과 과거에 포기한 입양아동을 찾는 친생부모들의 모임집단- 에 가입하였으며, 부모의 우려와 망설임에도 불구하고 친생모를 찾겠다는 그녀의 계획에는 변함이 없었다. 질은 자신의 친생모 추구를, "부모님이 축복해 주며, 찾아가는 과정에 관심을 가지고 함께 동참해주시기를 원한다."고 말했다. 그녀는 부모와 두 오빠들에 대한 자신의 애정이 지극한데, 이것은 그들이 바로 그녀의 소중한 가족이기 때문이라는 것을 분명하게 밝혔다.
>
> 반즈씨 부부는 입양자녀의 친생부모를 찾는 추구에 대해 상담자와

94. Winkler et al., op. cit., 1988

길게 토론을 한 후에, 그것이 정상적인 과정이라는 것을 이해하기 시작했다. 부부는 친생부모 추구와 재회에 관한 자료들을 읽고, 또 딸과 함께 추구집단 모임의 회의에도 참여했다. 부부는 그곳에 참여한 다른 입양부모들과 입양아동, 그리고 친생부모들을 만나는 것을 즐겼으며 그것을 높이 평가했다. 부부가 그렇게 함으로써, 딸이 나중에 상처받지 않을까하는 처음의 우려도 감소되게 되었다.

또한 반즈씨 부부는 딸의 입양을 주선해 주었던 변호사를 찾아가서 딸이 친생모를 찾는데 유용할 수 있는 정보를 수집했다. (미국의 경우에, 독립적인 입양independent adoption을 허용하여, 개별 변호사를 통해서 입양을 할 수 있다. 그러나 이 경우에도, 반드시 인가받은 입양기관에 의한 가정조사home study가 필수적인 서류로서 요구되며, 입양후의 6개월에서 1년간의 기간 동안에 입양기관에 의한 사후지도post-placement supervision도 법적으로 요구되는 필수적인 사항이다.)

이처럼 전문가와의 상담을 통해서 입양부모인 반즈씨 부부는 자신들의 두려움에 대해서 말할 수 있었으며, 친생부모를 찾는 과정과 입양아동의 뿌리에 대한 추구의 욕구를 알고 이해하게 되었다. 그리고 다른 입양부모들을 만나서 서로의 관심사에 대해 의견들을 나누며, 다른 성인 입양인들과 친생부모들도 만날 수 있는 기회를 가질 수 있었던 것이다.

이러한 경험은 반즈씨 부부가 그들의 입양자녀인 질과 한층 더 개선된 탄탄한 부모자녀관계의 형성을 도와 줄 수 있게 되어, 그들의 입양만족과 입양성공의 확률을 높인다 하겠다.

제 11 장

입양아동의 정체감 형성과 입양부모의 역할

1 _ 입양아동의 정체감 형성의 과업

2 _ 입양아동의 정체감 형성을 위한 입양부모의 역할

3 _ 입양아동의 정체감 형성을 위한 완전 개방입양

제 11 장: 입양아동의 정체감 형성과 입양부모의 역할

입양성공의 열쇠는 입양부모와 입양자녀사이의 관계형성이다. 그러나 입양부모가 입양자녀와 신뢰에 바탕을 둔 탄탄한 부모자녀관계를 형성하려면, 먼저 입양자녀가 자신에 대한 정체감을 형성하여 정서적으로 안정이 되어야 한다.

지금까지 본서에서는 입양아동에게 그의 입양에 대해 이야기하는 것이 입양의 성공을 위해 필수적으로 요구된다는 사실을 지속적으로 주장해왔다. 이것은 아동의 존재적인 욕구로서 반드시 충족되어져야만 그의 정체감 형성과 자기가치감의 확립이 실현될 수 있음을 설명해왔다.

본장에서는 입양아동의 정체감 형성과 관련한 그의 어려움과, 입양부모가 아동의 정체감 형성을 돕기 위해 입양자녀와 그의 입양에 대해 이야기하는 과업에 대해 좀 더 심층적으로 설명하고자 한다.

1 _ 입양아동의 정체감 형성의 과업

일반적으로 한 개인의 자기정체감self-identity은 개인이 성인으로서 자신이 누구인가에 대한 개념이나 느낌을 의미한다. 에릭슨Erikson의 심리사회발달 이론은 사춘기에 이른 아동이 그의 자아정체감ego-identity 형성을 위한 부모로부터의 정서적인 독립성 및 자율성에 대한 과업에 대해 이야기한다.

즉 청소년은 그의 삶의 주기life-cycle의 중요한 성인단계로 진입하기 전에, 독립성 성취와 정체감 형성을 위해 원가족family of origin과의 적절한 정서적 거리가 필요하다는 것이다. 만약 청소년기의 정체감 형성이 성취되지 않는다면, 이후 삶의 주기의 성인단계 과업들이 성취되기 어려운 문제에 봉착하게 되므로, 사춘기 청소년이 정서적으로 원가족과 자신을 분리함으로써 자기정체감을 형성하는 것은 개인의 삶에서 매우 중요한 요소가 된다는 것이다.[1]

입양아동의 경우에도, 그의 정체감 형성은 개인적인 성장을 위해 일반적인 아동과 마찬가지로 매우 중요한 과업이다. 그러나 입양아동은 입양의 특성으로 인해 이 과업을 성취하기 위해서는 입양부모의 도움이 필수적으로 요구된다. 즉 입양아동의 경우에, 정체감 형성의 과업은 비입양아동non-adopted children에 비해 훨씬 더 어려운 과업이 된다. 그것은 입양아동이 정서적으로 분리 할 부모가 한 세트set가 아닌 두 세트의 부모가 존재하기 때문이다.[2]

더욱이 입양아동이 영유아기 때 입양되어, 자신의 유전적인 뿌리인 친생가족에 대한 정보가 전혀 없거나, 거의 모르는 경우에는 원가족과 분리하는 과업은 더욱 더 어렵게 된다. 이런 까닭에, 입양 후에도 입양가족이 입양아동의 친생부모와의 접촉을 유지함으로써, 입양아동의 뿌리roots인 친생부모에 대한 정보를 갖게 되어 입양자녀의 정체감 형성을 도와 줄 수 있도록 노력하게 된다.[3]

입양아동의 정체감 형성은 그의 입양이 공개적으로 직면되고 대처될 때 자기개념

---

1. Lidz, *The Person,*. New York: Basic Books, 1983.
2. Brodzinsky, D. M., Schechter, N. D. & Henig, R. M., *Being Adopted: The Life Long Search for Self.* New York: Doubleday, 1992.
   Winkler, R. C., Brown, D. W., Keppel, M. V., & Blanchard, A., *Clinical Practice in Adoption.* Elmsford, N.Y.: Pergamon Press, 1988.
3. Etter, J. (1993). Levels of cooperation and satisfaction in 56 open adoptions. *Child Welfare,* 72(3). pp.257-267.
   Grotevant, H. D. & McRoy R. G. (1998). *Openness in adoption: Exploring family connection.* CA: Sage Publication Inc..

self-concept에 통합될 확률이 높으나, 입양과 관련 된 질문이 공개되지 않고 억압된다면 정체감의 혼동과 함께 입양아동은 점점 증상적symtomatic이 된다는 것이다.[4]

이런 연유로 입양아동의 정체감 형성의 과업을 돕기 위해 입양부모는 입양아동에게 그의 친생부모 및 입양관련 상황에 대한 정보를 제공하여야 하며, 이러한 정보수집을 위해서 입양부모는 친생부모와의 접촉이 필요하게 되는 것이다. 즉, 입양가정에서 입양아동이 성장하면서 언제든지 자신의 친생부모에 대한 이야기를 입양부모와 자유로이 이야기할 수 있는 성장환경이어야 한다는 것이다.[5]

특히 입양아동이 영유아기 때에 친생부모와 헤어진 경우에, 자신의 생물학적 기원에 대한 기억이 없으므로 이를 위해 입양부모에게 의존하거나, 혹은 친생부모와의 접촉이 있다면 직접 친생부모에게 물어 볼 수도 있게 된다.

입양아동이 자신을 돌보던 성인을 기억하는 나이에 입양된 경우에, 돌봄을 받던 친생부모와 형성된 정서적 애착감의 유지여부가 또한 입양아동의 정체감 형성에 중요한 영향을 미치게 된다. 그러므로 입양이후에도 아동이 애착감을 형성한 성인과 어떤 형태의 접촉을 유지하는 것이 필요하게 되는 것이다.[6]

일반적으로 애착감attachment은 생후 18개월 이상의 아동들이 1명 이상의 자신을 돌보는 개인과 정서적으로 가까운 유대감을 느낄 때에 갖게 되며, 이러한 애착감을 느끼고 있는 성인과 헤어졌을 때, 이별 후에도 이 관계를 유지 및 보존시키도록 노력하는 작업이 아동의 정체감 형성을 돕기 위해 필요하다는 것이다.[7]

---

4. Triseliotis, J. & Hill, M. (1990). Contrasting adoption. foster care, and residential rearing. *The psychology of adoption*(pp.107-120). New York: Oxford Uni. Press.
   Kirschner, D. (2006). *Adoption: Uncharted waters*. Woodbury, New York: Juneau Press.
5. Rosenberg, M. B. (1989). *Growing up adopted*. New York: Bradbury Press.
6. Kirschner, D. (2006). *Adoption: Uncharted waters*. Woodbury, New York: Juneau Press.
7. Elbow, M. (1986). From caregiving to parenting: Family formation with adopted older children. *Social Work*, 31(5), pp.366-370.

입양아동의 친생부모에 대한 정보와 정체감 형성의 관계

입양아동의 타고난 유전적genetic인 기원origin에 대한 정보와 그의 정체감 형성과의 관련성은 Triseliotis(1973)가 그의 저서 "기원을 찾아서In Search of Origins"를 통해 처음으로 발표되었다. 이것은 입양아동의 입양 전 배경에 대한, 즉 그의 친생가족에 대한 지식이 그의 정체감 형성을 도움으로써 입양부모와의 관계를 오히려 더 강화시켜 주었다는 연구결과였다.[8]

즉 입양아동에게는 자신의 친생부모와 헤어진 것에 대한 상실감과, 친생부모에 의해 거부당했다는 거부감이 기본적으로 있게 된다는 것이다. 입양아동은 정체감 형성을 위해 이 상실과 거부에 대해 반드시 적절히 애도하며 심리적 갈등을 해결하여야만 한다. 이것은 입양아동이 이러한 친생부모에 대한 자신의 감정을 입양부모와 함께 나눌 수 있을 때에, 그 상실과 갈등을 해결 할 수 있게 된다는 것이다.[9]

입양아동이 느끼는 상실감과 거부감은 친생부모에 대한 정보가 자신의 입양과 관련하여 제공될 때 해결이 가능하다. 즉, 친생부모는 누구이며, 자신이 태어났을 때의 상황과, 왜 친생부모가 입양으로 자신을 포기하여야 했는지, 입양부모의 자신에 대한 입양 등에 대해 지속적으로 이야기될 때에 아동의 상실감과 거부감이 애도되고 해결된다는 것이다.[10]

입양부모는 입양자녀의 정체감 형성을 돕기 위해 이와 같은 기본적인 입양아동의 친생부모에 대한 과거와 현재의 정보를 충분히 수집하고 보존할 필요가 있게 된다. 즉, 입양아동의 친생부모에 관한 이야기가 입양가정에서 자유롭게 자주 이야기 될

---

8. Triseliotis, J. (1973). *In search of origin*. London: Routledge and Keagan Paul.

9. Hartman, A. & Laird, J. (1990). Family treatment after adoption: Common themes. In D. Brodzinsky & M. Schechter (Eds.), *The psychology of adoption(pp.221-239)*. New York: Oxford Uni. Press. Hoopes, J. (1990). Adoption and identity formation. In D. Brodzinsky & M. Schechter (Eds.), *Thepsychology of adoption(pp.144-166)*. New York: Oxford Uni. Press.

10. Ibid., 1990.

수록, 입양아동의 자기정체감 및 자기가치감self-esteem 개발에 도움이 되고, 이것은 입양부모가 입양아동과 좋은 부모자녀관계를 형성할 수 있도록 도와주게 된다는 것이다. 좋은 부모자녀관계는 입양부모의 입양에 대한 만족감을 증진시켜 입양성공의 확률을 높여 주게 된다.[11]

입양아동의 뿌리에 대한 정보와 정체감 형성과의 관계는, 아동이 그의 친생부모에 대한 즉 그의 유전적인 기원에 대해 모를 경우에, 그의 의식의 한 부분이 자주 환상fantasy으로 채워지려는 경향이 매우 강하여 개인의 정체감 형성에 부정적 영향을 미친다는 것이다.[12] 이것은 아래 두 성인입양인의 다음 발언에서 잘 나타나고 있다:[13]

40대 초반의 여성 입양인

"저는 친생부모가족에 대해 아무것도 모르는 상태에서, 제가 격리되고 외따로이 떨어진 진흙탕같이 느껴졌지요. (친생부모와의) 재회reunion는 마침내 흐르는 강의 한 부분이 된 것 같아요. 저는 이제 제가 이전에 왔고, 또 이후에 계속가게 될 어떤 역동적인 것의 한 부분이라는 느낌을 갖게 되었지요."

생후 10개월에 입양된 29세 남성

"제가 사랑받지 않았다고 느꼈거나, 우리 가족의 부모님과 두 명의 형제를 제가 사랑하지 않는 것이 아니었지요. 저의 전 인생이 다른 사람

---

11. Grotevant & McRoy, op. cit., 1998.
Hoopes, op. cit., 1990.
12. Rosenberg, M. B. (1989). *Growing up adopted.* New York: Bradbury Press.
Kirschner, op. cit., 2006.
13. Duxbury, M. (2007). *Making room in our hearts: Keeping family ties through open adoption.* New York: Routledge.
배태순, "입양아동의 특성 및 정체감 형성을 위한 입양부모이 역할", 경남지역연구, 제16집, 경남대학교 경남지역문제연구소, 2010, pp.201-219.

들과 다르며, 정상인들의 클럽에 속하지 않는다고 느껴왔지요.

"입양은 제 삶의 위를 덮고 있는 일종의 그림자 같았어요. 저는 어떻게 그녀(친생모)가 10개월간 나를 가지고 있다가, 무엇이 그렇게 잘못되었기에 나를 주어 버렸을까? 하고 항상 궁금하게 생각해 왔지요.

"만약 누가 내 친생모인지를 안다면, 저는 환상fantasy과 궁금증을 멈출 수 있었을 것입니다. 왜냐면 친생모는 현실이 되었을 것이며, 저는 이러한 질문들을 오랜 수년 동안 그렇게 제 머리에서 곤두박질치게 하지 않고, 직접 친생모에게 물어볼 수 있었을 것이기 때문입니다."

앞의 진술들은 입양아동이 자신의 근원인 뿌리와 과거에 대한 지식이 없을 때, 그의 정체감 형성이 얼마나 어려운 가를 분명하게 잘 보여주고 있다. 이처럼 입양부모는 아동의 친생부모체계에 대한 지속적인 정보수집과, 입양자녀가 현실적으로 친생부모를 느끼고 질문할 수 있도록, 친생부모와의 접촉을 유지하는 노력이 부모의 역할로서 요구된다 하겠다.[14]

2_ 입양아동의 정체감 형성을 위한 입양부모의 역할

입양부모가 입양아동의 친생부모체계와 접촉

입양아동이 신생아 때 입양된 경우, 아동이 성장하면서 자신의 뿌리의 기원인 친생부모에 대해 알고자 하는 욕구가 반드시 생기게 되므로, 입양부모는 여기에 대한 정보를 아동에게 제공해 주어야 한다. 또한 입양아동이 나이가 들어서 친생부모와 이

14. Ibid.
Triseliotis & Hill, op. cit., 1990.
Etter, op. cit., 2003.

미 애착관계가 형성되었던 나이에 입양되었으면, 그 애착관계가 보존 및 유지될 수 있도록 노력하여야 한다.

이러한 애착관계가 유지되지 않으면, 입양아동은 친생부모의 행방과 안위 등에 대한 근심으로 인해 정서적으로 불안정하게 되며, 이것은 입양부모와 새로운 애착관계의 형성을 어렵게 만드는 요인이 된다.[15]

그러므로 친생부모를 기억하는 나이의 아동을 입양한 입양부모가 입양 후에도 입양아동의 친생부모체계와 접촉(의사소통)을 하게 된다면, 입양아동은 성장하면서 자신의 뿌리roots인 친생부모에 대한 지식과 현재의 상황까지 알 수 있음으로 해서, 정서적 안정과 정체감 형성을 성공적으로 성취할 수 있게 된다는 것이다.[16]

이처럼 입양가족이 입양아동의 친생부모체계와 입양사후에도 서로 접촉(의사소통)하는 것을 개방입양open adoption이라고 한다. 즉, 개방입양은 입양부모와 입양아동의 친생부모기 서로 접촉을 하여 아동에 대한 징보를 함께 공유하는 것을 의미하며, 이러한 접촉은 입양전과 입양후를 포함하여 입양아동의 전생애 동안 계속 될 수 있다. (본서에서 사용하는 개방입양의 의미는, 국내에서 많이 언급되고 있는 공개입양의 의미와는 많이 다르다. 즉 국내의 공개입양은 그동안 국내에서 오랜 기간 수행된 비밀입양의 반대의미로서, 더 이상 입양사실을 비밀로 하지 않고 입양아동이나 타인에게 이야기할 수 있다는 의미로서 사용되고 있으며, 입양부모가 입양아동의 친생부모를 포함한 친생가족과 접촉하는 개방입양의 의미와는 크게 다르다 하겠다.)

---

15. Singer, E. & Krebs, M. (2008). Assisting adoptive families: Children adopted at older ages. *Pediatric Nursing, 34(2)*, pp.170-174.
    Elbow, op. cit., 1986.
16. Duxbury, op. cit., 2007.
    Hoopes, op. cit., 1990.

3 _ 입양아동의 정체감 형성을 위한 완전 개방입양

미국 오리건Oregon주의 개방입양서비스*

미국 개방입양의 실행은 처음 인증 받은 사적private 입양기관의 신생아입양에서 대부분 시작하였으나, 이후 점차 주state 정부가 운영하는 공적public인 입양기관에서 수행하는, 입양되기 힘든 "특별욕구special needs"를 지닌 아동들- 즉 신생아가 아닌 나이든 아동들, 형제와 함께 입양 될 아동들, 소수민족 아동들 및 장애를 지닌 아동들-의 입양에도 실행하게 되었다.

공적 입양기관들 중에는, 1990년대 중반이후 신생아가 아닌 나이든 입양아동들의 복지를 위해, 주 정부 차원에서 개방입양을 수행하기 시작한 주들도 서서히 등장하기 시작하였다.

본 장에서는 이러한 주 정부의 제도적 지원으로 수행되는 미국 오리건주의 개방입양프로그램을 통해, 입양아동의 복지를 위해 지속적으로 노력하는 입양부모의 역할을 보여주고자 한다. 개방입양서비스의 목적은 입양사후에도 입양아동이 친생부모와의 접촉을 유지할 수 있음으로 해서, 입양아동의 정체감 형성을 도와 그의 복지를 최대화 할 수 있도록 지원한다는 것이다.[17]

---

* 미국 오리건(Oregon)주의 개방입양서비스에 관한 연구는 저자가 포트랜드주립대학교 사회복지대학원에서의 연구년 기간 중에 오리건 주정부 입양담당국과 공동으로 수행한 연구이다. 다시금 포트랜드주립대학교 사회복지대학원 전 학장 James Ward박사님과, 오리건 주정부 전 입양담당 최고 책임자 Kathy Ledesma님께 따뜻한 협조와 지원에 깊은 감사의 마음을 드린다. 또한 연구에 참여한 입양부모님들과 친생부모님들께 다시금 깊이 감사드린다.
(위 연구의 많은 부분이 한국가족복지학회의 학회지에 게재되었음: 배태순, 한국가족복지학, 제14권 2호, 2009, pp.71-102. 또한 위 연구의 일부분이 대한사회복지회 창립50주년 기념논문집에 게재되었음: 배태순, "개방입양서비스 프로그램의 효과성 연구에 비추어 본 국내 입양실무의 미래 방향", 사랑과 나눔의 반세기, 대한사회복지회, pp.25-48, 2004.)

17. Grotevant, H. D. & McRoy R. G. (1998). *Openness in adoption: Exploring family connection.* CA: Sage Publication Inc..

미국의 오리건주는 입양아동의 복지를 위해 법적근거를 마련하여 1997년부터 개방입양인 "입양중재서비스mediation services"를 입양아동의 입양부모와 친생부모에게 제공하였다. 입양중재서비스는 아동이 입양된 후에 두 가족이 서로 어떻게 접촉할 것인가에 대한 미래계획을 세울 수 있도록 주 정부가 중재해 주는 서비스이다. 이것은 계약직으로 주 정부가 고용한 중재자mediator가 양 가족의 미래 접촉에 대한 합의점에 도달하도록 중재하여 돕는다.[18]

즉, 중재자의 중재로 양 가족이 서로 만나서 입양사후의 접촉에 관하여 양측이 서로 동의하는 의사소통합의문communication agreement을 작성하게 되며, 이 합의문에 의해 입양후의 양측 접촉회수와 접촉방법이 실행된다. 예를 들면, 친생부모가 1년에 1회 제3지에서 아동을 방문할 수 있고, 또 년 2회 아동의 생일과 크리스마스 때에 각각 카드·편지 및 사진·선물 등이 우편함을 이용하여 아동에게 전달될 수 있다는 등의 경우를 말한다. 또한 입양부모가 친생부모에게 적이도 1년에 1회 내지 2회 정도 아동의 근황에 대해, 서신 및 사진을 제공하는 것 등이 합의문에 포함될 수 있다.[19]

양측의 접촉기간은 합의문의 내용을 위배하지 않는 한 지속될 수 있다는 것과, 접촉수준의 정도를 확대하는 경우에는 다시 합의문 작성이 요구되지 않으나, 접촉회수, 특히 방문(만남)의 수를 감소시키는 경우에는 다시 중재자의 중재로 새로운 합의문의 작성이 요구되었다.

Sullivan, R. & Lathrop, E. (2004). Openness in adoption: Retrospective lessons and prospective choices. *Children and Youth Services Review*, 26, pp.393-411.

18. Oregon Department Human Services (2001). *Adoption trends*. Salem, Oregon.

19. 배태순, "미국 개방입양서비스의 경험과 시사점: 오리건(Oregon)주의 사례", 한국가족복지학, 제14권 2호, 한국가족복지학회, pp.71-102, 2009.

Oregon Department Human Services (1997). *Manual for mediation in termination case*. Salem, Oregon.

입양부모가 아동의 친생부모와 접촉하는 형태

만남, 전화, 서신연락 등의 접촉

입양부모들은 입양사후 접촉합의문에 의해, 샘플 입양가족의 85% 이상이 입양아동의 친생부모와 접촉을 유지하고 있었으며, 대부분(75%)이 생모와 접촉하였으나, 생부접촉(8.3%)과 친생부모 모두 접촉(2.1%) 및 친생부모외 친척(2.1%) 등의 접촉을 유지했으며, 약 10%의 입양부모가 아동의 생부와도 접촉이 있음을 보여주었다. 개방입양이 본격화되기 이전에 입양부모가 중요하게 간주했던 입양부모의 성명과 주소 등의 신분노출정보identifying information에 대한 공개를 꺼려하는 입양부모는 약 33%에 지나지 않았으며, 현재 입양가족의 집주소를 이용하여 접촉을 유지하는 가족이 57.1%, 그 외 우체국 사서함 이용이 약 18%, 기타가 24.5%였으며, 94% 이상의 입양부모가 아동의 친생부모와 대면하여 만난 적이 있었다.

친생부모와의 의사소통수준과 관련하여, 가장 유지하기 힘든 접촉형태인 만남(방문, visits)은 약 80%의 입양부모들이 유지했으며, 그 중에 처음 시작 이후 만남visits이 증가한 경우는 25.6%, 만남이 감소된 경우는 29.4%, 시작할 때와 그대로인 경우는 25.5%였다.

또한 입양부모들이 꺼려하는 접촉형태중의 하나인 전화접촉은, 만남을 주선하기 위해 편지로 연락이 된 후에 최종확인을 위한 경우에 1회 정도 허용하거나, 입양아동의 생일 혹은 크리스마스 때에 한번 등의 극히 제한적으로 친생부모에게 허용이 되었다. 입양부모들 중 58.5%가 이러한 전화접촉을 허용하고 있었으며, 그 외에 접촉형태인 편지, 사진, 카드와 선물 등은 거의 모든 샘플입양가족들에 의해 거의 100% 사용되고 있었다.[20]

---

20. 배태순, 전게서, 2009.

입양아동의 친생가족 접촉 및 영향력

입양부모들이 수행하는 각각의 접촉형태, 특히 가장 힘든 접촉형태인 만남(방문)을 포함하여, 이러한 입양가족에 의한 접촉유지의 노력이 입양아동에게 미치는 긍정적인 영향력에 대한 입양부모들의 태도 및 인식을 살펴보면 다음과 같았다.

친생가족과 만남의 접촉 및 영향력

입양가족은 대개 년 1회-2회의 방문을 입양아동의 친생부모와 가지고 있었다. 입양부모들은 만남 전과 만남 중에 많은 스트레스를 받으며, 대부분의 입양부모는 이러한 만남을 준비하기 위해 많은 노력을 기울인다고 보고하였다.

만남은 완전개방fully-disclosed의 경우를 제외한 대부분의 가족이, 집이 아닌 제3시(공원, 레스토랑 등)에서 입양부보의 참석과 돌봄 하에 입양아농과 그의 생모와의 만남이 이루어지고 있었다.

만남의 접촉을 통해 입양아동들은, 특히 입양이전에 애착관계가 형성되었던 친생부모를 만난 후에 다시 입양가정으로 돌아오는 경험을 통해, 입양가정이 자신의 집이라는 영구성과 입양부모가 언제나 자신의 곁에서 돌보는 영구적 부모로서의 인식이, 아동에게 강화되었다고 입양부모는 보고했다. 다음의 사례들은 만남의 접촉을 통한 긍정적인 결과를 보여 준다:21

① 남아(3세): 생후 19개월에 생모의 약물 및 알코올 남용에 의한 아동학대로 인해 생모와 헤어져, 15개월 후인 3세 때에 입양되기 전까지 3회 이상의 위탁가정을 바꾸어야 했던 만 3세의 남자 입양아동은, 자신을 학대했던 친생모를 입양 후 처음으로 제 3지에서 만나기 위해 가는 날 몹시 불안하고 침울하였는데, 생모를 만난 후

---

21. 배태순, "개방입양서비스 프로그램의 효과성 연구에 비추어 본 국내 입양실무의 미래 방향", 사랑과 나눔의 반세기, 대한사회복지회, pp.25-48, 2004.

(생모와 같이 가지 않고), 다시 입양부모와 함께 입양가정으로 돌아왔을 때에야 비로소 입양가정이 자신이 계속 머무를 수 있는 "영원한" 집이라는 인지를 처음으로 하게 되고, 입양부모에게 몇 번이고 이점을 확인하였으므로, 입양부모는 이점을 확인시켜 주며 아동과 함께 울며 감동하였다고 보고했다.

이 아동은 입양되기 전에 3회 이상 위탁가정을 바꾸며, 친생모와 재회와 이별의 반복을 수없이 경험하여 거주지의 영구성을 몰랐던 것이다. 이 입양아동은 입양 2년 후인 만 5세가 되었을 때에는, 정서적으로 안정되어 그의 친생모에 대한 메시지를 연구에 참여했던 그의 양모의 이메일을 통해 본 저자에게 전달되었다: "내 아들이 이 말을 전해달라고 하는군요. '저는 엄마(생모) 보는 것을 좋아하고, 또 엄마(생모) 그림을 그리는 것을 좋아하지요'."

이것은 거부 및 영구성의 문제 등으로 불안했던 입양아동이 이제 자신의 생모에 대해, "저는 엄마 보는 것을 좋아하고, 또 엄마 그림을 그리는 것을 좋아하지요"라고 말할 만큼, 그의 정서적인 안정감과 긍정적인 정체감 형성의 과정을 보여 주고 있는 것이다.[22]

② 딸(13세), 아들(11세), 딸(4세)의 3남매를 3년 전에 함께 입양한 입양부모는 입양아동들을 입양 전에 유기하여 친권이 박탈되었던 아동들의 친생모와 만남의 접촉을 처음 년 4회로 시작하였으나, 만남회수가 너무 많아 입양자녀들이 먼저 부담스러워 하고 적응에 문제가 있다고 판단되어, 양측의 합의하에 년 2회로 방문수를 감소시킨 경우이다.

입양아동들의 친생모와의 접촉이 필요한 것에 대해, 입양부모는 특히 11세의 아들(입양자녀)이 생모의 소식을 한동안 듣지 못하고 무사하다는 것을 알지 못하면, 너무 많은 근심으로 인해 정서적으로 불안정하게 된다는 것이다. 그러나 생모와 만남과 서신 등을 통해 접촉을 규칙적으로 유지함으로써, 생모의 무사함을 알게 되어

22. 배태순, 전게서, 2009.

염려하지 않고 정서적으로 안정이 된다고 보고했다.

또한 입양자녀들은 자신들의 친생모를 직접 현실에서 보게 됨으로써, 생모에 대한 현실을 알게 되어 잘못된 환상fantasy에 빠지지 않을 뿐만 아니라, 입양가정의 환경이 생모의 거주환경보다 자신들의 성장에 더 좋다는 것을 인지하게 되어, 입양부모와 더 좋은 관계를 형성할 수 있게 된다는 것이다.

만남 등의 접촉을 유지하기 위해 입양부모는 많은 노력이 힘들게 요구되나, 궁극적으로 입양아동의 자기정체감 발달과 정서적인 안정을 가져 오므로, 이것이 입양부모의 입양에 대한 만족을 증가시켜주는 결과를 보여주었다.[23]

다음에 소개되는 연구에 참여한 2명의 입양아동들은 친생부모와의 접촉을 통해 그들의 뿌리에 대한 욕구충족과 정체감 형성에 긍정적인 영향을 받고 있음을 보여주었다.

4년 전인 8세에 입양된 남아(12세)는 주의력결핍행동장애ADHD의 특별욕구아동이며, 친생모와 동생들을 수시로 만나고 전화 접촉한다. 5년 전에 친할머니에 의해 입양된 여아(11세)는 발달장애와 학습장애가 있는 '특별욕구'의 아동이다.:

③ 남아(12세): 12세의 남자 입양아동은 4년 전 그가 8세 때에, 그를 4년간 양육보호한 위탁부모에 의해 입양되었다. 그의 생부와는 연락이 두절된 상태이다. 현재 완전개방입양으로 친생모와 자유로이 만남과 전화 등의 접촉을 하고 있으며, 약간의 정신적 발달지체인 입양아동의 생모는 입양부모를 마치 "시부모"처럼 의존하며 입양부모의 돌봄을 받고 있다고 입양부는 이야기했었다.

이 입양아동의 경우, 입양된 직후(당시 4세)에 입양기관의 제안에 따라 입양가정에서의 적응을 위해 1년간 친생모와의 접촉을 끊은 적이 있었는데, 이 기간 동안 입양아동은 심각한 정서적인 장애를 보였으며, 다시 친생모와의 접촉이 재개되면서부

23. 배태순, 전게서, 2004.

터 놀랄 정도의 정서적 안정을 되찾아서, 당시 그를 치료하던 정신과 전문의도 생모 접촉의 긍정적인 영향력에 대해 놀랐었다고 보고했다.

이 입양아동은 친생모와의 방문 등의 접촉을 통해 자신의 애착감을 유지하고, 친생가족의 현실을 직접 접해봄으로써 입양가정이 더 좋은 성장환경임을 수용하며, 입양아동으로서 자신의 정체감 형성을 성취하고 자기가치감을 증진시키고 있었다. 이것은 입양아동이 자신의 현재의 삶에 대해, "지금이 제가 입양되기 전보다 훨씬 더 잘 지내고 있어요."라고 표현한 것과, 학교친구들로부터 자신이 어떻게 현재의 입양가정에 입양되었는지에 대한 질문을 학우들로부터 받았을 때, 사실대로 찬찬히 설명하는 당당한 태도에서 그의 정체감이 잘 드러나고 있었다.[24]

좀 더 자세히, 이 12세의 남자 입양아동과의 면접내용을 소개하면 다음과 같다; 만약 친생모와 지금처럼 접촉을 가지지 않고 지낸다면 어떨 것 같으냐는 질문에, "아마도 저는 많이 화가 나 있을 거예요. 왜냐하면 저는 정말 엄마(생모)를 볼 수 있기를 바랄테니까요."라고 답하며, 자신에게 친생가족과의 접촉이 중요함을 분명하게 피력하였다.

개방입양은 입양아동이 입양에 대한 개념을 바르게 인식하도록 돕게 되어, 입양아동으로서의 자기 정체감형성을 가능하게 한다. 그는 학교에서 학우들이 그의 입양에 대해 물으면, "저는 제가 입양되었다고 이야기합니다. 간혹 친구 중에는 제가 왜 입양되었는지에 대해서 묻는 친구들도 있지요." 그러면 어떻게 답하느냐의 질문에, "저는 우리 부모가 마약거래와 같은 나쁜 짓을 했기 때문에 제가 집을 떠나 다른 곳(위탁가정)에 가게 되었으며, 그곳에서 나를 돌보던 분들(위탁부모)이 나를 많이 좋아하셔서 입양하게 되었다고 이야기하곤 하지요."라고 답했다. 그의 입양에 대한 친구들의 반응은, "멋지다!"라는 것이다.

개방입양이 입양아동의 자신에 대한 이미지와 자기정체감 형성을 돕고 있음을 잘

---

24. 배태순, 전게서, 2004.

보여주고 있다 하겠다. 현 입양가족에서의 생활에 대해, "지금이 제가 입양되기 전보다 훨씬 더 잘 지내고 있지요."라고 답한다. 이것은 입양아동이 친생가족과의 지속적인 접촉을 통해 두 가족 간의 비교를 할 수 있음으로 해서, 친생가족을 환상이 아닌 현실적으로 인식하고 평가할 수 있게 도와준다는 것이다. 이것은 입양아동이 입양가족의 환경을 더 수용하고 적응할 수 있도록 도와주게 되며, 이로써 그의 입양이 더 성공적이 될 수 있다는 것이다.[25]

④ 여아(11세): 친할머니에 의해 입양된 여아(11세)는 이혼한 친생모와 친생부를 각각 만나고 있으며, 친생부와 갖는 접촉의 좋은 점에 대해, "아빠가 절 사랑한다는 점이에요!"라고 답하며, 친생부모를 만나지 못한다면, "무척 슬프고 실망할" 것이라고 답한다. 아동이 자신의 뿌리인 친생부모로부터 사랑받고 있다는 느낌이 아동의 자존감형성에 지대하게 중요한 영향을 미칠 수 있음을 보여준다.[26]

친생가족과 서신, 사진, 카드 접촉 및 영향력

개방입양을 수행하는 모든 입양부모들은 집주소나 사서함을 통한 서신 접촉을 입양아동의 친생가족과 유지하고 있었다. 이것은 만남(방문)의 접촉은 입양아동이 만 18세가 된 후에 가능하도록 일단 보류한 가족이라도, 거의 모든 가족이 서신접촉을 유지하고 있었다.

입양부모는 생부모와 연락이 되지 않으면, 친생부모 외의 다른 친척(할머니, 이모

25. Sullivan, R. & Lathrop, E. (2004). Openness in adoption: Retrospective lessons and prospective choices. *Children and Youth Services Review, 26,* pp.393-411.
Duxbury, op. cit., 2007.

26. Duxbury, op. cit., 2006.
Silber, K. & Dorner, P. M. (1990), *Children of open adoption.* San Antonio, TX: Corona Publishing Co..

등)을 친생가족 중에 추구하여, 그 친척과 서신접촉을 유지하며 입양자녀의 유전적인 기원에 대한 정보를 계속 수집하려고 노력하였다.

서신접촉은 특히 사서함을 이용하는 경우에 친생부모가 입양가족에게 보내는 서신의 회수는 거의 제한하지 않으나, 입양부모가 친생부모에게 보내는 편지·사진 등은 회수가 정해져 있었으며, 대부분 최소한 년 2회 정도의 편지와 사진을 입양부모가 친생부모에게 지속적으로 보내고 있었다.

즉 친생부모를 만나는 것이 아동의 안전에 위험하다고 판단하는 입양가족은 접촉합의문에 만남을 포함시키지 않고, 아동이 만 18세 이후에 방문이 가능하도록 만남을 연기하고 있었다:

① 남자형제인 13세와 9세의 형제는 그들의 생부가 각각 다르며 5년 전에 입양되었다. 입양부모는 친생모가 큰 아이(13세)에게만 관심과 애착을 보이며 작은 아이에게는 전혀 관심을 보이지 않고, 큰 아이가 18세가 되면 자신이 데려가겠다고 계속 양부모에게 협박의 양상을 띄우며 서신으로 전한다는 것이다. 이 경우에도 입양부모는 1년에 3회 및 어머니날에 생모에게 입양자녀들에 대한 소식과 사진을 보내는 서신접촉을 꾸준히 수행하는 노력을 하고 있었다.

입양모는 친생모와 계속 접촉을 함으로써 아이들의 친생가족에 대해 많은 정보를 가질 수 있게 되었다고 하며, 또한 입양자녀들은 그들의 친생모에게 편지를 쓰는 입양모인 자신을 좋아하는 것 같으며, 그들이 정서적으로 점점 더 안정되어 가는 것을 느낄 수 있었다고 표명했다.

서신이나 만남의 접촉을 통해서 입양자녀의 친생부모와의 접촉을 유지하는 노력을 하고 있는 입양부모는 그들의 입양자녀가 이전에 자신이 속했던 곳을 직접 볼 수 있음으로 해서, 잘못된 환상을 하지 않고 그의 정체감 형성이 가능하다는 것을 느꼈다. 또한 입양아동은 친생부모의 자신에 대한 사랑을 이러한 접촉을 통해 직접 느낄 수 있음으로 해서, 자신이 버려졌다는 유기감에서 오는 "왜 나를 버렸어요?"라는 질문을 친생부모에게 할 필요가 없다는 점을 깊이 이해하고 있었다.

특히 입양부모들은 친생부모와의 접촉이 입양자녀의 정체감 형성을 돕고 아동이 정서적으로 안정됨에 따라, 자신들과 더 좋은 부모자녀관계의 증진과 함께 그들의 입양에 대한 만족감으로 이어지고 있음을 보여주었다.[27]

친생가족과 기타 다른 접촉 및 영향력

입양부모들은 입양자녀의 친생가족구성원과의 접촉을 유지하기 위한 노력이 많이 힘들 때도 있으나, 이러한 노력이 입양아동의 정체감 형성과 정서적 안정에 도움이 된다는 인식이 커져감에 따라, 입양에 대한 만족감도 증가함을 보여 주었다.

즉 입양부모들은 그들 입양아동의 정서적인 안정감에 대해, "매우 안정적"과 "안정적"이 각각 52.8%와 30.2%를 보여주어, 83%의 입양부모들이 입양아동의 정체감 형성의 바탕이 되는 정서적 안정감이 매우 높은 것으로 평가하였다. 또한 입양부모들의 약 85%가 그들 입양자녀의 전반적인 행복감에 대해, "매우 행복(56.6%)", "행복(28.3%)"으로, 그들의 입양자녀가 "(매우) 행복하다"고 생각하였다.

또한 입양부모들이 입양자녀의 친생가족과의 접촉이 가족에게 좋았는지의 여부에 대해, "매우 좋았다(28.6%)", "좋았다(20.4%)", "어느 정도 좋았다(28.6%)"로 77.6%가 입양 후의 접촉이 좋았다고 표함으로써, 입양부모들의 약 78%가 아동의 친생부모와의 접촉이 좋았다고 평가했다.

입양부모들은 또한 그들의 입양자녀가 자신의 입양가정이 "영원한 집"이라고 확신하는 정도에 대해, "매우 확신(77.4%)", "확신한다(9.4%)"로 입양아동이 입양가정의 영구성에 대해 높은 확신을 가지고 있음을 보여주었다. 또한 입양부모들의 80.4%가 그들의 입양자녀가 친생부모에 대해 그들 입양부모와 이야기하는 것을,

---

27. 배태순, 전게서, 2009.
    배태순, 전게서, 2004.

"(매우) 자유롭게" 생각한다고 답변함으로써, 그들의 입양아동에게 입양가정이 좋은 성장환경임을 보여 주었다.[28]

연구결과는 입양부모가 입양아동의 친생가족과의 접촉을 수행하며 접촉을 유지하기 위한 노력을 할 때에, 입양아동의 정서적 안정과 함께 그의 정체감 형성을 돕게 되어 그의 복지가 증진됨을 보여주었다. 그러므로 이러한 접촉을 위한 노력이 입양부모에게는 입양자녀를 위한 입양부모의 역할이 됨을 깨닫는 것이 중요하다 하겠다.

입양가족의 친생가족 접촉에 대한 만족 정도

전반적으로 입양가족들은 입양아동의 친생가족과 입양사후에 접촉하는 것에 대해 만족하고 있었으며, 아동의 친생부모와의 입양사후 관계를 긍정적으로 표현하였다. 입양가족들의 개방입양에 대한 만족감은, 개방입양서비스가 가족에게 유용하였다는 인식, 친생부모에 대한 두려움의 감소, 입양아동의 부모로서의 타당성에 대한 확신감 증가, 친생가족에 대한 정보획득, 등을 통해 나타나고 있었다.

입양가족의 친생가족 접촉에 대한 만족감:

입양가족들은 주정부가 제공한 개방입양을 위한 입양중재서비스가 전반적으로 자신들 가족에게 유용하였다고 보고했으며, 이것은 다음 입양부모의 발언에서 잘 드러나고 있다;

"(입양중재서비스를 통한) 입양사후 접촉합의문이 없었다면 우리는 입양을 하지도 않았을 것입니다. 입양사후의 접촉에 대한 합의문이 있었기 때문에, 우리 가족은 안전장치가 내재 되었다고 믿었고, 그래서 그 당시에는 생소한 개념이었던 개방입양을 실행할 수 있었지요."

---

28. 배태순, 전게서, 2009.

다음은 입양후의 접촉가능성으로 인해, 친권이 있는 친생부모에 대한 설득이 가능했다는 양모의 발언이다;

> "접촉합의문이 있음으로 해서, 생부를 설득하여 아이를 포기할 수 있었고 우리는 딸아이를 입양할 수 있었지요." 이것은 입양후의 접촉가능성으로 인해, 친생부모의 입양사후에 발생하는 상실의 고통감소에 대한 예상을 반영한다 하겠다.
>
> 전반적으로 입양가족들은 입양아동의 친생가족과 입양사후의 의사소통(접촉)에 대해 만족하였으며, 친생부모와의 관계를 다음과 같은 긍정적인 단어로 묘사했다; "고마운", "존중하는", "아주 친한", "적절한", "확대가족 같은", "며느리 같은" 등의 표현이다.

친생가족과의 접촉에 대한 만족은 다음의 진술에서도 잘 드러난다;

> "우리는 중재서비스를 받아서 아주 행복해요. 왜냐면 이 서비스가 우리 아이의 친생모와 접촉할 수 있게 도와주었기 때문이지요.", "(접촉)합의문이 있음으로써 우리 아이의 생모가 접촉을 끊고 사라졌을 때에도, 다른 친생가족과 접촉하여 만날 수 있게 되었다고 생각해요."[29]

입양가족의 두려움 감소 및 정당성 증가:

입양부모는 자신의 입양자녀를 친생부모가 언젠가 몰래 데려가거나, 혹은 (친생부모가 입양전에 아동을 학대한 경우에는) 자녀에게 해가 되는 행동을 하지 않을까하고 염려하는 두려움fear이 있는데, 이러한 두려움 및 염려가 입양사후에 아동의 친생부모가족과의 지속적인 접촉으로 인해 감소됨을 보여 주었다.

---

29. 배태순, 전게서, 2009.

또한 입양부모는 자신의 입양자녀에 대한 부모로서의 정당성validation이 아동의 친생가족과의 접촉을 통해 강화됨을 느꼈다고 한다. 이것은 다음 입양부모들의 진술에서 잘 표현된다;

> "입양사후의 접촉을 위한 합의문은 부모로서의 우리의 지위status를 법적으로, 정서적으로, 정신적으로 모든 면에서 확고히 해주었지요.", "처음에는 아들을 몰래 데려갈까 하고 두려워했지요. 그러나 합의문이 있음으로써 안전하다고 느꼈는데, 그것은 친생모가 할 수 있는 일과 할 수 없는 일을 분명하게 지적해 주었기 때문입니다.", "우리가 (합의문에 의해) 친생부모에 대한 모든 힘과 통제력을 가지게 되었지요."

등의 진술에서 표현된다.[30]

입양가족의 정보획득에 대한 만족감:

입양가족은 입양자녀의 친생가족과 입양후의 접촉을 통해, 자녀의 배경에 관한 정보를 획득할 수 있는 기회에 대한 만족이 컸다. 이것은 다음의 진술에서 나타난다;

> "딸의 친생가족의 배경을 알기 때문에 딸에 대한 어떤 것도 추측할 필요가 없게 되었지요." "딸이 이후에 물을 수 있는 질문에 답할 수 있도록 도와주었지요." "입양사후의 접촉합의문 작성을 위해 입양중재서비스를 받을 때에, 딸의 친생모를 만남으로써 딸의 배경에 대한 정보를 더 많이 알게 되어서 기뻤어요." 등의 진술에서 나타난다.

30. 배태순, 전게서, 2009.

입양아동의 친생가족 접촉에 대한 욕구충족

개방입양을 수행하는 연구에 참여한 샘플입양가족은 개방입양의 실행이 실제 입양자녀의 생물학적 기원인 뿌리, 즉 친생부모에 대해 알고 싶고 연결되고 싶은 아동의 욕구충족에 크게 기여한다는 인식을 하고 있었다.

이것은 입양아동의 정서적 안정감의 증진, 친생부모를 상실한 상실감 및 친생부모에 의해 버려져 유기 당했다고 느끼는 유기감에 대한 심리적 갈등해결, 친생부모의 존재에 대한 현실감증진으로 인해 친생부모에 대한 환상의 불필요성, 및 강한 자기정체감의 발달, 등으로 언급되었다.31

입양아동의 정서적 안정감 증진 및 심리적 갈등 감소:

친생가족과 지속적인 접촉을 유지해온 입양부모는 이러한 입양시후의 접촉이 입양자녀의 정서적인 안정감에 크게 기여한다고 믿었다.

이것은 다음의 진술에서 잘 보여진다;

> "우리 아이들은 접촉이 없는 경우에 자신들의 어머니(생모)가 어디에 있나하고 걱정할 필요가 없게 되었지요.", "제 아이들 특히 제 큰아들(13세)이 생모에 대해 많이 염려하지요.", "확실히 제 아들(14세)은 생모와 접촉이 있음으로 해서 지금 훨씬 더 행복하다고 생각합니다. 아들과 생모사이에는 서로를 생각하는 상호관계가 있지요."

등의 진술에서 잘 보여진다.

입양부모들은 현재 입양자녀들이 그들의 친생가족과 지속적인 접촉을 유지하고 있으므로, 이후 성장하여 뿌리 추구를 할 필요가 없으며, 또한 친생부모가 항상 주

31. Hartman & Laird, op. cit., 1990.

위에 있으며 접촉하고 있으므로, 자신이 친생부모로부터 거부되었거나 유기되었다고 고통을 느끼지 않게 된다는 점을 잘 인식하고 있었다.

이것은 다음의 진술에서 잘 표현된다;

> "제 딸(10세)은 이후 나이가 더 들면 친생가족에 대해 묻거나 찾으러 나설 필요가 없지요.", "제 딸은 이후 생부에게 '왜 나를 버렸어요?' 라는 질문은 하지 않을 거예요. 왜냐면 그는 항상 딸과 접촉하고 딸 주위에 머물러 있기 때문이지요."[32]

입양아동의 잘못된 환상의 불필요:

입양가족과 입양아동의 친생가족과의 접촉은 입양아동에게 자신의 뿌리에 대한 현실감을 부여하므로, 잘못된 사실이 아닌 부정적인 환상이 불필요하게 되어 아동의 정체감 형성을 돕는다.[33]

이것은 다음의 입양부모들의 진술에서 잘 드러난다;

> "제 아이들은 생모가 행동하고 생모가 가진 것을 직접 보게 됨으로써, 생모에 대한 환상에 빠지지 않게 해줍니다.", "제 딸(10세)은 현재 생모와 접촉을 가짐으로써 생모의 약물남용이 생모에게 미치는 영향과, 자신이 입양 이전에 속했던 곳을 스스로 볼 수 있게 되었지요. 그래서 딸이 친생모에 대한 잘못된 환상을 가지지 않게 해주어 우리에게 좋게 되었지요."

---

32. 배태순, 전게서, 2009.

33. Grotevant & McRoy, op.cit., 1998.
Kirschner, op. cit., 2006.
Duxubury, op. cit., 2007.

입양가족들은 입양자녀가 친생가족과 접촉을 함으로써 그의 뿌리와의 연결에서 오는 정서적 안정과 더불어, 아동과 더 좋은 부모자녀 관계를 가질 수 있다는 것을 확신하고 있었다.

이것은 대부분의 입양부모들이 친생가족과의 접촉이 있음으로 해서, 그들의 입양자녀가 더 행복하다고 믿고 있었으며, 이것은 입양에 관한 이야기를 언제든지 아동과 자유롭게 하고 있다고 보고하는 것에서도 잘 드러나고 있었다.[34]

친생가족의 입양가족 접촉에 대한 만족 여부

연구에 참여한 샘플친생가족 3가족은 약 1년 전에 입양중재서비스를 받고 입양사후의 접촉합의문에 동의하였으며, 3가족 중 1가족만이 접촉합의문에 친생자녀와의 만남이 포함되었다. 나머지 친생가족 2가족은 만남(방문)이 합의문에 포함되어 있지 않아 친생자녀를 볼 수 없는 것에 대한 슬픔과 아쉬움을 면접 중에 토로했다. 연구에 참여한 친생가족 3가족은 두 생모와 한 생부였다.

두 생모 중, 한 생모는 1년에 한번 아이들의 생일에 생일카드를 보내고 있으며, 다른 생모는 아들(당시 5세)과 1년 전에 헤어진 것에 대한 상실감으로 인해 아직 편지를 쓰지 못하고 있었으나, 입양가족으로부터 아들에 대한 소식과 그의 사진을 받은 것에 대해서 안도하며 고마워했다. 생부는 친생아동(3세의 남아)과의 만남이 합의문에 포함되었으며, 입양가족과의 접촉을 만남과 서신을 통해 유지하고 있었다.

친생가족들은 그들의 친생아동과의 접촉양과 수준에 대해서는 더 많은 것을 원하나, 아동과 연결되어져 있는 것을 소중하게 생각했다.[35]

---

34. 배태순, 전게서, 2009.
35. Fravel, D., McRoy, R., & Grotevant, H. (2000). Birthmother perceptions of the psychologically present adopted child: Adoption openness and boundary ambiguity. *Family Relations*. 49, pp.425-433.
    배태순, 전게서, 2004.

친생모의 삶의 희망 증가:

입양사후의 접촉에 관한 연구에 참여한 친생가족 3가족의 친생부모 3명은 주정부가 제공한 개방입양서비스에 대해 만족하였다. 자신의 친생아동들의 입양부모를 (입양중재서비스를 통해) 접촉합의문 작성시에 만나본 친생모(28세)는 입양가족과 친생자녀의 입장을 공감하는 데에 도움이 되었다고 한다.

즉 두 아들을 입양 보낸 생모(28세)는 다음과 같이 언급한다;

> "중재서비스의 최종결과인 합의문에 대해 많이 실망하고 있지만(방문이 포함되어 있지 않으므로), 그럼에도 불구하고 양측이 중재서비스에 참여하는 것이 훨씬 더 낫다고 굳게 믿어요."

친생아동과의 만남이 접촉합의문에 포함되지 않은 경우에는, 접촉의 정도에 대해서는 만족치 않으나, 친생아동과 연결되었다는 사실에는 희망을 가지고 있었다.

이것은 한 생모(27세)의 다음 진술에서 잘 표현된다;

> "저는 제 아들의 양모가 제게 아들의 사진을 보내 주어서 많이 감사드리고 있어요. 중재서비스가 없었다면, 제 아들의 최근 사진을 받아보지 못했을 거예요."[36]

친생부모의 상실감 해결:

입양 후에 입양가족과 입양아동의 친생가족간의 접촉을 다루는 입양사후접촉 합의문은 입양아동의 친생부모가 입양이후의 아동의 복지에 대해 염려하지 않고 안심할 수 있도록 도와주어, 자녀를 입양 보낸 것에서 오는 상실감 해결에 대해 도움이 됨을 보여준다.[37]

---

36. 배대순, 전게서, 2004.

이것은 샘플친생가족 중 약 1년여 전에 당시 3세인 아들을 입양 보낸 한 생부(36세)의 다음 진술에서 잘 표현되고 있다;

> "제게 가장 필요한 것은 제 아들이 (입양가정에서) 잘 지내고 있을 것을 아는 안도감이지요. 가장 최근의 아들과의 방문에서 아들이 정말 심리적 안정감security을 가진 것을 알 수 있었지요."
>
> "상실감을 정말 해결하지는 못했어요. 그러나 아들에게 편지를 쓰는 것이 저의 상실감 해결에 도움이 되지요."

친생부모는 친생자녀와 헤어진 후 상실감의 고통에 대한 상담서비스의 필요성이 절실함을 보여주었다.[38]

현재 미국의 경우, 아동이 일단 입양되면 주정부는 아동의 친생가족과의 모든 관계를 단절시키므로, 친생부모는 주정부로부터 더 이상 서비스를 받을 자격이 없게 된다.

친생부모의 입양아동 뿌리욕구 인식

친생부모는 입양아동의 정체감 형성과 관련하여, 그의 과거와의 연결의 중요성을 인식하고 있었다. 이것은 두 입양아동(입양당시 4세, 3세)에 대한 친권을 상실했던 한 생모(28세)의 다음 진술에서 드러난다;

---

37. Bradbury, S. & Marsh, N. (1988). Linking families in pre-adoption counseling: A family system model. *Child Welfare*, 67(4). pp.327-335.
    Duxbury, op. cit., 2007.
38. 배태순, 전게서, 2009.
    Neil, E. (2006). Coming to terms with the loss of a child: The findings of birth parents and grandparents about adoption and post-Adoption contact. *Adoption Quarterly*, 10(1), pp.1-23.

> "합의문 작성 시 입양부모를 만났을 때에, 제가 입양부모에게 전달한 아이들의 아기 때 사진들과 물건들이 두 가족 간의 중요한 다리가 된다고 생각해요."
>
> "아이들이 자신의 친생가족에 대해 알고, 그 때에 가졌던 개인적인 물건들을 현재에 가지는 것이 아이들에게 아주 도움이 된다고 생각해요. 또 입양부모가 입양자녀들에 대한 과거의 정보를 가지는 것이 중요하다고 생각해요."

위 친생모가 보여주듯이 친생가족은 입양아동의 친생부모에 대한 연결의 욕구, 즉 뿌리에 대한 욕구충족이 아동과 입양부모와의 관계형성에 중요한 역할을 한다는 것을 인식하고 있었다.

이것은 약 1년여 전에 아들(입양당시 3세)을 입양보낸 생부(36세)의 발언에서도 명백히 드러난다;

> "이 이야기는 제 아들의 양모가 우리 어머니께 이야기한 내용인데요, 얼마나 가슴이 찡했는지 몰라요. 제 아들이 양모에게 이렇게 이야기했대요, '엄마, 엄마를 많이 사랑해요. 내가 왜 엄마를 사랑하는지 아세요? 그건 엄마가 제 아빠를 만날 수 있게 해주기 때문이에요.'라구요. 너무 너무 가슴이 찡했어요."

이것은 입양아동은 자신의 유전적인 기원인 친생가족과 연결되고 싶은 욕구가 충족되어야만, 정서적 안정과 함께 정체감 형성에 도움을 받고, 입양부모와 좋은 관계를 형성할 수 있게 됨을 분명히 보여주고 있는 것이다.[39]

---

39. 배태순, 전게서, 2009.
    배태순, 전게서, 2004.

제 12 장

입양부모의 입양에 대해 이야기하기의 과업

1 _ 입양부모의 입양에 대해 이야기하기 과업의 원칙

2 _ 입양부모가 입양아동과 이야기하기를 위해 활용하는 도구들

3 _ 입양부모의 아동의 과거 기념일 반응 인식하기

제 12장: 입양부모의 입양에 대해 이야기하기의 과업

지금까지 본서에서 입양부모의 역할로서, 일관적으로 강조해 온 것이 입양아동의 입양이전의 과거에 대한 소통의 필요성이다. 아동의 과거는 필연적으로 그의 친생부모가족이 포함됨을 의미한다.

아마도 입양부모와 입양자녀사이의 가장 미묘한 딜레마는 입양자녀에게 그의 입양과 그의 과거와 관련된 상황에 대해 소통하여야 하는 필요성이라 하겠다. 입양아동이 신생아 때에 입양가정으로 왔다면, 입양부모는 입양과 관련하여 언제든지 소통할 수 있는 개방적인 환경을 창출하는 것이 일차적 과업이 된다. 입양아동이 입양당시에 나이가 들었다면, 입양부모는 그에게 그의 과거에 대해 반드시 알려주어야 하며, 또한 그의 가슴과 마음이 회복되도록 도와주어야만 한다.

입양부모가 수행하는 가장 중요한 과업 중의 하나가 입양자녀의 과거에 관해 의사소통하는 과업이다. 여기에 대해 입양부모는 이야기해주는 것을 미루던가, 또는 입양자녀 생애의 초기에 이야기를 시작할 것인지에 대한 결정에 직면하게 된다.

입양부모가 이야기해 주는 과업을 위해 발전시킬 수 있는 여러 개의 도구 중에 2개의 특정적인 도구가 있다: 입양관련 문헌과 입양아동의 생애 책을 활용하는 것이다. 입양부모는 입양자녀에게 그의 과거의 사실들에 대해 이야기해 주는 것뿐만 아니라, 이에 더하여 자녀가 과거의 상처에 기인된 고통을 치유하는 과정을 도와주어야 하는 엄청난 책임감을 항상 지니고 있기 때문이다.

1 _ 입양부모의 입양에 대해 이야기하기 과업의 원칙

입양부모가 입양자녀에게 그의 입양과 과거에 대해 이야기하는 다음의 몇 개의 원칙을 이해하고 숙지한다면, 입양관계는 탄탄하게 될 것이며, 그것은 다음과 같다.[40]

① 빨리 시작한다; ② 정직하고 개방적이 되며, 입양스토리를 아동에게 나이에 맞게 이야기한다; ③ 아동의 정보에 대해 좋고 나쁨의 판단을 하지 않는다; ④ 입양아동은 부모 생각보다 더 많이 안다; ⑤ 입양자녀 자신의 스토리에 대한 통제를 원한다, 등이다.

입양이야기를 빨리 시작한다

입양을 일찍, 즉 아동이 유아기나 미취학 전에, 밝히기를 선택하는 입양부모는 평생여행을 위한 탄탄한 발걸음을 내 디뎠다 하겠다. 이러한 태도는 아래의 세 가지 장점이 있으며, 이것은 건강한 부모자녀관계를 촉진시킨다;

첫째, 입양부모는 제일 먼저 그들의 사랑과 책임감의 문맥 내에서 입양에 대한 인식을 창출하는 사람들이다. 따라서 입양부모가 일찍 입양을 밝히면, 유아가 말을 알아듣지는 못하나, 그 말속에 깃든 정신은 이해한다는 것을 입양부모는 알고 있다는 것이다.

둘째, 부모들은 정직하고 정확한 정보를 일찍부터 제공하여, 이후 누군가 다른 사람이 사실을 잘못 다루게 된 것을 시정할 필요가 없게 되도록 한다는 것이다. 그러면 자녀는, "진짜"정보를 위해서는 오로지 입양부모에게 갈 수 있다는 것을 알게 된다. 즉 입양아동은 자신을 제외한 모든 사람들이 자신의 스토리에 대해 알고 그것을

40. Schooler, J. E. & Atwood, T. C. (2008) *The whole life adoption book*. Colorado Springs, CO: NavPress.
Duxbury, M. (2007). *Making room in our hearts: Keeping family ties through open adoption*. New York: Routledge.

이야기해 줄 수 있다고 생각하지 않고, 알고 싶은 것이나 자신이 알고 있는 것과 다른 경우에 항상 입양부모와 이야기하게 된다는 것이다.

셋째, 아마도 가장 중요하게도, 입양을 일찍 밝히기를 선택하는 입양부모들은 비밀의 그림자 아래에서, 어쩌다가 밝혀질 지도 모른다는 두려움 속에서 살 필요가 없게 되어 더 마음이 편하다는 것이다.

정직하고 개방적인 입양스토리를 아동의 나이에 맞게 이야기한다

입양아동의 친생부모, 입양역사, 혹은 아동이 어떻게 입양가족에게 오게 된 것과 관련된 사항과 진실을 왜곡하는 것은 진실이 밝혀질 때에 심각한 신뢰문제를 야기 시키게 된다. 진실은 한마디의 말이나 조심성 없는 친척에 의해 드러나거나, 가족서류에서 발견될 수 있다. 실제 이런 일이 발생하였을 때, 자녀의 마음을 보호하려고 했던 것이 실제 부모자녀관계의 신뢰와 친숙함을 파괴하는 것으로 끝날 수 있게 된다.

정직하고 개방적이 되라는 의미는 아동의 발달적 단계에 따라 생략하는 것은 괜찮다는 뜻이다. 입양부모가 이것을 아는 것은 매우 중요하다 하겠다. 즉 10세나 12세의 아동에게 부모가 말할 수 있는 것은, 5세나 6세의 아동과 나누는 정보와 같지는 않을 것이다. 입양부모는 자녀의 발달단계에 따른 이해수준을 알게 되면, 언제 필요한 정보를 연관시킬지에 대해 분별 있는 감각을 가지게 된다는 것이다.[41]

아동의 과거정보에 대해 좋고 나쁨의 판단을 하지 않는다

입양부모에게 참혹하게 보이는 아동의 과거에 관한 정보가 자녀에게는 종종 다르게

---

41. Schooler & Atwood, op. cit., 2008.
Brodzinsky, D. M., Schechter, N. D. & Henig, R. M., *Being Adopted: The Life Long Search for Self.* New York: Doubleday, 1992.

해석될 수도 있다. 입양부모는 입양자녀의 역사를 절대로 바꾸어서는 안되며, 나이 든 자녀에게 이야기해 줄 때는 중요한 사실들을 생략하지 말아야 한다. 부모가 생각하기에 고통으로 자녀를 파괴시키리라 생각하는 것이, 자녀에게 이해를 제공하는 바로 핵심이 될 수 있기 때문이다.[42]

예를 들면, 남자 입양아동인 카메론의 스토리가 이러한 진실을 보여준다;

> 카메론은 강간의 결과로 임신되었다. 그는 생후 6개월 된 신생아로서 데비와 촌의 가정에 입양되었다. 카메론은 그의 입양과 관련된 상황에 대해 한 번도 이야기를 듣지 못했으며, 10대 직전에 그는 자신 스토리에 대해 알고 싶은 생각에 점점 더 사로잡혀 갔다.
>
> 그의 가족은 카메론이 성에 대한 인식이 생김에 따라, 강간자였던 그의 생부에 대해 알게 되는 것으로부터 그를 보호하기를 원했다. 거짓말하기를 원치 않았었기 때문에, 가족은 단지 카메론에게 그의 생모가 그를 양육할 수 없었다는 것만 이야기해 주었다. 카메론은 이것을 그의 생모가 매우 나쁜 사람이어서 자신을 거부했고, 또 자신을 끔찍하다고 생각하여서 그를 키울 수 없었던 의미로 해석하였다.
>
> 입양치료자의 도움을 추구하여, 가족이 함께 상담을 받으면서 가족은 치료자에 의해 카메론이 생각하는 스토리를 듣게 되었다. 실제 일어났던 상황을 카메론에게 이야기해 주었을 때, 그는 믿지 못할 정도의 큰 안도감을 표현하였다:
>
> "제 어머니는 형편없는 사람이 아니었어요; 어머니는 희생자였어요. 이제 왜 어머니가 저를 키우지 못했는가를 이해하게 됐군요."

카메론은 그의 어머니는 강간을 거부했던 것이지 그를 거부했던 것이 아니라는

---

42. Ibid., 2008.

것을 진정으로 이해하였다. 사실을 그에게 이야기해주지 않았을 때, 그의 상상은 실제의 시나리오보다도 훨씬 더 나쁜 시나리오를 창출하게 했던 것이다.

입양아동은 부모의 생각보다 더 많이 안다

입양부모인 데니스와 캐리는 "입양자녀의 과거에 대해 이야기하기"에 관한 워크숍에 갔다. 이 부부의 쌍둥이, 미카와 레이시는 지금 8세이며, 거의 3년간 부부와 함께 지냈다. 부부는 그들의 입양자녀들이 태어난 첫 3년간 그들의 친생부로부터 신체적 학대를 경험했던 것을 절대 아동들에게 말하지 않을 작정이었다.

그러나 애착에 관한 전문가는 입양자녀에게 그가 살아오면서 경험한 삶에 대해 이야기하는 것을 권고한다. 입양부모들은 그들이 사랑하게 된 자녀가 끔찍한 외상(상흔)을 경험하였고, 반드시 언급되어야 할 기억이나 정서적 고통이 있다는 것을 잊어버리거나 부인하려고 한다.

그러나 이러한 고통은 반드시 언급되어야 하며, 이것은 적절한 지지와 이해로서 나이에 알맞게 과거를 직면하는 가정의 환경에서만 일어날 수 있을 것이다.[43]

입양아동은 자신의 스토리에 대한 통제를 원한다

입양아동의 스토리는 그녀의 스토리이다. 만약 친구나 친척들이 민감한 정보에 대해 물으면, 그 정보는 입양자녀에게 속한 것이며 자녀가 그 질문에 답할 만큼 성장했을 때, 그녀가 답할지의 여부를 선택할 것이라고 간단히 말하도록 한다.

입양자녀가 자신의 스토리를 개발하도록 돕고, 기회가 오면 그녀를 위해 모델이 되는 것은 자녀에게 도움이 된다. 다음의 예가 이것을 보여 준다;[44]

---

43. Schooler & Atwood, op. cit., 2008.
   Rosenberg, M. B. (1989). *Growing up adopted*. New York: Bradbury Press.

44. Ibid., 2008.

부부인 리즈와 믹, 그리고 그들의 한국에서 온 두 명의 아름다운 자녀들, 모두는 식당에 앉아서 주문한 음식을 기다리고 있었다.

패트릭(7세)과 메건(5세)은 어디에 가든지 주의를 끌었다. 어머니 리즈는 자신의 가족은 인종이 섞인 입양가족으로서 눈에 잘 띄며, 아이들에게 올 질문이나 코멘트에 대해 그들을 준비시켜야 할 필요가 있다는 것을 알고 있었다.

그날 저녁에, 한 여성이 그들의 식탁테이블에 와서 질문하기 시작했다. "당신 아이들이 몇 살 입니까? 얼마 동안 당신과 함께 있었나요?" 그리고서 폭탄이 떨어졌다. 그녀는 7살의 패트릭을 보고서 말하기를, "왜 네 어머니가 널 원하지 않았을까?"

두 아이는 서로 이야기하던 것을 멈추고 그들의 어머니인 리즈를 보았다. 리즈는 아이들이 배우고, 이해하고, 이후에는 그들 스스로 그렇게 하기를 바라며, 자신이 모델을 보여 주면서 단지 이렇게 답했다,

"그런 이야기는 우린 집에서만 이야기해요." 어머니 리즈는 남의 사생활에 침입하는 그 여성의 질문에 답할 의무는 없다고 생각했던 것이다.

2 _ 입양부모가 입양아동과 이야기하기를 위해 활용하는 도구들

아동이 신생아 때 입양되었건, 나이든 10대에 입양되었건, 입양아동은 그들의 첫 가족과의 이별을 다루어야 할 여러 시기가 그들의 삶에 있게 될 것이다. 자신의 첫 가족에 대한 기억을 하고 있는 나이든 아동의 경우에, 첫 가족을 상실하였다는 것에 대한 이해가 더 분명하며 그 상실을 때때로 상기한다. 자녀가 이러한 의문과 혼동의 시기를 겪어 나가도록 돕는 지지적인 접근법은, 수많은 의사소통 도구들을 활용하

는 데서 찾아 볼 수 있다.[45]

입양을 설명하는 문헌 활용하기

도서목록은 간단히 책으로 돕는다는 것을 의미한다. 아동들의 전인적인 발달을 확장하도록 돕는 선정된 문헌들의 활용을 뜻한다. 입양아동이 다른 사람들의 스토리를 읽으면서, 유사한 상황의 다른 젊은이들이 어떻게 어려움을 직면하고 그것을 극복하는가를 볼 수 있게 된다. 입양아동들은 또한 똑같은 삶의 경험을 가진 아동들이 어떻게 상실, 실망, 이별 및 두려움 등을 직면하였는가를 보게 된다.

자녀들을 위해 책을 선정할 때, 부모들이 다음의 기준을 고려하는 것이 중요하다:[46]

① **발달적 나이 및 아동의 읽기 수준**: 미취학 아동들은 채색적인 그림과 간단한 대화가 있는 스토리를 즐긴다. 나이든 초등학교 아동들은 미스터리, 구성 및 흥미가 있는 스토리를 즐긴다. 10대들은 주로 정체감, 데이트, 의사결정 및 부모와 10대의 투쟁과 같은 그들의 관심사에 적절한 책들을 선정한다.

② **아동이 염려하는 것을 다루는 읽을 자료나 비디오의 선정**: 아동의 염려는 위탁가정을 떠나기, 친생부모나 형제의 상실, 혹은 문화가 다른 가정에서 살아가기 등이 포함될 수 있다. 전문가들은 아동들을 위한 대부분의 부모의 지도가 필요한 영화들은 상실을 다룬다고 지적한다. 예를 들면, 상실을 다루는 영화를 선택하며, 이후에 부모와 자녀사이에 이별이나 상실에 대한 감정을 이야기할 수 있도록 열어줄 수 있다는 것이다.

---

45. Ibid.
O'Malley, B. (2008). *Lifebooks: Creating a Treasure for the Adopted Child*, Mass: Winthrop, 2008.

46. Schooler & Atwood, op. cit., 2008.

부모는 아동에게 적절하고 시의적절한 질문을 함으로써, 입양자녀의 감정과 태도를 탐색할 수 있는 방법을 배워야만 한다. 즉 이런 개인적인 질문들을 영화의 남주인공과 여주인공이 어떻게 느낄 것이라고 아이가 생각하고 있는가와, 아이가 그들과 같은 위치에 있다면 어떻게 느낄 것인가를 물어봄으로써 가능하다.

저녁식탁에서의 입양이야기나 유명한 사람들 중 입양된 사람에 대한 언급 등도 입양이야기 활용화에 도구가 된다.

입양아동의 생애 책lifebook 활용: 과거와 미래의 가교

과거에 대해 알지 못하는 입양아동들은, 종종, "나는 내 과거의 중요한 사람들에 대한 어떤 기억도 없다. 내 과거의 중요한 사람들이 나에 대해 기억할지 궁금하다."라고 생각한다.

각각의 아동은 원가족과의 이별에 대해 각자의 독특성을 가지고 개별적으로 반응한다. 그러나 이러한 고통스런 감정은 나이든 입양아동들의 생애전반을 통해서 하나의 공통적인 실로 짜여져 있다.

입양이전의 관계들에 대한 기억이 마음에 희미하게 남아있는 입양아동들은, 회복하는 과정 중에 다음과 같은 주제theme들과 자주 만나게 된다는 것이다:47

① 유기되었다는 느낌이며, 이것은 모욕감과 자기가치감이 없는 무가치함의 감정들이 함께 동반된다.

② 분노이며, 이것은 자신을 포기하였거나 사망, 또는 이혼으로 자신을 버린 사람에 대한 분노이다.

③ 자신이 버려진 것에 대한 자신의 책임감, 이것은 완전히 현실을 무시한 감정인 것이다.

---

47. Ibid.
Brodzinsky et al., op. cit., 1992.

④ 수치심이나 죄책감, 이것은 원가족과의 이별을 자신이 야기 시켰다고 믿는, 끔찍한 행동에 대한 수치심이나 죄책감이다. 이것은 현실을 무시한 감정이다.

⑤ 위와 같은 행동을 한 자신을 벌해야 할 필요성, 이것은 현실을 무시한 것이다.

입양아동이 위의 고통스런 과거에서 희망찬 미래로 전진하기 위해서는, 과거와 현재의 사건들과 왜 사건들이 그렇게 발생했는지에 대한 이유를 반드시 이해하여야만 한다. 이러한 이해는 입양자녀의 정체감, 지속감과, 무엇보다도 아동의 자기 가치감을 위해서 필수적이기 때문이다.

입양아동이 자신의 과거를 현재에 통합시킬 수 있도록 돕는 효과적인 도구가 자신의 생애 책이다. 아동의 생애 책은 그들의 생애를 말comments과 사진으로 되돌아 보는 책이다.

입양자녀의 생애 책, 그 목적

입양아동의 생애 책의 기본적인 목적은 아직 묻지 않은 질문에 대한 답을 제공하기 위한 것이다.

그러므로 그의 생애 책의 내용은 반드시 분명하고 정확한 정보를 실어야만 한다. 입양전문가들은 다음과 같이 추천한다:48

> 입양자녀에게 진실을 말하는 것은 필수적이다. 즉 적어도 자녀의 발달 수준에서 이해할 수 있을 만큼의 진실을 이야기하는 것이다.
>
> 진실을 이야기할 때, 내용에 포함된 모든 사람들을 위한 열정을 가지고 이야기하는 것이 지대하게 중요하다. 입양자녀 생애의 부정적인 면에 대해 설명할 때는, 사용되는 단어들을 아주 조심하여 민감하게 선택하여야만 한다.

---

48. Schooler & Atwood, op. cit., 2008.
O'Malley, op. cit., 2008.

> 자극을 주려는 것은 언제든지 항상 피해야만 한다. 입양자녀는 자신에게 중요한 사람들과 자신의 생애 책life-book을 함께 공유하고 싶어할 것이다. 그래서 우리는 입양자녀가 어느 정도 편안해 하면서 최소한의 불편함을 가지고 공유 할 수 있도록 모든 노력을 강구하여야만 할 것이다.

자녀의 생애 책을 공유한다는 것은 그의 생애의 현실들이 달콤하게 포장되어야만 한다는 것이 아니다. 이것은 우리들이 입양자녀의 이러한 과거현실을 이야기할 때에, 아동이 유기되고 학대되며 그 밖의 다른 불운한 사건들을 초래한 인간적 제한점들에 대한 공감적인 열정을 반드시 보여야만 한다는 뜻이다.

우리는 입양자녀에게 그에게 생겼던 나쁜 일들은 그의 가치를 반영하는 것이 아니라는 것을 전달할 필요가 있다. 가장 중요한 것은, 그에게 일어났던 나쁜 일들은 그의 잘못이 아니라는 점을, 입양자녀에게 반드시 전달할 필요가 있다는 것이다.

입양자녀의 생애 책에 넣을 수 있는 것

입양아동들의 생애 책은 아동을 그들의 과거와 시작에 연결시켜 준다. 또한 생애 책은 아동이 그들의 입양가족에게 애착감을 느낄 수 있도록 도와주는 바탕을 창출한다.[49]

① 생애 책life-book은 아동이 입양가정에 도착하는 때부터 시작하는 것이 아니라, 아동의 탄생부터 시작한다. 생애 책은 온전히 아동의 경험과 사실들에만 초점을 둔다. 생애 책은 기본적인 행동 단어들로 쓰여 있어서, 아동이 읽을 수 있게 될 때에 쉽게 해석할 수 있다.

② 생애 책은 책 선반위에 놓여있거나 혹은 아동의 의지로 밑에 내려놓을 수도 있

49. O'Malley, op. cit., 2008.

다. (입양아동의 "통제"가 가능하다는 뜻이다.)

③ 생애 책은 입양부모에게는 아동이 임신된 그 순간부터 그의 존재에 대한 입양가족의 정당성을 시각적으로 상기시켜 주는 것이다.

④ 생애 책은 지속성을 제공해주며, 읽지 않는다면 어느 날 갑자기 없어지거나 하는 것은 아니다. 처음에는 부모가 정보와 스토리가 전개되는 방식에 대해 통제할 수 있다. 그리고서 그 이후 생애 책은 아동이 책임지도록 하여야만 한다.

만약 입양자녀가 대학을 졸업하기까지 자신의 생애 책을 보려하지 않는다 해도, 그것은 괜찮은 것이며, 그럴 수도 있다. 즉 아동들은 자신이 더 많이 알 필요가 있거나, 혹은 단지 그 책을 만질 필요가 있는 경우에, 그들의 생애 책이 항상 거기에 있다는 것을 알고 있기 때문이다. 이것이 생애 책이 제공하는 안정감이라 하겠다.

다음 조의 예는 22세가 되어서야 집에 돌아와 자신의 생애 책을 찾아서 보고 가진 경우로서 그의 위탁부모가 쓴 사례이다;

"…조의 어머니는 화재로 사망했지요. 조는 우리 집에서 살기위해 7세 때에 우리 집에 와서 12세 때까지 있었지요. 저는 항상 제가 위탁받아 보호하는 아이들을 위해 생애 책을 만들지요. 저는 조의 어머니 사진들을 그의 외할머니가 돌아가시기 전에 외할머니로부터 수집하려고 노력했었지요.

꽤 어려운 문제들이 발생했었고, 조는 사춘기가 되자 곧 집을 떠났지요. 그의 생애 책이나 심지어 그의 어머니 사진도 거부하면서 화내며 떠났지요. 그래서 저는 그의 생애 책을 정확히 7년간 가지고 있었지요. 조는 마침내 돌아왔고, 그의 생애 책에 대한 준비가 되어 있었지요. 그는 22세였고 결혼하려 했으며, 곧 태어날 아기를 기다리고 있었어요."

– 빌, 위탁부모

입양자녀가 어려서부터 그녀의 생애 책을 써온 입양부모는, 그들의 딸이 13세가 되어 밤늦게 조용히 앉아서 자신의 생애 책을 읽는 모습을 상상해 볼 수 있다.

입양아동의 생애 책은 아동에게 타인과 친숙함intimacy을 가질 수 있는 안정감을 줄 수 있으며, 어려운 젊은 성인기를 견디어 낼 수 있도록 돕는 도구가 될 수 있다.

다음의 사례는 16세의 아들과 5세의 아들을 각각 둔 두 입양모의 사례이다:[50]

> "…제 16세의 아들은 좋은 아이예요. 우리는 그를 신생아 때에 입양했었고, 항상 그와 정보를 나누려고 개방적이었지요. 최근에 제가 생애 책과 관련된 저서를 읽었지요. 그래서 어느 날 저녁에 아들의 입양서류를 꺼내어서, 아들에게 서류를 살펴보아도 된다고 하였지요. 그때 아들은, "아니. 싫어 엄마." 하면서 보기를 거절했었어요. 그러나 그 다음날 저녁에 아들은 그 서류들을 보려고 했었지요. 그 속의 어떤 작은 정보들이 새로운 의미를 지니게 되었지요. 예를 들면, 아들의 친생모의 나이가 지금 아들과 똑 같은 나이였다는 사실 등이 말이예요. (아들은 제게 말했지요.) "엄마를 내 엄마로 가져서 너무 좋아요"라고. 저는, "난 네가 내 아들이어서 너무 좋아"라고 응답했지요."
>
> - 케시, 입양모

입양부모가 입양아동의 생애 책을 창조하게 되면, 다음과 같은 대화를 입양부모와 아동이 할 수 있게 될 것이다:

> "애야, 네 생애 책을 꺼내고 싶으니?"; "엄마, 나 생애 책을 읽고 싶어."

이렇게 위와 같은 대화를 주고받는 과정은, 입양부모가 입양아동에게 다음과 같은 말을 하는 것과 같다 하겠다. 즉, "우리가 너의 스토리에 대해 수용하지 못하는

---

50. O'Malley, op. cit., 2008.

것은 아무것도 없다."는 메시지를 입양자녀에게 전달한다는 것이다.

> "…저의 5세인 아들은 자신의 생애 책에 있는 단어들을 다 외우고 있지요. 그가 나이가 들게 되고 더 많이 이해할 수 있게 되면, 그의 생애 책의 단어들은 새로운 의미를 가져다주겠지요. 제 아들은 누구에게서" 이야기를 듣게 되는 "일은 결코 없을 것이며, 또한 입양과 관련된 일은 그의 잘못이 아니라는 것을 항상 알게 될 거예요." - 카렌, 입양모

입양자녀의 생애 책life book의 정확한 내용은 그의 독특한 스토리를 반영하여야만 한다. 대부분의 미국의 공립 입양기관들은 이제 입양부모들에게 친생부모의 사회적 및 의료적인 정보를 포함한 아동과 관련된 목록을 제공하고 있다. 입양부모는 이런 정보가 제공되지 않으면 요청하여야만 한다. 왜냐면 이러한 정보는 입양자녀를 위한 그의 생애 책의 내용이 될 것이기 때문이다.

위탁부모가 입양부모가 된 경우에는, 위탁부모는 친생가족과 자주 친하게 되었고 더 광범위한 정보에 접근할 수 있다. 공립입양기관이 아닌 사적인 입양기관을 통한 신생아 입양에서는, 의료적인 이력을 제외하고는 확대가족에 대한 자세한 내용은 거의 수집되지 않고 있다. 확대가족에 대해 어떤 부분이 수집될 수 있든지 아래의 정보는 아동의 생애 책의 내용으로 기록될 것이다. 이러한 정보는 미래의 어떤 시기에 아동에게 가치 있게 될 것이다:

① 아동의 출생정보: 날짜, 시간, 장소(도시, 주, 병원), 몸무게, 신장

② 아동의 가족나무 혹은 가계도(가계도는 가족나무와 유사하다. 가계도는 오랜 기간 동안의 가족구성원들에 대해 더 자세한 설명이 있다. 가계도는 구성원들의 출생, 사망, 이별, 민족적 배경, 의료적인 이력 등에 대한 정보를 간직하는 데에 도움이 될 수 있다.) 가계도는 부모의 출생날짜, 부모의 신체적 설명, 부모의 직장, 친생가족체계의 알려진 건강문제 등을 포함하여야만 한다.

③ 위탁가정이나 친척들의 가정 등 아동이 입양가정에 오기 전 살았던 가정들

④ 학교와 관련되는 정보: 다녔던 학교들의 목록, 날짜, 선생님들의 이름들, 학교 보고서, 선생님들의 말씀들 및 샘플 작품

⑤ 아동에 대한 의료정보

⑥ 부모나 친척, 혹은 중요한 사람들로부터의 서신들이나 어록들

⑦ 아동에 대한 일화들: 성장 중의 발달적인 교두보들; 좋아하는 활동들, 취미, 혹은 스포츠; 좋아하는 친구들; 귀엽고 장난스런 행동들; 위탁가족과 함께한 특별한 여행이나 외출; 종교적인 경험들, 등이 될 것이다.

누가 입양자녀의 생애 책에 기여하는가

입양아동의 생애 책의 내용은 여러 출처를 통해 생길 수 있다. 아동의 생애 책의 초기 단계에서 일차적인 기여자는, 아동이 입양되기 전에 함께 살았던 위탁부모이다. 국내의 경우처럼, 위탁가정이 아닌 집단시설에서 아동이 입양 전에 거주했었다면, 그곳에서 아동의 양육보호를 책임진 사회복지 전문인이 될 것이다.

위탁부모는 사진과 다른 서류들을 정돈하고 수집하고 보관하는 데에 지대한 역할을 수행할 수 있다. 아동의 생애 책의 지속적인 개발을 수행하는 사람들은 주로 위탁부모가 된다. (앞의 조의 사례에서 보여진 것처럼)

두 번째 참여자는 사회복지사이다. 사회복지사는 생애 책의 전 과정의 촉진자로서의 역할을 하며, 필요한 정보에 일반적으로 접근할 수 있다. 아동도 나이가 적절하면, 그의 생애 책 내에 자신이 원하는 것에 대해 적극적으로 참여하여야 한다. 생애 책에 포함된 어록이나 그림들은 이후 아동의 삶에 의미를 지니게 될 것이다.

최종적으로, 생애 책의 기타 참가자들로는 친생부모와 그 외 다른 친생가족들이 될 수 있겠다. 사회복지사는 흔히 아동의 친척들로부터 아동의 생애 책을 구성할 내용을 수집할 수 있다. 종종 친생부모가 아동에게 입양당시에 발생했었던 어려운 상황이나 부모의 권리를 이양할 수밖에 없었던 결정을 공유하는 편지를 쓴다. 그러므

로 입양부모는 친생부모로부터 서신 등을 가능하면 수집하여 자녀의 생애 책에 포함한다.

문헌을 활용하고 입양자녀의 생애 책을 창조하는 것은, 입양부모의 과업인 아동에게 그의 과거에 대해 이야기하기를 수행하는 데에 입양부모가 활용할 수 있는 강력한 도구들이다.

입양아동의 생애 책(저서) 활용의 긍정적 사례

다음에 보여주는 사례의 민디는 5세 때인 1970년대 후반에 입양되었다. 그 당시에는 입양아동의 생애 책이 일상적으로 제안되지 않았었다. 그녀의 입양부모는 생애 책의 필요성을 알고, 민디가 사춘기로 접어들 때 민디의 스토리를 구성하였다.

다음의 내용은 입양청소년 민디가 그녀의 친생부모에게 쓴, 편지의 형태를 취한 그녀의 생애 책에 대한 관점이다:51

> 친애하는 엄마 아빠,
>
> 저를 기억하시는지요? 입양으로 저를 보내시기 전에 수없이 저를 안으셨겠지요. 저는 두 분을 전혀 기억하지 못합니다. 제가 두 분을 알았던 때는 겨우 한 살 때였지요. 저는 두 분을 단지 저의 생애 책에서 저와 두 분, 그리고 저의 과거에 대해 말하는 것을 통해 알 뿐입니다.
>
> 제 부모님은 제가 다섯 살 때 저를 입양하셨지요. 부모님은 제 남자 형제들 중 두 명도 입양하셨어요. 부모님은 저희들이 부모님을 수용할 수 있도록 도와주시는 데에 정말 참을성이 많으셨습니다 - 우리가 부모님에 대해 의문점을 가진 것만큼 부모님도 두려움이 많으셨습니다.
>
> 오빠가 16세가 되었을 때, 제 부모님은 우리를 위해 우리 각자의 생

51. Schooler & Atwood, op. cit., 2008.

애 책을 준비해 주셨지요. 우리 생애에서의 그때 발달단계는, 우리가 모두 10대였고 불안정감이 우리 속으로 스며들어와 자리를 잡았었지요.

우리는 왜 우리가 입양되었으며, 우리가 누구인지를 궁금해 했지요. 우리는 우리에게 친형제가 있는지와 우리의 입양 전 삶은 어떠했는지에 대해 궁금해 하였지요. 우리는 심지어 우리 친생가족이 어떤 종류의 의료적인 문제가 있는지에 대해서도 궁금해 했지요.

제 양모는 우리의 생애 책이 우리에게 무척 중요하다고 생각하시기 때문에, 제가 기억하기로는 밤새워 작업을 하시고, 그 작업을 마치기 위해 그 다음날 직장에 휴가를 내셨지요. 어머니는 우리가 진실을 알게 되면, 어머니를 멀리할까봐 두려워 하셨지요. 어머니는 이제 그 생각은 정말 잘못되었다는 것을 알고 계십니다.

저의 생애 책은 두 분에게 가졌던 많은 질문에 답해 주었으며, 제 자신에 대해 알지 못했던 것에도 흥미를 유발시킵니다. 저의 생애 책의 페이지 내에서, 제 과거의 비밀스런 부분을 발견하고 수용할 수 있었지요. 만약 이러한 것들이 생애 책을 통하지 않았다면, 이것들은 평생 동안 저를 문제 많고 혼란스럽게 만들었을 것입니다. 수많은 입양여아들이 꿈꾸는, 자신은 잃어버린 상속녀나 공주라는 동화속의 꿈에 종지부를 찍을 수 있을 때에 제게 현실이 스며들었지요. 저는 마침내 두 분이 누구인가에 대해 받아들였습니다. 제게 오빠와 언니가 있었다는 것과 저의 생애 책을 통해 그들에 대해서 어느 정도 알게 되었지요.

저의 생애 책은 제 의료적인 과거에 대해서도 알려주고 있는데, 위탁가정에 있을 때에 의사를 방문한 복사물들과, 제 친생가족의 의료적인 과거에 대해서도 이야기해 줍니다.

저의 생애 책은 왜 우리가 두 분의 가정으로부터 격리된 이유를 설명해 줍니다. 여기에 대한 답은 제게 너무나 중요했기 때문에, 저는 더 이상 왜 우리가 입양되었는지에 대해 궁금해 하지 않습니다.

저의 생애 책이 있기 이전에는, 저는 두 분이 저를 원치 않아서 제가 포기되었거나, 유기되었는지에 대해 궁금해 하면서 울곤 했었지요. 저의 생애 책은 제 눈물에 종지부를 찍어 주었습니다.

제 부모님이 시간을 들여서 저를 위해 제 생애 책을 만들어 주시고, 그래서 제가 두 분과 제 과거를 알 수 있게 되어서 정말 좋습니다. 저는 저의 과거를 알기 때문에, 이제 제가 누구라는 것을 수용하고 더 나은 미래를 추구할 수 있게 되었지요.

사랑을 드리며,

당신들의 딸,

민디 드림

3 _ 입양부모의 아동의 과거 기념일 반응 인식하기

다음의 사례는 입양부모가 입양자녀의 과거로부터의 아픈 추억을 치유하도록 돕는 한 방법으로서, 아동의 기념일 반응을 인식한다는 것이다:52

입양된 여아인 재키(12세)는 어느 11월 오후에 학교에서 돌아와 곧장 그녀의 방으로 갔다. 그녀는 이번 주 내내 이렇게 해왔다. 그녀의 부모는 점점 더 걱정스러웠는데, 그것은 재키는 평상시에 유쾌하고 낙관적인 중학교 학생이었기 때문이다.

재키는 4년 전인 그녀가 8세 때에 이 가족과 합류했다. 간헐적으로 그녀는 이와 똑같은 위축적인 행동을 보여 왔었다. 이제 그녀의 내부

52. Schooler & Atwood, op. cit., 2008.

에 어떤 일이 발생하고 있는지를 파악해 볼 때가 되었다. 그래서 재키의 부모는 그 다음 날 아침에 그녀의 상담사와 접촉하였다.

부모인 대릴과 루스가 파악해 낸 것은, 부모뿐만이 아니라, 딸 재키도 이해하게 되었다. 즉 재키는 "기념일 반응"을 경험하고 있었던 것이다.

재키는 3세 때 춥고 스산한 11월의 어느 날에, 그녀의 친생가족으로부터 격리된 이후부터 위탁보호체계의 한 부분으로서 지내왔었다. 그녀는 한 위탁가정에 갔었고, 그곳에서 약 1년간 살았었다.

또 11월의 추수감사절 바로 다음 눈 오는 날에, 재키의 사회복지사가 그 위탁가정에 와서 그녀를 다른 위탁가정으로 옮겼다. 그때부터 재키는 세번 더 위탁가정을 옮겼는데, 한 경우를 제외하고는 모두 늦가을에 발생하였다.

재키와 그녀의 부모는 그녀가 위탁가정을 옮길 때의 날짜들에 대해 몰랐기 때문에 그와 관련되는 반응을 인식하지 못했었다. 이제 그들은 재키가 그녀 생애의 주요한 이별들의 기념일에 대해 정서적으로 반응한다는 것을 알았다. 날씨가 추워지면, 재키는 그것을 한 가정에서 다른 가정으로 옮기는 것과 더 많은 애도와 혼동의 시작으로 동일시하였던 것이다.

재키의 스토리는 정신치료 전문가에 의하면, 이상한 일이 아니라고 한다: 즉 아동들은 자주 무의식적으로 더 이상의 상실을 피하기 위해, 가까운 관계에서 거리를 두려고 시도하며, 이것은 종종 그들 생애의 이별이나 외상을 겪은 기념일에 발생한다는 것이다. 어떤 아동들은 불안해서 그들의 감정을 외현적으로 행동화하기 시작하나, 다른 아동들은 눈물을 흘리며 우울해한다.

큰 외상이나 죽음, 이별 등을 경험한 건강한 성인들도, 종종 이후 수년간 그 위기가 일어난 기념일에 다시 애도를 하게 된다. 하물며, 사건 당시에 아무도 지지적으로 반응해 주지 않았던 깊은 고통의 시기를 겪었던 이 어린 아동들이, 이러한 외상이나 이별을 대처한다는 것은 상당히 어려운 과업이기 때문이다.

이러한 반응은 날짜에만 국한되는 것이 아니라, 어떤 사람이나, 대상, 혹은 행동과 같은 것에서도 아동은 자극을 받을 수 있다는 것이다. 예를 들면, 소방사나 경찰을 보는 것이 아동에게 그녀를 친가정으로부터 격리시킨 사람을 상기시킨다고 한다. 입양가정에서 사용된 어떤 특정형태의 훈육방법이 아동에게 예기하지 못했던 반응을 일으키게 할 수도 있다.

예를 들면, 18개월 된 린제이가 그녀가 긴급하게 짧은 기간동안 지냈던 위탁가정에서부터 그녀의 입양가족에게 왔을 때, 그녀의 입양부모에게 매우 중요한 정보가 전달되지 않았었다. 즉 린제이가 위탁보호체계에 들어가기 직전까지, 그녀는 친생모에 의해 대낮에 7시간에서 10시간동안의 오랜 시간에 걸처 베이비 클립에 갇혀져 지냈던 것이다. 그녀의 입양부모가 대낮에 클립을 훈육방법으로 활용했을 때, 린제이는 히스테리컬하게 반응하였던 것이다.

만약 린제이의 입양부모가 딸 린제이에게 클립이 무엇을 상징하는지를 사전에 알았었다면, 절대로 클립을 그녀에 대한 훈육방법으로 사용하지는 않았을 것이다.

기념일 반응을 다루고 궁극적으로 아동의 기억이 치유되도록 도울 때, 전문가들은 다음의 사항들을 제시한다:53

① 아동의 일상생활에 관해서 될 수 있는 한 많은 특정적인 정보를 갖도록 한다. 일 년 중에, 언제 집을 떠나는 것과 이별 같은 중요한 사건들이 아동에게 발생했는지 파악한다.

② 입양자녀의 부정적인 행동은 정서적인 불안정을 말해준다는 것을 기억한다. 이때 어떤 행동이 어떤 문제를 보여준다는 것을 입양부모가 안다면, 더 적절하

53. Schooler & Atwood, op. cit., 2008.

게 반응하게 될 것이다.

③ 입양부모는 입양문제를 이해하는 치료자 및 상담사와 작업을 하도록 한다. 위기의 와중에서 객관성을 잃기 쉬운 가족에게, 제3자가 있다는 것은 자주 많은 도움이 된다.

④ 입양부모는 입양자녀의 생애 책을 활용한다. 이것은 추억을 표면으로 끌어올려서 그것에 대처하여, 추억의 부정적인 힘을 약화시킬 수 있는 데에 가장 도움이 되는 도구이기 때문이다.

생애 책과 상담 및 치료를 통해 입양자녀의 과거 문제를 직면한다는 것은 상당한 민감성과 노력이 요구된다. 누군가는, 이런 힘든 노력들이 정말 큰 차이를 만드는 것일까 라고 물을 것이다. 여기에 대한 답은 입양된 10대에게 물어보면 될 것이다: 왜냐면 입양된 10대들은 어마어마한 차이가 있다는 것을 너무나 잘 알고 있기 때문이다.

제 13 장

결론 및 권고사항

1 _ 사회의 책임인 입양과 입양의 본질에 대한 이해

2 _ 입양아동의 뿌리추구와 과거와의 재연결

3 _ 국내 입양부모들에 대한 권고 사항

4 _ 결론

제 13장: 결론 및 권고사항

1 _ 사회의 책임인 입양과 입양의 본질에 대한 이해

현대사회에서의 입양은 사회의 책임으로서, 친생부모의 양육보호를 받으면서 성장할 수 없는 아동에게 친생가정을 대신할 수 있는 입양가정을 제공해주는 아동복지사업이다. 그러므로 입양은 입양아동의 복지가 일차적으로 고려되는 아동복지사업인 것이다.[1]

자녀를 원하는 가족에게 자녀를 가질 수 있게 해주는 입양은 본질적으로 출산과 다르다. 입양은 입양되는 입양아동과, 이 입양아동을 출산하였으나 포기한 친생부모, 그리고 입양아동을 입양하는 입양부모, 이렇게 세 파트가 주역이 되는 사업이다. 즉 입양은 출산과는 달리 아동에게 두 세트의 부모가 존재하게 된다는 사실이다.

따라서 아동을 입양한 입양부모가 자신들 외에도 다른 한 세트의 부모가 입양아동에게 존재한다는 사실을 인정하느냐 안하느냐의 여부가, 입양의 성공에 결정적인 영향력을 미치는 관건이 된다 하겠다.[2]

즉 입양부모가 입양을 입양으로서 수용하고 인정한다면, 입양아동의 친생부모의 존재를 인정하는 것이므로, 입양자녀의 과거에 대해 알고 싶어 하는 욕구를 인정할 수 있게 된다는 것이다.

---

1. Kadushin, Alfred, *Child Welfare Services*. 3rd ed., New York: Columbia University Press, 1980.
2. Kirk, David H., *Shared Fate: A Theory and Method of Adoptive Relationships*. Rev. ed. Port Angeles, Wash.: Ben-Simon Publications, 1984.

이것은 입양부모가 입양아동의 과거인 뿌리에 대한 욕구를 인정하고, 아동과 함께 그것에 대해 토론할 수 있을 때에, 아동은 비로소 자신의 정체감을 형성할 수 있기 때문에 매우 중요하다 하겠다.

2 _ 입양아동의 뿌리추구와 과거와의 재연결

입양의 성공은, ① 입양아동의 존재적이며 기본적인 욕구인 뿌리추구,즉 그의 친생부모에 대해 알고 싶은 욕구와; ② 입양이 됨으로써 단절된 아동의 과거와 다시 연결하고 싶은 재연결의 욕구를 이해하는 것이 그 관건이 된다.

입양은 입양아동이 그가 태어난 친생부모의 친가정을 떠나서 입양부모의 입양가정으로 들어가는 것이다. 즉 입양아동은 그의 타고난 유전적인 체계를 지닌 채 입양부모의 자녀가 된다. 그러므로 입양부모가 마치 자신들이 입양아동을 낳은 것처럼 행동한다면, 입양아동의 입양이전의 과거를 단절시키는 것이 된다 하겠다.

이렇게 과거가 단절된 상황에서는, 한 개인의 존재적인 지속감은 파열되어 정체감 형성이 어렵게 된다. 입양아동이 자신의 정체감 형성이 힘들면, 정서적으로 불안정하여 입양부모와 탄탄한 부모자녀 관계를 갖기가 어렵게 된다.

그러므로 입양부모는 입양아동이 유전적인 근원 및 뿌리에 대해 알고자 하는 기본적인 욕구를 이해하고, 그것을 충족시켜 주어야만 성공적인 입양을 할 수 있게 된다. 즉 입양부모는 입양아동의 친생부모에 대한 호기심이나 궁금증에 대해 아동과 함께 이야기할 수 있어야 한다는 것이다.

특히 불임인 입양부모는 자신의 불임에 기인된 상상의 자녀에 대한 상실감을 이해하며 직면하여야 한다. 그렇게 함으로써 불임입양부모는 입양아동과 함께 서로의 상실감을 애도할 수 있게 된다는 것이다.

입양아동의 과거와의 연결에 대한 욕구, 즉 친생부모에 대한 호기심이나 궁금증은 입양아동의 존재적인 본능이며, 이것은 입양부모와 함께 지속적으로 자유로이 이야기되어져야만 성취될 수 있다. 이렇게 될 때, 입양아동의 정체감 확립과 더불어 입양은 성공할 수 있게 된다는 것이다.

그러므로 성공적인 입양을 위해서는, 입양자녀의 입양스토리adoption story가 반복되어져서 자녀와 함께 이야기 되어져야만 한다. 이것은 자녀의 입양 책을 활용하면 효과적으로 성취가 될 것이다.

입양스토리의 내용은 다음의 질문과 답으로 구성된다:

아동은 어디서 왔나? 왜 아동에게 입양가정이 필요하게 되었나? 친생부모는 누구인가? 입양아동이 출생할 때의 상황은 어떠하였나? 왜 친생부모가 아동을 포기하게 되었나? 왜 입양부모는 입양을 하게 되었나? 어떻게 해서 입양아동이 이 입양가정에 오게 되었나? 등의 질문들에 답할 수 있는 이야기들이 입양아동과 함께 지속적으로 가정에서 나누어져야 한다.

입양스토리의 내용은 반복되어져서 입양부모와 함께 이야기되어야 한다. 입양스토리의 내용은 입양자녀의 입양 책에 포함되어져 그 내용이 된다.

3 _ 국내 입양부모들에 대한 권고 사항

국내의 입양부모들은 입양아동 양육에 있어서 미국의 입양부모들에 비해 훨씬 더 어려운 여건에 직면하고 있다 하겠다. 즉 불임을 어떤 장애로 간주하는 사회의 편견은 불임 그 자체에 기인된 상실감만으로도 이미 비애에 차 있는 불임부부에게 더 가슴 아픈 고통을 주게 된다.

국내의 입양부모들은 입양아동의 입양사실이 밝혀지게 되면, 친자가 없는 불임인 경우에는 자신들의 불임이 알려지게 됨에 따라 이에 따른 사회의 편견을 감내해야 하는 어려움이 있다. 그리고 또한 입양된 자녀의 복지에 부정적으로 미칠 수 있는 현실도 아직 존재한다.

즉 한국의 문화적 요소인 강력한 혈연의식은 부父와 혈연으로 연관되지 않은 자녀의 경우에, 그 자녀의 가계계승 및 자녀로서의 정당성에 의문을 던지는 전통이 있다. 또한 정당한 혼인관계 외의 출산은(예를 들면, 미혼모 임신이나 그 외의 다른 혼외 임신에 의한 출산) 사회에서 존경받지 못하고 있다. 따라서 입양이 밝혀지게 되면, 입양된 자녀는 사회에서 이에 상응하는 낮은 대우를 받을 불리함에 직면할 수 있다.

그러므로 국내 입양부모들은 입양아동 양육과 관련하여, 특히 입양사실을 밝히는 것과 관련하여 참으로 어려운 딜레마에 봉착해왔다 하겠다.[3]

본 연구자는 이러한 어려운 현실에 직면하고 있는 국내 입양부모들에게 다음과 같은 사항을 권고하고자 한다:

(1) 자녀의 입양사실을 타인들에게 (친척 포함) 알리는 정도는 입양부모가 편안하게 느낄 수 있는 범위로 제한한다; (예를 들면, 전혀 모르는 타인에게 먼저 자발적으로 말할 필요는 없을 것이다. 친척, 이웃, 직장동료 등 친숙함의 정도에 따라서, 즉 입양사실을 알리고도 마음이 편안하고 불안하지 않는 관계에서만 이야기하는 것이 가능할 것이다.)

(2) 입양자녀를 내가 낳은 것처럼 사랑하되, 그러나 입양자녀에게는 다른 한 세트의 부모가 존재한다는 사실을 늘 인정하는 마음을 갖는 것이 중요하다. 이것은 입양아동을 사랑하므로, 그의 뿌리인 그의 친생부모도 고맙게 생각하며 존중하는 마음으로 이어질 수가 있게 될 것이다; (본서의 입양성공 사례, 해외입양아 케이티의 경우를 보면, 입양부모가 얼마나 입양아동의 뿌리를 존중하고 있는가를 느낄 수 있다.)

(3) 입양자녀가 자신의 입양사실에 대해 물어 올 때는, 자녀의 나이와 성숙의 정도, 그리고 입양부모의 자신감의 정도에 따라서 사실을 밝힐 수 있을 것이다. 그러

3. 배태순. 국내 입양문제와 관련한 입양법 개정 제안, 『한국아동복지학』, 창간호, 한국아동복지학회, 1-22. 1993.

나 입양사실이 밝혀진 후에, 자녀가 계속해서 똑같은 이야기를 여러 번 물어와도 절대로 귀찮은 듯한 표정을 짓거나, 화를 내어서는 안된다.

즉 우리가 사랑하는 사람을 죽음 등으로 상실하였을 때에 두고두고 그 상실을 슬퍼하는 것과 마찬가지로, 입양아동은 지속적으로 자신의 친생부모 상실을 애도하게 될 것이기 때문이다.

특히 입양아동의 상실은 다른 상실과 달리, 마감closure이 없는 끝없는 상실이라는 점을 입양부모는 인식할 필요가 있다. (예를 들면, 입양스토리가 반복되어져서 이야기되어야 하는 이유도 여기에 있다.)

(4) 입양자녀가 부모 외의 타인에 의해 입양사실을 알게 된다는 것은 입양아동에게 큰 외상이 될 수 있으며, 가장 괴로운 것이라고 할 수 있다. 그러므로 입양부모는 이런 일이 발생하지 않도록 아동의 성숙의 정도에 따라서, 먼저 입양사실을 알려주는 것이 최선이다.

입양에 대해 이야기하는 것은 빠르면 빠를수록 좋다. (본서의 12장에서 설명되었듯이) 아동이 유아기(3세-5세) 때가 좋은 때이다. 비록 유아기의 아동은 뜻은 못 알아듣더라도, 말속에 깃든 부모의 정신은 느낄 수 있기 때문이다.

입양아동이 항상 부모와 대화하는 관계를 갖고 있다면, 비록 타인으로부터 자신의 입양사실을 먼저 들었다 하더라도, 반드시 그것에 대해 부모에게 확인할 것이기 때문이다. 이때에 입양부모는 그동안 이러한 경우를 대비하여 준비해온 자료 등으로 자녀의 입양에 관해 이야기해 준다면, 입양아동은 입양에 잘 대처할 수 있게 될 것이다. (본서에서 소개된 신생아 때에 입양하여 지금은 8세가 된 딸을 둔 비불임인 한 양부가 쓰고 있는 "딸에게 쓰는 편지"는, 딸의 입양 책처럼, 딸이 후에 입양사실을 물을 때에 딸에게 입양부모의 사랑을 보여줄 수 있는 좋은 자료가 될 수 있다.)

그러므로 입양부모가 입양자녀의 생애 책life-book을 자녀와 어려서부터 함께 만들어 오는 작업을 해왔다면, 입양자녀는 상실감 해결과 자신의 입양에 잘 대처할 수 있게 될 것이다.

(5) 입양아동이 먼저 자신의 입양에 대해 말을 꺼내기 힘든 경우, 즉 입양자녀가 입양부모를 보호하려는 마음에서 먼저 입양에 대해 묻지 않는 경우에, 자녀가 8세-9세를 넘어 10세 정도의 나이가 되어 입양사실에 직면하여 잘 대처할 수 있을 정도의 성숙이 판단되면, 입양부모가 먼저 입양자녀가 묻기 전에 입양사실에 대해 이야기하는 것이 좋다.

이렇게 함으로써, 입양부모와 입양자녀는 각자 정직성에 바탕을 둔 탄탄한 부모자녀 관계를 구축할 수 있게 된다.

입양에 대해 이야기하기는, 아동이 유아기인 3세-5세 때부터 시작하는 것이 좋다. 입양아동의 생애 책은 그녀의 탄생부터 시작한다. 따라서 입양에 대해 이야기하기는 신생아 때부터의 시작이 더 바람직할 것이다.

4_ 결론

결론적으로, 입양부모가 입양의 비밀을 유지하려 한다면 입양은 절대 성공할 수가 없다. 국내 입양부모는 한국문화의 혈연의식과 잘 조화하여 자녀의 입양에 대한 사실을 어려서부터 서서히 적절하게 이야기해 주는 노력이 필요하다 하겠다.

입양부모는 입양자녀에게 입양에 대한 이야기를 어려서부터 빨리 시작한다는 원칙을 가지고, 아동이 유아기(3세-5세)때부터 이야기해주기를 시작한다는 것이다. 입양아동의 친생부모 상실은 끝이 없는 상실감으로서, 그 상처는 다른 상실과 비교되지 못할 만큼 크다는 것이다.

그러므로 입양부모는 항상 그 상처를 위로하는 마음으로 문헌이나 생애 책life- book을 활용하면서, 입양자녀와 그의 입양에 대해 이야기해주는 노력이 요구된다 하겠다.

중요한 것은 입양자녀가 입양사실을 누구에 의해서든 알게 되었을 때에, 친생부모의 상실에 대한 상실감과 그와 관련된 유기된 느낌과 거부감 등을 입양부모와 함께 나눌 수 있는 관계를 형성하여야 한다는 것이다. (예를 들면, 본 연구자가 면담한 비불임인 한 양모는, 신생아 때에 입양한 8세 된 딸이 타인에 의해 입양사실을 알게 될 때를 대비하여, "가장 어려울 때에 먼저 엄마와 의논하여야 한다."고 항상 이야기해 준다고 한다. 이처럼 입양부모가 입양자녀와 대화할 수 있는 관계를 형성하는 것은 아주 중요하다 하겠다.)

즉 입양사실이 입양아동에게 밝혀졌을 때에, 입양아동은 자신의 친생부모의 상실에 대해 슬퍼하게 될 것이며, 이러한 입양자녀의 슬픔을 입양부모가 이해하고자녀와 함께 애도할 수 있는 관계를 입양부모와 입양아동 사이에 형성하는 것이 가장 중요하다는 것이다. (예를 들면, 본서에서 소개된 파양 사례는 입양아동이 친생부모 상실에 대한 슬픔을 혼자 외롭게 애도하는 과정 중에 파양되는 경우를 보여주고 있다.)

입양아동의 친생부모에 대한 궁금증과 관심은 그녀의 입양부모에 대한 애정 및 충성심과 상반되는 감정이 결코 아니다. 그러므로 국내 입양부모는 미국의 개방입양을 수행하는 입양부모처럼 입양아동의 유전적인 기원에 대한 욕구와 과거와의 재연결에 대한 욕구를 더 많이 이해하고 존중하는 태도와 노력이 요구된다 하겠다.

입양부모가 입양아동의 뿌리에 대해 존중하는 태도를 먼저 가질 때에, 아동은 자신의 타고난 뿌리에 대해 존중하는 마음을 가지게 되어, 자신의 자존감 및 자기가치감이 고양될 수 있는 것이다. 즉 입양자녀의 자신의 뿌리에 대한 존중감은 입양성공의 열쇠이며, 이것은 입양부모가 그것에 대해 어떠한 태도를 취하느냐에 따라 크게 좌우된다는 것이다.

입양부모가 아동과 입양에 대해 이야기하기를 편하게 느끼지 못한다면, 입양자녀와 신뢰에 바탕을 둔 좋은 부모자녀관계가 형성될 수 없게 되며, 이것은 입양부모와 입양자녀 모두에게 고통이 될 수 있다. 그러므로 이제부터 입양부모가 되기 위해서, 미래의 입양아동과 입양에 대해 이야기하기의 연습부터 미리 입양부모가 되기 전에 시작해 본다면, 이것이 곧 입양성공의 지름길이 될 것이다.

참고문헌

배태순, "한국 입양부모들의 입양태도에 관한 연구", 「사회과학연구」, 창간호, 경남대학교 사회과학연구소, 1989, pp.201-244.

배태순, "입양서비스와 가족체계이론", 한국사회복지학, 통권 제16호, 1990, pp.74-101.

배태순, "산업사회의 兒童福祉를 위한 가정과 地域社會의 역할", 대학원논총, 제7집, 경남대학교 대학원, 1992, pp.97-114.

배태순, "國內 入養문제와 관련한 入養法 改正 제안", 한국아동복지학, 창간호, 한국아동복지학회, 1993, pp.1-22.

배태순, "입양사업 제도개선 및 활성화 방안", 한국아동복지학, 3호, 한국아동복지학회, pp.107-126, 1995.

배태순, "입양발전을 위한 국내 입양부모 자조집단의 영향력", 인문논총, 제 16장, 경남대학교 인문과학연구소, 2003, pp.231-252.

배태순, "개방입양서비스 프로그램의 효과성 연구에 비추어 본 국내 입양실무의 미래방향". 사랑과 나눔의 반세기, 대한사회복지회, pp.25-48, 2004.

배태순, "입양아동이 특성 및 정체감 형서을 위한 입양부모의 역할" , 경남지역연구, 제16집, 경남대학교 경남지역문제연구소, 2010, pp.201-219.

Anderson, Robert S. "Why Adoptees Search: Motives and More". *Child Welfare*. 67, Nov, 1988, pp.15-20.

Bai, Tai-Soon, *Attitudinal Differences Among Prospective Adoptive Parents in Korea*. Unpulished Ph. D. Dissertation, the University of Chicago, 1987.

Bai, Tai-Soon, "Korea's overseas adoption and its positive impact on domestic adoption and child welfare in Korea", In K. j. S. Bergquist, M. E. Vonk, D. S. Kim, & M. D. Feit (Eds.). *International Korean adoption: A fifty- year history of policy and practice.* 2007, 207-219. N.Y. : The Haworth Press, Inc..

Bai, Tai-Soon, "Adoptive parents' attitudes toward adoption and domestic adoption development in Korea: Adoptees' specific needs for origin", *Asian Social Work and Policy*

Review, Wiley-Blackwell, 2012. pp.131-161.

Berry, Marianne, "The Effects of Open Adoption on Bio-Adoptive Parents and the Children: The Arguments and the Evidence." *Child Welfare.* 70, 6 (November-December), 1991, pp.637-651.

Berry, Marianne, "Adoptive Parents' Perceptions of, and Comfort, with, Open Adoption". *Child Welfare,* 72, 3 (May-June), 1993, pp.231-253.

Borgman, R. "The Consequences of Open-Closed Adoption for Older Children". *Child Welfare.* 61, 2 (March-April) 1982, pp.217-226.

Bowen, M., "The Use of Family Theory in Clinical Practice," in Jay Haley(ed.), *Changing Families: A Family Therapy Reader,* New York: Grune & Stratton, 1971, pp.159-192.

Bradbury, S. and Marsh, N. "Linking Families in Preadoption Counseling: A Family System Model". *Child Welfare.* 67, 4 (July-August) 1988, pp.327-335.

Brodzinsky, D. M., Schechter, N. D. & Henig, R. M., *Being Adopted: The Life Long Search for Self.* New York: Doubleday, 1992.

Campbell, L. H., Silverman, P. R. & Patti, P. B., "Reunions between Adoptees and Birth parents: The Adoptees Experience", *Social Work,* 36, 4 (July), 1991, pp.329-339.

Carter, E. & McGoldrick, M. *The Family Life Cycle: A Framework for Family Therapy.* New York: Gardner, 1980.

Chippindale-Bakker, Victoria & Foster, Linda, "Adoption in the 1990s: Socio-demographic Determinants of Biological Parents Choosing Adoption," *Child Welfare,* 75, 4 (July-Aug.), 1996, pp.337-355.

Churchil, Sallie R. *No Child is Unadoptable.* Bevery Hills, Ca: Sage Publication Inc., 1979.

Clegg, Paula & Toll, Ken, "Videotape and the Memory Visit: A Living Lifebook for Adopted", *Children Welfare,* 75, 4 (July-Aug.), 1996, pp.311-319.

Conway, P. and Valentine, D., "Reproductive Losses and Grieving". in Valentine, D.(ed.), *Infertility and Adoption: A Guide for Social Work Practice.* New York: Haworth Press, 1988, pp.43-64.

Costin, L. B., & Rapp, C. A., *Child Welfare: Policies & Practice,* New York: McGraw-Hill Book Co., 1984.

Covington, S., "Psychosocial Evaluation of the Infertile Couple: Implications for Socal Work Practice". in Valentine, D.(ed.), *Infertility and Adoption: A Guide for Social Work Practice.* New York: Haworth Press, 1988, pp.85-72.

Dukette, Rita., "Value Issue in Present-Day Adoption". *Child Welfare*. 63, 3(May-June) 1984, pp.233-243.

Duxbury, M. *Making room in our hearts: Keeping family ties through open aoption.* New York: Routledge, 2007.

Elbow, M. "From Caregiving to Parenting: Family Formation with Adopted Older Children". *Social Work*. 31, 5(September-October) 1986, pp.366-370.

Etter, Jeanne, "Levels of Cooperation and Satisfaction in 56 Open Adoptions". *Child Welfare,* 72, 3(May-June), 1993, pp.257-284.

Fish, Anne and Speirs, Carol. "Biological Parents Choose Adoptive Parents: The Use of Profiles in Adoption". *Child Welfare*. 69, 2(March-April), 1990, pp.129-140.

Gallager, U. M., "Adoption in a Changing Society". *Children Today,* September-October, 1972, pp.2-6.

Hartman, A. & Laird, J. (eds.), *Family Centered Social Work Practice.* New York: Free Press, 1983.

Hartman, A. & Laird, J., (eds.), *A Handbook of Child Welfare: Conent, Knowledge, and Practice,* New York: Free Press, 1985.

Hartman, Ann & Laird, Joan, "Family Treatment After Adoption: Common Themes". In D. Brodzinsky & M. Schechter (eds.), *The Psychology of Adoption.* New York: Oxford Univ. Press, 1990, pp.221-238.

Hollis, F., & Woods, M. E., *Casework: A Psychosocial Therapy,* 3rd. New York: Random House, 1983, pp.216-248.

Hoopes, Janet L., "Adoption and Identity Formation", in D. Brodzinsky & M. chechter (Eds.), *The Psychology of Adoption.* New York: Oxford Univ. Press, 1990, pp.144-166.

Kadushin, Alfred, *Child Welfare Services.* 3rd ed., New York: Columbia University Press, 1980.

Kirk, David H., *Shared Fate: A Theory and Method of Adoptive Relationships.* Rev. ed. Port Angeles, Wash.: Ben-Simon Publications, 1984.

Laird, Joan and Hartman, Ann (eds.), *A Handbook of Child Welfare: Content, Know-ledge, and Practice.* New York: Free Press, 1985.

LePere, W. D., "Vulnerability to Crises During the Life Cycle of the Adoptive Family". In Valentine, D., (ed.), *Infertility and Adoption: A Guide for Social Work Practice,* New York: Haworth Press, 1988, pp.73-85.

Lifton, B. J., *Lost and Found: The Adoption Experience*, Bentam Books Inc. 1979.

Mahlstedt, P. P. & Johnson, P. T., "Support to Persons Experiencing Infertility: Family and Friends Can Help", in Valentine, D.(ed.), *Infertility and Adoption: A Guide for Social Work Practice,* N.Y. : Haworth Press, 1988, pp.65-71.

McRoy, R. G., Grotevant, H. D. & Ehite, K. L., *Openness in Adoption: New Practice,* New Issues. N.Y.: Prager, 1988.

Meyer, C. (ed.), *Clinical Social Work in the Eco-System Perspective.* New York: Columbia University Press, 1976.

Minuchin, S., *Families and Family Therapy,* Cambridge, MA: Havard Univ. Press, 1974.

National Committee for Adoption. *Adoption Fact Book: United States Data, Issues, Regulation, and Resources.* Washington, D.C.: National Committee for Adoption, 1988.

O'Malley, B. (2008). *Lifebooks: Creating a Treasure for the Adopted Child,* Mass: Winthrop, 2008.

Pannor, R. & Baran, A., "Open Adoption as Standard Practice". *Child Welfare.* 63, 3 (May-June) 1984, pp.245-250.

Raynor, Lois. *The Adopted Child Comes of Age.* London: George Allen Unwin, 1980.

Reitz, M. & Watson, K. W., *Adoption and the Family System: Strategies for Treatment.* New York: The Guilford Press, 1992.

Sachdev, P., "The Triangle of Fears: Fallacies and Fact". *Child Welfare.* 68, 5(September-October) 1989, pp.491-503.

Sachdev, P. "Adoption Reunion and After: A Study of the Search Process and Experience of Adoptees". Child Welfare, 71, 1(January-February), 1992, pp.53-68.

Satir, V., Conjoint Family Therapy, 3rd. Palo Alto, CA: Science and Behavior Books, 1993.

Schaffer, J. & Lindstrom, C., "Brief Solution-Focused Therapy with Adoptive Families". in D. Brodzinsky & M. Schechter (eds.), *The Psychology of Adoption.* New York: Oxford Univ. Press, 1990, pp.240-252.

Silber, K. and Dorner, P. M., *Children of Open Adoption.* San Antonio, TX: Corona Publishing Co., 1990.

Silverman, Phyllis R., Campbell, Lee, & Patti, Patricia, "Reunions between Adoptees and Birth Parents: The Adoptive Parents' View", Social Work, Vol. 39, 5, September 1994, pp.542-549.

Sinanoglu, P. & Maluccio, A., (eds.) Parents of Children in Placement: Perspectives and Programs. N.Y.: Welfare League of America, 1981.

Sorosky, A. D., Baran, A., & Pannor, R., *The Adoption Triangle: The Effects of the Sealed Record on Adoptees, Birth Parents, and Adoptive Parents*. Garden City, N. J.: Anchor Press, 1978.

Triseliotis, J. *In search of origin.* London: Routledge and Keagan Paul, 1973.

Triseliotis, J. & Cobban, V., "Recent Development Affecting Adoption Numbers and Adoption Practice", *British Journal of Social Work,* 1, No. 3, 1971, pp.333-344.

Wadia-Ellis, Susan, (ed.), *The Adoption Reader: Birth Mothers, Adoptive Mothers and Adopted Daughters Tell Their Stories,* Seattle, Washington: Seal Press, 1995.

Ward, M., "Parental Bonding in Older-Child Adoption", *Child Welfare.* 60. 1(January-February), 1981, pp.4-34.

Winkler, R. C., Brown, D. W., Keppel, M. V., & Blanchard, A., *Clinical Practice in Adoption.* Elmsford, N.Y.: Pergamon Press, 1988.

부록 1

참고 논문: 국내 입양부모들의 입양에 대한 이해와전반적인 입양만족

(본서 첫 단독게재)

부록 1: 국내 입양부모들의 입양에 대한 이해와 전반적인 입양만족*

배태순**

[요 약]

본 연구의 목적은 국내에서 실제 입양을 수행하고 있는 국내 입양부모들이 입양의 의미와 입양아동이 자신의 유전적인 기원에 대해 알고 싶어 하는 특정적 욕구에 대해 잘 이해하고 있는가를 파악하고자 하는 데에 있다. 입양부모의 이러한 이해는 입양아동의 정체감 형성을 돕는 데에 필수적으로 요구되기 때문이다. 본 연구에 참여한 입양부모의 수는 352명으로서, 지금까지 국내에서 수행된 입양자녀를 현재 양육하고 있는 입양가족을 대상으로 하는 연구중 가장 큰 규모의 연구라 하겠다.

연구결과는 국내 입양가족들은 입양의 특성을 잘 이해하지 못하고 있는 듯하였다. 입양에 대한 입양만족은 높은 듯하였으나, 국내 입양가족의 입양만족은 그들의 입양자녀가 나이가 어릴 때까지만이며, 입양자녀가 나이가 들면 입양만족이 지속되지 않는 듯하였다. 그러나 국내 입양발전에 고무적인 점은, 입양부모가 입양부모 지지집단의 다른 입양부모들과의 지역모임에 참여

---

* 본 연구는 국제학술지에 게재된 영문 연구논문으로서, 본서의 부록에 한글번역으로 첫 단독 게재된 것이며, 영문논문은 아래와 같이 게재되었다:
Bai, Tai-Soon, "Adoptive parents' attitudes toward adoption and domestic adoption development in Korea: Adoptees' specific needs for origin", *Asian Social Work and Policy Review*, Wiley-Blakwell, 2012. pp.131-161.
본 연구는 2008년도 경남대학교 학술진흥연구비 지원에 의한 것임.

** 경남대학교 사회복지학과 교수. tsbai@kyungnam.ac.kr

하는 것이 입양가족의 입양에 대한 이해와 긍정적인 입양태도 및 그들의 입양만족에 긍정적으로 영향을 미치는 가장 유의미한 요인이었다는 발견이다.

주제어: 입양아동(자녀); 입양아동의 정체감; 입양부모; 입양태도; 친생부모; 입양부모지지(자조)집단; 가임가족

1 _ 서론

입양은 출산과 달리 두개의 가족체계family system가 관여되어 있는 어려운 과업이다. 입양가족이 아동을 입양한다는 것은 단순히 한 아동의 입양부모가 된다는 것뿐만이 아니라, 그 아동이 태어나면서 속했던 그의 친생가족체계birth family system도 함께 수용한다는 의미가 있기 때문에 입양은 어렵다. 입양아동이 태어난 친생가족체계는 그의 친생부모와 함께 확대가족구성원들이 모두 포함되며, 그가 입양된 후에도 그대로 존재하는 부인될 수 없는 가족체계이다. 그러므로 아동을 입양한 입양부모는 이러한 입양자녀의 친생가족체계를 수용하여, 입양 후에도 그의 타고난 혈연적 배경에 대해 부인하지 않고 인정하는 태도를 가져야만 되는 것이다(Bradbury & Marsh, 1988; Brodzinsky, Schechter & Henig, 1992; Hartman & Laird, 1990; Reitz & Watson, 1992).

한 아동의 복지와 관련하여, 아동은 먼저 자신이 누구인가에 대한 정체감을 형성할 수 있어야 한다. 입양아동의 경우, 그의 정체감 형성은 입양 전前 자신의 과거와 현재 그의 입양을 통합할 수 있을 때 가능하다. 입양아동이 입양되기 전前의 자신과 현재의 자신을 통합하지 못하면, 심리적인 혼란을 겪으며 정체감 형성이 어렵게 된다. 아동은 자신에 대한 정체감이 형성되어야만 비로소 정서적으로 안정이 되면서 자신의 입양부모와 탄탄한 부모자녀관계를 형성할 수 있게 된다(Triseliotis & Hill, 1990).

입양부모와 입양자녀의 좋은 관계는 입양에 대한 입양부모의 만족감을 높여줄 것이며, 따라서 그들의 입양성공의 확률도 높아지게 된다. 그러나 입양아동이 그의 정체감을 형성하지 못하고 정서적인 혼란을 느낀다면, 이에 수반된 그의 행동문제와 더불어 입양부모는 입양자녀와 좋은 관계형성이 어렵게 될 것이며, 입양에 대한 그들의 만족에 부정적인 영향을 미치게 될 것이다(Winkler, Brown, Keppel & Blanchard, 1988).

따라서 입양아동이 자신에 대한 정체감을 형성하여 정서적으로 안정이 되려면, 자신의 과거인 유전적인 기원과 현재의 입양을 통합할 수 있어야 하므로, 아동은 자신의 타고난 과거에 대해 반드시 알아야 한다. 이것은 입양부모의 도움이 반드시 요구되는 영역이며, 아동은 입양부모와 함께 자신의 입양에 대해 지속적으로 이야기할 수 있어야 한다(Grotevant, Perry & McRoy, 2005; Hoopes, 1990).

이처럼 입양아동에게는 자신의 티고난 생물학적인 정체성에 대해 알고 싶어 하는 기본적인 욕구가 있다는 사실을 입양부모는 반드시 이해하여야 한다. 입양아동의 이러한 특정적인 욕구에 대한 입양부모의 이해는 그들의 입양자녀에 대한 공감적인 태도 등에 지대한 영향력을 미치게 되므로 이후 입양만족 및 성공과 관련하여 매우 중요한 요인이 된다(Duxbury, 2007; Etter, 2003; Silber & Doner, 1990).

본 연구의 목적은 현재 입양자녀를 양육하고 있는 국내 입양부모들이 이러한 입양아동의 기본적인 특정적 욕구에 대해 실제 어느 정도 잘 이해하고 있는가를 파악해 보고자 한다.

따라서 본 연구의 연구 질문은 다음과 같다: "국내 입양부모들은 입양아동이 자신의 유전적인 기원인 친생부모에 대해 알고자 하는 기본적인 욕구가 있다는 사실을 잘 알고 있는가? 알고 있다면, 입양아동을 실제 양육하면서 아동의 복지를 위해 어느 정도 이것을 잘 실현시켜 주고 있는가? 국내 입양부모들은 실제 입양을 현실에서 수행하면서 그들의 입양에 대해 만족하고 있는가?"이다.

2 _ 이론적 배경

유전적 기원에 대한 욕구

하나의 가족체계는 대개 3세대의 가족구성원들을 포함한다. 입양부모는 그들의 입양자녀에게는 자신들 외에도 그의 친생부모가 있다는 사실을 수용하여야 한다. 이것이 바로 입양과 출산의 다른 점이다. 즉 출산은 아동에게 단지 친생부모만 존재하게 되지만, 입양은 입양아동에게 입양부모와 친생부모를 포함하여 두 세트의 부모가 존재하게 되는 것이다(Bradury & Marsh, 1988; Dukette, 1984; Grotevant & McRoy, 1998; Silber & Speedlin, 1998).

입양아동은 그의 친생부모의 존재 사실을 알고, 그 상실loss에 대해 심리적으로 애도하여야 하며, 자신의 뿌리인 유전적인 기원에 대해 편안함을 느껴야 자신에 대한 긍정적인 정체감을 형성할 수 있게 된다. 입양아동이 자신의 입양과 관련된 스토리에 대해 입양부모와 반복적으로 이야기하게 되면, 입양전 자신의 과거를 입양과 통합시킬 수 있게 되어 그의 정체감을 형성할 수 있게 된다(Brodzinsky et al., 1992; Hoopes, 1990; McRoy et al., 1988). 그러므로 입양부모는 입양아동과 관련하여, 아동의 친생부모, 아동이 태어날 때의 상황, 아동이 입양되게 된 이유, 입양부모가 입양하게 된 이유 등에 대한 입양스토리를 입양아동과 지속적으로 이야기하여야 한다. 이러한 입양스토리가 자주 더 자유롭게 아동과 이야기될수록 입양아동의 복지를 위해 필수적인 그의 정체감 형성을 더 잘 도와줄 수 있게 된다(Duxbury, 2007; Hartman & Laird, 1900; Sullivan & Lathrop, 2004).

따라서 입양부모는 그들의 입양자녀와 자유로이 그의 입양에 대해 이야기를 나누어야 한다. 이렇게 함으로써 입양아동은 친생부모를 잃은 상실감과 그들로부터 거부당했다는 심리적 갈등을 해결하고, 정서적으로 안정되어 입양부모와 좋은 부모자녀관계를 형성할 수 있게 된다. 이것은 입양부모의 입양만족을 높여주게 되며 아동의 복지증진도 가져오게 된다 하겠다(Brodzinsky et al., 1992; Kirschner, 2006; Singer & Krebs, 2008).

가임여부와 입양태도

입양부모들의 입양태도에 관한 최초의 이론을 제시한 Kirk(1967, 1984)는 입양부모의 태도는 그들의 불임여부에 따라 좌우된다고 주장한다. 불임인 경우, 불임에 기인된 심리적인 상실의 고통이 있으며, 이러한 불임의 심리적 갈등을 해결한 불임입양부모는 입양과 출산이 다르다는 차이점을 인정하나, 그렇지 못한 불임입양부모는 입양과 출산을 동일시하며 그 차이점을 부정한다는 것이다(Kirk, 1984). 불임부부에게 임신능력 상실의 의미는 그들이 그동안 꿈꾸어 왔던 상상의 자녀를 잃은 것을 의미하며, 이것은 그들의 몸과 마음, 영혼에 대한 큰 상처인 것이다(Conway & Valentine, 1988; Convington, 1988; LePere, 1988; Mahlstedt & Johnson, 1988).

이처럼 입양과 출산의 차이점을 인정 혹은 부인하느냐의 여부에 따라, 입양부모가 입양하는 아동의 유형에 영향을 미치게 된다. 즉 차이점을 부정하는 입양부모의 경우에는 건강한 갓난 신생아만을 입양하기 원하는데, 이것은 신생아인 경우에 더 출산과 가깝게 행동할 수 있기 때문이다. 반면 입양과 출산의 차이를 수용하는 입양부모는 입양이 타인에게 알려져도 괜찮다는 개방적인 태도를 갖게 되므로, 신생아가 아닌 나이든 아동의 입양도 고려할 수 있게 된다는 것이다(Berry, Dylla, Barth & Needell, 1998; Elbow, 1986; Kirk, 1984).

미국의 경우, 현재 입양을 수행하고 있는 거의 대부분의 미국 입양부모들은 입양아동의 복지를 위해 그의 친생부모체계를 인정 및 수용하며, 그의 친생부모를 포함한 체계의 구성원들과 직접 혹은 간접적으로 접촉을 수행하며 계속 유지하고 있다. 그들의 주요 접촉형태는 두 체계간의 방문visit과 서신letter이며 카드와 사진 등이 포함될 수 있다(Bai, 2009; Berry et al., 1998; Brodzinsky, 2006; Grotevant & Mcroy, 1998; Neil,

2003, 2006).

입양아동들의 정서적인 안정감과 자기가치감은, 친생부모체계와 직접적인 방문이나 서신 등의 접촉이 있는 아동들이, 접촉이 없거나 혹은 방문(만남) 등의 직접적인 접촉 없이 입양기관 등을 통한 간접적인 접촉만을 유지하는 아동들에 비해, 정서적으로 더 안정되고 자기가치감이 더 높은 것으로 나타났다(Etter, 1993; Grotevant & McRoy, 1998; Grotevant et al., 2005; Neil, 2006). 이것은 입양아동의 복지를 위해서 입양부모가 아동이 태어난 친생가족체계를 수용하고 인정하는 것이 얼마나 지대하게 중요한가를 보여주고 있다.

3 _ 국내 입양

국내 입양의 변화: 입양가족 자조집단의 탄생

국내의 전통적인 혈연중심 가치관으로 인해, 국내 입양부모들은 입양이 알려질 경우에 그들의 입양자녀가 겪게 될 불이익이 두려워 입양사실을 밝히는 것을 꺼려해왔다(Lee, 1975). 그러나 이러한 비밀입양은 비밀유지를 어렵게 만드는 유형의 특별욕구를 지닌 아동들 - 나이 들고 장애가 있는 아동들 - 은 국내 입양이 어렵게 되고 해외에서 입양되며, 건강한 신생아동들만이 국내 입양에 선호되는 유형의 아동들로 간주되었다(Bai, 1998, 2007; Borgman, 1982; Lee, 2007).

국내의 전반적인 입양태도는 1990년대 후반부터 입양아동들에게 좀 더 우호적인 측면으로 변화되기 시작하였는데, 이것은 1995년의 첫 입양법 개정과 2000년의 아동복지법 개정 등의 영향력도 있었지만, 무엇보다도 1999년의 국내 최초 입양가족들의 자조집단인 한국입양홍보회, 엠펙MPAK의 탄생과 관련된다 할 수 있다(Bai, 2003).

엠펙은 국내 최초의 입양가족들을 위한 지지집단으로 설립되었으며, 현재 서울과 수도권 지역의 14개 지회를 포함하여, 전국에 걸쳐 총 26개의 지회를 가진 전국적인 입양가족들의 지지단체이다. 엠펙은 일반 국민들의 입양에 대한 인식 변화를 위해 노력해 왔으며, 엠펙의 입양가족들은 국내의 입양가족들과 예비 입양가족들에게 입양부모로서의 모델 및 역할을 보여 주어 왔다.

엠펙의 웹사이트(www.mpak.org)에서 회원가족들은 자신들의 입양에 대한 입양일기를 올려 서로 입양아동 양육에 대한 정보와 경험을 함께 공유하고 있다. 누구든 입양에 관심이 있다면 엠펙 웹사이트에서 회원입양가족이 쓴 입양일기를 읽을 수 있다. 이러한 입양일기를 읽을 수 있음으로 해서, 일반인들은 실제 입양아동을 양육하는 입양가족들에게 그들의 현실적인 양육과 관련하여 접근할 수 있는 기회를 갖게 되는 것이다(Bai, 2003; MPAK, 2011a,b).

엠펙은 국내의 TV, 일간지, 엠펙 웹사이트 및 교육프로그램 등을 통해, 입양 및 그 특성에 대해 회원가족들 뿐만이 아니라 일반 대중들을 교육하기 위해 노력해 왔다. 전국에 위치한 엠펙의 각 지회는 회원가족들을 위해 각각의 지역에서 지회모임을 개최하고 있으며, 이러한 지역 지회모임에서 입양가족들은 입양아동의 양육과 관련된 정보와 경험을 다른 입양가족들과 공유하며 나누게 된다. 본 연구는 입양가족 자조집단의 이러한 모임활동이 입양가족에게 어떠한 영향을 미치는가에 대해서도 조사해 보고자 한다.

본 연구의 목적은 현재 입양아동을 양육하고 있는 국내 입양가족들이 그들의 입양을 잘 수행하고 있는가에 대해 조사하고자 한다. 즉 좀 더 세부적으로, 국내 입양가족들은 입양의 특성에 대해 잘 이해하고 있는지의 여부와, 입양자녀를 양육하면서 자신들의 입양에 대해 진정으로 만족하고 있는지의 여부를 파악해 보고자 한다.

따라서 본 연구의 구체적인 연구문제는 다음과 같다:

① 국내 입양부모들은 입양아동의 유전적인 기원에 대해 알고자 하는 욕구 및 입양의 특성에 대해 잘 이해하고 있는가?

② 국내 입양가족들은 실제 입양을 수행하면서 자신들의 입양과 가족생활에 대해 만족하고 있는가?
③ 입양가족 지지집단이 국내 입양부모들에게 입양의 이해와 입양만족에 긍정적인 영향을 미치고 있는가?
④ 국내 입양부모들에게 입양의 이해와 입양에 대한 만족에 영향을 미치는 주요한 요인들은 무엇인가?
⑤ 국내 입양부모들이 실제 입양자녀를 양육하면서 가장 필요하고 어려운 점은 무엇인가?

4 _ 연구 방법

연구 대상

본 연구는 현재 입양아동을 양육하며 입양을 실제로 수행하고 있는 국내 입양가족들이 진정 어떻게 그들의 입양을 수행하고 있는지를 파악해 보고자 한다. 따라서 본 연구의 대상자로서의 국내 입양부모는 자료수집 당시에 적어도 1년 이상의 기간 동안 입양자녀를 양육하고 있는 입양가족으로 제한하였다. 이것은 입양가족이 그들의 입양과 입양자녀에 대한 느낌을 스스로 인지하려면, 짧은 기간이 아닌 어느 정도의 기간 동안 입양자녀를 양육하는 입양수행 과정을 직접 경험해 보아야 가능할 것으로 판단되었기 때문이다(Etter, 2003).

다행히 본 연구를 위해 입양부모 총 352명이 연구에 참여하였으며, 참여한 총 입양가족 수는 대략 260가족으로 추정되었다. 즉 양부·양모가 모두 참여한 입양가족 92가족과 양부·양모 중 한 쪽만 연구에 참여한 입양가족 168가족을 모두 합쳐 입양가족 총 260가족으로 추정되었다.[1]

연구에 참여한 입양가족들은 현재 모두 전국에 걸쳐 국내에 거주하고 있었으며, 민족적으로 다문화가족은 포함되지 않은 모두 한국가족이었다. 국내에서 다문화가족은 아직 입양가족이 될 만큼 확대되지 못하였기 때문이다(Choi, Lee, Choi & Kim, 2009).

본 연구의 샘플규모는 지금까지 국내에서 입양자녀를 실제 양육하고 있는 입양부모들이 관여된 연구로서는 가장 방대한 연구로 간주될 수 있다 하겠다. 따라서 이러한 흔치 않은 큰 규모의 연구샘플로부터 새로운 지식도출에 대한 기대감 또한 컸다 하겠다.

연구대상자들인 입양부모는 전국에 걸쳐 여러 통로를 통해 본 연구에 참여하게 되었으며 그 경로는 다음과 같다: ① 국내의 4대 입양기관과 전국에 걸친 그들의 지방 소재 입양기관 지점들; ② 엠펙MPAK, 즉 국내 최초의 전국적인 입양가족 자조집단과 개별적인 모임을 각각 개최하는 지역의 엠펙지회들; ③ 국내 최대 입양기관의 산하 자조집단 회원들이다.

연구에 참여한 입양부모들 총 352명 중에서 대다수인 62.8%(221)는 양모들이며, 37.2%(131)가 양부들이었다. 연구대상자들의 평균나이는 43.1세이며, 중위수(m)는 42.5세였다. 샘플입양부모들의 98% 이상이 입양당시의 배우자와 계속 결혼한 상태이며, 또한 이들의 80% 이상이 10년 이상 결혼한 상태였다. 한 명의 입양모만이 미혼이며 한번도 결혼한 적이 없었다. 입양가족들의 가임여부와 관련하여서는 53%의 입양부모들이 한 명 이상의 친자가 있고, 47%가 친자가 없는 불임으로 보고하였다[2] ([표 1]).

본 연구가 중점을 두고 있는 입양부모들의 첫 번째 입양자녀들은 대부분이 여아

---

1. 연구에 참여한 352명의 입양부모들의 첫 입양자녀의 생일을 검토하여, 똑같은 2개의 생일은 1부부로 추정하여, 똑같은 2개의 생일 수를 연구에 참여한 부부의 수로 추정하였다.
2. 국내 입양부모들 중 실제 가임과 불임의 비율은 2010년에 38% 대 62%였다(보건복지통계, 2010). 가임가족의 입양참여는 1980년대의 10%에서 38%로 증가하였다(Bai, 1987).

64.6%(227)들이며 35.4%(125)가 남아들이었다. 이처럼 입양아동들의 남녀 성비율의 차이가 큰 까닭은 국내 입양부모들이 여아를 선호하기 때문이다. 국내의 전통적인 혈연의식의 가치관으로 인해, 가족의 성이 계승되지 않는 여아의 입양을 대다수 입양부모들이 원하기 때문인 듯하다[3].

연구샘플 입양자녀들의 현재의 만 나이를 살펴보면, 평균나이는 약 5세이며, 중위수 나이는 3.5세였다; 단지 9.7%(34)의 아동들만이 현재 10세 이상이었다. 즉 연구에 참여한 가족들의 입양자녀는 50%가 현재 만 3.5세 이하로서 대부분 어렸으며, 입양아동들의 72.4%가 만 6세 이하였다. 이들의 약 81%가 현재 7세 이하이며, 85.2%가 만 8세 이하였다.

입양자녀들의 입양당시의 나이는 평균 나이가 생후 7개월이었다([표 1]); 과반수가 넘는 입양아동들의 54.3%가 생후 1개월 이하의 갓 태어난 나이에 입양되었으며,

[표 1] 연구샘플의 인구학적 특성

특성	합계 (n=352)		특성	합계 (n=352)	
입양부모 성별	양부	37.2%(131)	입양아동 성별	남아	35.4%(125)
	양모	62.8%(221)		여아	64.6%(227)
입양부모 나이	평균	43.1세	입양아동 현재나이	평균	4.95세
	중위수	42.5세		중위수	3.50세
입양부모 가임여부	가임	53%	입양아동 입양당시나이	평균	생후 7개월
	불임	47%		중위수	생후 1개월
입양아동 현재나이 분포 (만 나이)	0-3	50.6%	입양아동 입양당시 나이 분포 (개월 수)	0-1	54.3%
	4-6	21.8%		2-3	21.3%
	7	8.8%		4-6	4.2%
	8	4.0%		7-12	6.8%
	9	5.1%		13-18	2.6%
	10	2.3%		19-24	2.8%
	11-	7.4%		25-48	5.2%
				49	2.8%

3. 실제 국내의 2010년 남녀의 성비는 32.8% 대 67.2%로, 여아의 입양이 남아보다 거의 2배였다(보건복지통계, 2011).

전 입양아동들의 약 75.6%가 생후 3개월 이하의 신생아 나이에 입양되었다. 입양아동들의 약 87%가 생후 12개월 이하의 나이에 입양되었으며, 단지 약 13%의 아동들만이 입양될 때의 나이가 만 1세 이상이었다[4]([표 1]). 이들 아동들의 95%는 입양당시에 신체적·정신적으로 건강하였다고 보고되었다.

연구과정 및 평가도구

본 연구를 위해 연구 설문지가 연구 참여자들에 의해 완성되도록 요청되었으며, 설문지 구성은 인구학적 요소들, 입양의 주요 특성들, 입양부모들의 태도에 영향을 미치는 문화적 요소들, 입양가족들의 다른 입양가족들과의 모임참여 정도, 입양가족의 입양만족 및 가족생활에 대한 만족, 자녀들과의 의사소통 패턴 및 입양자녀양육과 관련된 가족의 욕구와 어려움 등이 포함되었다. 연구 설문지는 A4 용지 12쪽의 책자형태를 취했으며, 사전검사와 첫 자료수집 현장에서의 점검을 통해 설문지 작성에 대략 35분-45분의 소요시간이 파악되었다.

조사도구의 타당도를 위한 사전검사는 입양가족 4가족으로 구성된 입양부모 8명과 2010년 1월에 수행되었으며, 사전검사 후에 몇 개 질문의 의미를 더 명확히 하기 위한 수정이 가해졌다. 연구 자료는 2010년 2월부터 2010년 8월까지 전국에 걸쳐 수집되었다. 본 연구의 자료가 수집된 지리적인 분포는, 수도 서울, 국내 주요 5개 도시인, 부산, 대구, 광주, 대전, 인천을 포함하여, 이 외의 다른 4개 지역에 소재한 중소 도시들이 포함되어, 전국을 망라하는 총 10개의 서로 다른 전국의 지역들이 내포되었다.

본 연구의 설문지는 여러 경로를 통해 수집되었다: 입양가족들이 그들 자조집단의 정기적인 지역모임에 참여하였을 때 그 현장에서 수집되었다. 연구자의 거주지

4. 실제 국내에서 2010년 입양된 아동들의 나이는 79.3%가 생후 3개월 이하이며, 7.7%가 1세 이상이었다(보건복지통계, 2011).

와 먼 곳의 경우에는, 자조집단의 지역지회장에게 연구 설문지가 우송되어 그가 지역모임의 현장에서 입양가족들에게 설문지를 배부하고 완성된 설문지를 그 곳에서 수집하여 본 연구자에게 되돌려 보내는 방식으로 수집되었다. 국내 입양기관의 워커들 또한 연구자에 의해 우송된 연구 설문지를 그들 기관의 입양가족들에게 전달하여, 이후 완성된 설문지를 입양가족들로부터 수집한 후에 한꺼번에 모아서 본 연구자에게 우편으로 되돌려 보내 주었다. 몇몇 입양기관은 주소가 기입된 회송용 봉투의 동봉을 원했는데, 이것은 입양가족이 그들의 완성된 설문지를 연구자에게 직접 우송할 수 있게 해주었다. 어떤 경우에도 입양기관들은 그들의 입양가족들이 외부로부터 직접 접촉되지 않도록 배려하였다.

본 연구의 자료 분석은 SPSS 14.0가 활용되었다. 연구의 기술적 및 탐색적인 특성으로 인해 기초적인 기술적 분석과 단계적 회귀분석stepwise regression 방법이 활용되었다.

본 연구의 목적은 국내 입양부모들이 얼마나 입양의 특성을 잘 이해하며, 그들의 입양에 대해 만족하는 가를 평가하고자 함에 있다. 따라서 본 연구의 구체적인 측정변수는, ① 입양이 출산과 다름에 대한 입양부모의 이해; ② 입양자녀와 입양에 대해 이야기하고 소통하려는 입양부모의 의지; ③ 입양부모가 실제 입양에 대해 아동과 이야기하고 소통하는 정도; ④ 입양가족의 입양에 대한 만족의 정도; ⑤ 입양가족의 현재 가족생활에 대한 만족의 정도; ⑥ 입양자녀 양육 중에 입양부모가 가장 어렵게 느끼는 것과 필요한 것은 무엇인가 등이다.

위 측정 외에 더 첨부하여, 본 연구는 입양가족의 자녀와의 의사소통 패턴pattern과 관련하여 탐색해 보기로 하였다. 이것은 입양개방성과 관련된 많은 연구들이 입양아동들의 적응은 구조적인 입양개방성보다도, 부모의 의사소통 패턴의 양육스타일과 같은 가족과정family process에 의해 더 영향을 받는다는 것이 강조되기 시작했기 때문이다(Brodzinsky, 2006; Grotevant et al., 2005).

따라서 본 연구에서 입양부모의 의사소통 패턴이 그들의 입양만족과 어떤 연관이

있는가를 살펴보고자 하였다. 본 연구의 6개 종속변수의 측정도구의 구성은 다음과 같다:

입양과 출산의 차이점에 대한 이해

입양부모가 입양은 출산과 다르다는 점을 잘 이해하고 있는가에 대한 측정은 연구 설문지의 다음 세 항목을 결합하였다: ① 입양가족은 입양하지 않은 가족들과 다른 특성을 가지고 있다고 생각하나?; ② 입양자녀는 성장하면서 입양되지 않은 아동들에게는 없는 어떤 특정적인 욕구가 있게 된다고 생각하나?; ③ 입양부모는 입양하지 않은 부모들에게는 없는 특정문제를 직면하고 해결해야 할 위치에 있다고 생각하나?

입양부모가 입양아동의 유전적인 욕구와 이러한 욕구를 충족시켜야 할 책임을 인식하지 않는다면, 아동의 정체감 형성을 돕지 못하게 되어 아동에게 정서적 문제가 야기될 수 있다(Brodzinsky, 2006; Grotevant et al., 2005).

세 항목 모두 리커트 5점 척도로서 본 측정도구에 대한 연구대상자의 점수 분포는 3점에서 15점이며, 높은 점수일수록 입양에 대한 이해가 높다는 것을 반영한다. 신뢰도를 위한 크론바흐 알파Cronbach's Alpha지수는 0.726이었다.

입양에 대해 입양자녀와 이야기하고 소통하려는 의지

입양부모가 자신의 입양자녀와 입양에 대해 이야기하고 소통하려는 의지를 측정하기 위해, 연구 설문지의 5개 항목이 활용되었으며 그것은 다음과 같다: ① 입양자녀에게 어려서부터 입양사실에 대해 계속 이야기해 오시거나 이야기하실 계획인가?; ② 귀하의 가정은 입양자녀가 언제든지 자신의 입양에 대해 부모와 이야기할 수 있는 분위기인가?; ③ 입양자녀에게 입양사실을 이야기해 주는 것은 아동을 위해 반드시 필요한 과정인가?; ④ 입양자녀가 입양에 대해 자유로이 이야기할 수 있는 환경을 부모가 먼저 조성해 주어야 한다고 생각하나?; ⑤ 입양자녀가 입양에 대해 관심이 없는 듯 보여도 그의 입양에 대한 의사소통은 중요하다고 생각하나?

입양아동의 정체감 형성은 그들이 입양이전 자신의 과거를 입양과 재연결할 수 있을 때에 가능하다. 이러한 통합은 아동들이 성장하면서 그들의 입양부모와 자신의 입양에 대해 자유로이 말하고 소통할 때에 가능하게 된다(B, 2006). 입양아동들은 입양부모에 대한 충성심으로 인해, 자신의 유전적인 기원에 대해 알고 싶어도 궁금하지 않은 척 보이려고 애쓰게 된다(Singer & Kreb, 2008; Sullvan & Lathrop, 2004).

위 5항목 모두 리커트 5점 척도이며, 연구대상자의 점수 분포는 5점에서 25점이며, 높을수록 더 많은 소통의지를 반영한다. 신뢰도를 위한 크론바흐 알파지수는 0.932이었다.

실제 입양에 대해 아동과 이야기하고 소통하는 정도

입양부모가 그들의 일상생활에서 단순히 의지가 아닌 입양자녀와 입양에 대해 실제로 이야기하고 소통하는 정도를 측정하기 위해, 연구 설문지의 다음 두 항목이 활용되었다(Palacios & Sanchez-Sandovan, 2005); ① 양자녀와 그의 입양에 대해 자주 이야기하시는 편인가?; ② 지금까지 입양자녀와 그의 입양에 대해 대략 몇 회 정도 이야기하였나?

각 항목은 리커트 5점 척도이며 본 측정도구의 점수분포는 2점에서 10점으로, 점수가 높을수록 실제 현실에서 입양자녀와 입양에 대해 이야기하고 소통하는 정도가 높다는 것이다. 두 항목간의 상관관계는 0.797이며, 신뢰도 측정을 위한 크론바흐 알파지수는 0.887이었다.

자녀들과 의사소통 하는 패턴

입양부모가 자녀들과 의사소통하는 패턴을 파악하기 위해 자녀들과 상호작용할 때 그들이 보여주는 애정과 소통의 수준을 측정하였다(Berry et al., 1998; Brodzinsky, 2006). 여기에 활용된 두 항목은 다음과 같다: ① 귀하는 자녀(들)에게 머리를 쓰다듬거나 안아주는 등 비교적 애정을 많이 표현하시는 편인가?; ② 귀하는 자녀와 대화를 비교적 많이 하시는 편인가?

각 항목은 5점 리커트 척도이며, 높은 점수는 더 애정적이며 소통적임을 뜻한다. 두 항목의 신뢰도 측정을 위한 크론바흐 알파지수는 0.759였으며, 상관관계는 0.612이었다.

입양에 대한 전반적인 만족

입양가족들의 입양에 대한 전반적인 만족을 측정하기 위해 활용된 3항목은 다음과 같다(Grotevant & McRoy, 1998; Grotevant et al., 2005; Palacios & Sanchez-Sandovan, 2005): ① 귀하는 입양한 자녀와의 관계에 대해 만족하십니까?; ② 입양이전과 비교하여 현재 가족생활에 대해 어느 정도 만족하십니까?; ③ 귀하는 입양자녀의 입양에 대해 만족하십니까?

각 항목은 리커트 5점 척도이며, 세 항목간의 신뢰도 지수 크론바흐 알파는 0.851이었다.

현재 가족생활에 대한 만족

입양부모의 현재 가족생활에 대한 만족을 측정하기 위해 활용된 2항목은 다음과 같다(Grotevant & McRoy, 1998; Palacios & Sanchez-Sandovan, 2005): ① 귀하는 배우자와의 관계에 대해 만족하십니까?; ② 귀하는 현재의 가족생활에 어느 정도 만족하십니까?

각 항목은 리커트 5점 척도이며, 항목간의 신뢰도 지수는 크론바흐 알파 0.729이었다.

입양자녀 양육 중 가장 어렵고 필요한 점

국내의 입양부모들이 실제 입양을 수행해 나가는 중에, 가장 힘들게 느끼는 것과 가장 필요한 점은 무엇인가를 파악하기 위해 활용된 3개의 개방형 질문은 다음과 같다: ① 입양부모로서 어느 부분에 입양사전 준비가 더 필요하다고 생각하시는가?; ② 입양부모로서 가장 어려운 점은 무엇인가?; 3) 입양부모로서 자녀양육 중 가장 도움이 필요한 부분 및 분야는 어디인가?

5 _ 연구 결과

기초 분석

본 연구샘플의 인구학적 요소들을 살펴보면, 종교는 압도적으로 기독교(78%) - 개신교(70%), 가톨릭(8%) -였으며, 그 외에 종교가 없거나(14%) 불교(7%)였다. 입양부모들의 교육수준은 대다수(69%)가 2년제 대학(18%)과 4년제 대학(51%)을 마쳤으며, 나머지 31%는 고졸(30%)과 고졸미만(1%)의 학력이었다. 연구샘플 입양부모들의 가족수입은 46%는 2010년 기준 4인 가족 도시근로자 평균임금 - 월 385만원 - 이상의 수입이었으나, 54%는 평균보다 낮은 수입이었다.

입양가족들의 가정 내 총 자녀수는 29%가 한 자녀를 두었으며, 25%가 두 자녀, 29%가 세 자녀를 각각 가정에 두었다. 샘플가족들의 약 68%가 한 아동을 입양했으며, 25%는 두 아동을, 6%는 세 아동을 각각 입양하였다.

국내 입양부모들이 자조집단의 다른 입양가족들과의 정기적인 지역모임에 참여하는 것이 그들의 입양의 특성에 대한 이해와 입양만족에 중요한 역할을 할 것으로 기대되었다. 따라서 입양부모들의 다른 입양가족들과의 교류활동들을 살펴보면, 샘플가족들의 71%가 다른 입양가족들과의 지역모임에 참여하고 있으며, 참여기간은 평균 4.8년이었다. 샘플의 32%가 국내 최초의 입양가족 자조집단인 엠펙MPAK과 그 활동에 평균 5년간 관여하여 왔으며, 샘플의 41%가 엠펙이 제공하는 교육프로그램에 평균 2회 참여하였으며, 샘플가족들의 54%가 그들의 입양기관이 제공하는 입양준비를 위한 회의에 평균 2회 참여하였다고 각각 응답하였다.

그러나 입양부모들이 현재 다른 입양가족들과의 모임에 참여하고 있는 정도를 측정하는 질문에서는 샘플가족들의 98%가, 항상 참여한다(20%), 자주 참여한다(31%), 가끔 참여한다(18%), 아주 뜸하게 참여한다(10%), 거의 혹은 전혀 참여치 않는다(21%)의 비율로 각각 보고하였다. 따라서 이 항목을 본 연구의 독립변수인, 입양가족이 다른 입양가족들과의 모임에 참여하는 정도의 측정도구로 활용되었다. 즉 이 도구가 활용된 이유는, 입양가족의 다른 입양가족들과의 교류와 관련된 여러 항목들 중에서, 샘플가족들의 참여가 제한되지 않고 모든 샘플입양가족들의 참여가 가능한 항목이었기 때문이다.

본 연구의 인구학적 독립변수인, 교육과 수입은 분석 시에 더미dummy변수로 각각 처리되어, 교육은 대학2년 이상과 미만, 수입은 평균가족수입 이상과 미만으로 분리되었다.

본 연구의 분석을 위해 활용된 단계회귀분석에 입력된 독립변수들은 다음과 같다; 입양아동의 현재 나이, 입양아동의 입양당시 나이, 입양부모의 교육, 입양가족의 수입, 입양가족의 가임여부, 입양부모의 다른 입양가족들과의 모임참여 정도

연구측정 결과

입양과 출산은 다르다는 것에 대한 이해

위 측정을 위해 활용된 세 항목의 빈도분석은 국내 입양부모들이 입양의 특성에 대해 잘 이해하고 있지 못하다는 것을 보여 주었다. 세 항목의 평균점수는 5점 만점에

2.51로서([표 2]), 입양부모들의 입양의 특성에 대한 이해는 매우 낮은 수준임을 보여 주었다.

[표 2] 입양과 출산의 차이에 대한 이해 정도

입양가족은 입양하지 않은 가족들과 다른 특성을 가지고 있다고 생각하나? (n=351)		입양자녀는 성장하면서 입양되지 않은 자녀에게는 없는 어떤 특정적인 욕구가 있게 된다고 생각하나? (n=346)	
전혀 그렇지 않다	31.6	전혀 그렇지 않다	24.6
거의 그렇지 않다	33.9	거의 그렇지 않다	31.5
어느 정도 그렇다	23.1	어느 정도 그렇다	35.3
많이 그렇다	9.1	많이 그렇다	5.2
아주 많이 그렇다	2.3	아주 많이 그렇다	3.5
(평균=2.17)		(평균=2.32)	
입양부모는 입양하지 않은 부모들에게는 없는 특정문제를 직면하고 해결해야 할 위치에 있다고 생각하나? (n= 348)			
전혀 그렇지 않다	13.5		
거의 그렇지 않다	13.2		
어느 정도 그렇다	42.0	(평균=3.04)	
많이 그렇다	18.2		
매우 많이 그렇다	2.6		

[표 3] 입양부모의 입양과 출산의 차이에 대한 이해

변수	B	t	p
상수	5.640	14.073	.000
입양아동의 입양당시 나이	.184	3.416	.001**
다른 입양가족과의 모임참여	.180	3.379	.001**
교육	.157	2.926	.004**
R = .313, R2 = .098 (R2 = .089), F (d, f) = 11.469 (3, 317), p = .000***			

*p 〈 .05; **p 〈 .01; ***p 〈 .001

단계회귀분석에 의한 위 측정은, 입양아동의 입양당시의 나이, 입양부모의 다른 입양가족들과의 모임참여, 입양부모의 교육이 가장 유의미한 변인으로 나타났다. 즉 나이든 아동을 입양한 부모들, 다른 입양가족들과의 모임에 적극 참여하는 입양부모들, 2년 이상의 대학교육을 받은 입양부모들이, 그렇지 않은 입양부모들보다 입양이 출산과 다르다는 입양의 특성을 잘 이해할 확률이 각각 더 높게 나타났다([표 3]).

입양에 대해 입양자녀와 이야기하고 소통하려는 의지

위 측정을 위해 활용된 5항목의 빈도분석은 5점 만점에 평균 4.20으로서, 입양에 대해 입양자녀와 이야기하려는 입양부모들의 의지는 높은 것을 보여 주었다. 입양부모들의 입양의 특성에 대한 이해가 평균 2.51인 것을 비교해 보면, 그들의 입양에 대해 소통하려는 의지는 높다 하겠다.

위 측정을 위한 단계회귀분석은 입양부모들 중에서, 다른 입양가족들과의 지역모임에 적극적으로 참여하는 입양부모들, 2년 이상 대학교육을 받은 입양부모들, 친자가 한 명이상 있는 가임입양부모들이, 그렇지 않은 입양부모들보다 입양자녀와 입양에 대해 소통하려는 의지가 각각 더 높은 것으로 나타났다([표 4]).

가임입양부모들이 입양에 대해 소통하려는 의지가 불임가족들보다 더 높은 것은 Kirk(1984)의 주장처럼, 불임가족들이 불임을 직면하는 데에 어려움이 있다는 사실을 보여준다 하겠다. 단계회귀분석은 또한 평균수입보다 더 높은 수입을 가진 입양부모들이 입양아동과 입양에 대해 이야기할 확률이 오히려 더 낮다는 것을 보여 주었다([표 4]). 입양가족의 수입은 다른 연구에서도 특별욕구아동들의 입양에서나, 입양아동들의 유전적인 뿌리의 욕구에 대한 공감에서도 긍정적인 요인은 아니었다(Bai, 1998).

국내 입양가족에게는 지지집단의 다른 입양가족들과의 모임에 적극적으로 참여하는 것이 입양자녀와 입양에 대해 이야기하고 소통하려는 그들의 의지에 가장 큰 영향력을 미치는 요인임을 보여 주었다(Ahn, Kwon, Byun & Choi, 2010).

[표 4] 입양부모의 입양에 대해 입양자녀와 이야기하고 소통하려는 의지

변수	B	t	p
(Constant)	14.202	21.152	.000
다른 입양가족과의 모임참여	.484	10.147	.000***
가족의 가임성	.225	4.695	.000***
교육	.134	2.795	.006**
수입	-.096	-2.007	.046*
R = .558, R2 = .312 (R2 = .303), F (d, f) = 34.419 (4, 304), p = .000***			

$^{*}p < .05$; $^{**}p < .01$; $^{***}p < .001$

입양에 대해 입양자녀와 실제 이야기하고 소통하는 정도

국내 입양부모들이 단순히 의지가 아닌 그들의 입양자녀와 실제로 입양에 대해 이야기하는지, 이야기한다면 이들의 태도에 영향력을 미치는 요인은 무엇인지를 본 연구에서 파악해 보고자 하였다.

위 측정을 위한 빈도분석은 국내 입양부모들이 그들의 의지와는 다르게 실제는 그들의 입양자녀와 입양에 대해 자주 이야기하지 않고 있음을 보여 주었다. 즉 측정에 활용된 두 항목의 평균점수는 5점 만점에 2.60으로서, 입양부모들이 일상생활에서는 그들의 입양자녀와 입양에 대해"거의 이야기하지 않는다"거나, "가끔 이야기한다"의 정도임을 보여 주었다. 입양부모들 중 약 49%는 입양에 대해 "아직 한 번도 이야기한 적이 없다"(38.2%)거나, "지금까지 한두 번 정도 이야기했었다"(10.7%) 정도였다.

입양부모들이 자녀의 입양에 대해 이야기하고 소통하려는 의지는 5점 만점에 평균 4.20으로서 높은 점수를 보였으나, 실제 일상생활에서 의지의 실천은 평균 2.60으로서 의지만큼 입양에 대해 이야기하는 것이 잘 되지 않고 있음을 보여주고 있다([표 5]).

[표 5] 입양에 대해 실제 입양자녀와 이야기하는 정도

입양자녀와 그의 입양에 대해 자주 이야기하는 편인가? (n=351)		지금까지 입양자녀와 그의 입양에 대해 대략 몇 회 정도 이야기하셨나? (n=346)	
전혀 이야기하지 않는다	26.2	아직 한 번도 이야기한 적이 없다	38.2
거의 이야기하지 않는다	16.5	지금까지 한두 번 정도 이야기하였다	10.7
가끔 이야기하는 편이다	35.9	1년에 2-3회 정도 이야기 한다	14.8
자주 이야기하는 편이다	18.4	2-3개월에 한번 정도 이야기한다	17.2
대부분 혹은 항상 이야기하는 편이다	3.2	매달 1회 이상 이야기한다	17.6
(평균=2.56)		(평균=2.65)	

단계회귀분석에 의한 위 측정은 이전의 두 종속변수의 경우와 마찬가지로, 입양부모의 다른 입양가족과의 모임참여가 입양자녀와 그의 입양에 대해 실제 이야기하

는 정도에 영향을 미치는 가장 강력한 요인으로 나타났다([표 6]). 즉 다른 입양부모와의 모임에 적극적으로 참여하는 입양부모가 그렇지 않은 입양부모보다 입양자녀와 실제로 입양에 대해 이야기할 확률이 더 높다는 것이다. 단계회귀분석 모델의 변량(R^2)은 0.353으로 매우 컸으며 그 만큼 위 측정을 위한 모델의 적절성을 나타낸다 하겠다([표 6]).

위 측정의 다른 유의미한 요인은 입양아동의 현재 나이였다([표 6]). 즉 현재 입양자녀의 나이가 더 많은 입양부모들이 입양자녀의 나이가 어린 입양부모들 보다 입양에 대해 실제 자녀와 이야기할 확률이 더 높다는 것이다. 입양아동들이 만 6세나 그 이상이 되면 입양의 의미를 알게 되고, 그의 다른 한 세트의 부모에 대해 궁금해 하므로(Brodzinsky et al., 1992), 나이든 입양자녀를 둔 부모들은 자녀로부터 입양관련 질문을 받게 되고, 따라서 자연히 입양에 대해 이야기할 확률이 더 높아지게 된다 하겠다.

[표 6] 입양부모의 입양에 대해 실제 입양자녀와 이야기하는 정도

변수	B	t	p
(Constant)	1.463	4.392	000
다른 입양가족과의 모임참여	.399	8.144	.000***
입양아동의 현재 나이	.358	7.96	.000***
R = .598, R2 = .357 (R2 = .353), F (d, f) = 70.987 (2, 284), p = .000***			

***p 〈 .001

자녀들과 의사소통하는 패턴

입양부모가 자녀들과 의사소통하는 패턴을 측정하기 위해 활용된 두 항목의 빈도분석은 5점 만점에 4.38의 높은 평균점수를 보여 주었다. 이것은 입양부모들이 그들의 자녀와 상호작용할 때에 애정적이며 대화를 많이 한다는 것을 보여준다. 위 측정의 단계회귀분석에서는 단 하나의 요인, 아동의 현재 나이만이 유의미함을 보여주었으나, 부정적으로 유의미하였다. 즉 국내 입양부모들은 그들의 입양자녀가 나이가 더

많아질수록 그들과 상호작용 시에 애정적이며 소통적이 될 확률이 더 낮다는 것이다([표 7]).

[표 7] 입양부모의 자녀들과의 의사소통 패턴

변수	*B*	t	p
(Constant)	9.124	74.759	.000
입양아동의 현재 나이	-0.198	-3.624	$.000^{***}$
R = .198, R2 = .939 (R2 = .036), F (d, f) = 13.130 (1, 32), p = $.000^{***}$			

$^{***}p < .001$

입양에 대한 전반적인 만족

입양가족의 입양에 대한 만족을 측정하기 위한 세 항목의 빈도분석은 5점 만점에 평균점수 4.46으로서 입양에 대한 전박적인 만족은 매우 높다는 것을 보여 주었다.

위 측정의 단계회귀분석은 국내 입양부모들의 입양만족에 대한 새로운 관점을 보여주었다. 이전의 세 종속변수의 경우와 마찬가지로, 입양부모의 다른 입양가족들과의 모임참여가 그들의 입양만족에 유일하게 긍정적으로 영향을 미치는 유의미한 요인이었다([표 8]). 그러나 다른 두 개의 유의미한 요인인, 입양아동의 현재 나이, 입양아동의 입양당시 나이는 입양가족의 입양만족에 부정적으로 영향을 미쳤다([표 8]).

즉 나이든 아동을 입양한 가족들과 입양한 자녀가 현재 나이가 든 입양가족들은, 그렇지 않은 입양가족들보다 자신들의 입양에 대해 만족할 확률이 더 낮다는 것이다. 이것은 입양부모들이 자신들의 입양자녀가 성장하며 나이가 드는 것에 대해 편안해 하지 않으며, 다루기 힘들어 한다는 것을 시사해 준다 하겠다.

분석결과는 국내 입양부모들 중에 자신들의 입양에 대해 만족하는 입양부모들은, 나이가 더 어린 아동을 입양한 입양부모들, 현재 입양자녀의 나이가 아직 어린 입양부모들임을 보여주고 있다.

입양가족의 자녀양육스타일과 관련되는 그들의 의사소통 패턴이 입양에 대한 그들의 만족에 어떤 영향을 미치는가에 대한 탐색적 조사에서는, 이 변인을 통제한 경우에 단계회귀분석 모델의 변량(R^2)은 0.119에서 0.263으로 크게 증가하는 것을 보여 주었다([표 9]).

분석결과는 자녀에게 애정적이고 소통적인 입양부모들이 입양에 대해 만족할 확률이 더 높다는 것을 보여주었다([표 9]). 즉 아동의 입양당시 나이는 여전히 입양가족의 입양만족에 부정적으로 유의미하였으나, 입양아동의 현재나이는 더 이상 유의미하지 않았다([표 9]). 이것은 입양아동의 현재나이가 입양부모의 의사소통 패턴과 부정적인 유의미한 상관관계이기 때문인 듯하다([표 7]).

또한 입양가족의 가임성이 입양부모의 입양만족에 부정적으로 유의미함을 보여주었다. 즉 친자가 있는 입양부모가 불임인 입양부모보다 그들의 입양에 대해 만족할 확률이 더 낮다는 것이다. 이것은 다소 놀라운 발견이나, 입양가족의 가임성이, 입양아동의 현재 나이 및 입양아동의 입양당시 나이와 유의미한 상관관계가 있기 때문인 듯하다([표 13]).

즉 입양가족의 입양만족은 입양아동의 현재 나이 및 입양당시 나이와 부정적인 유의미한 관계인데, 친자가 있는 입양부모들이 불임인 입양부모들보다 더 나이든 아동들을 입양했고, 또 그들의 입양자녀가 현재 나이가 더 들었기 때문에 그들의 입양만족에 부정적인 영향을 미치고 있는 듯하다([표 13]).

입양에 만족하는 입양부모들은, 자녀에게 애정적이고 소통적인 입양부모들, 친자가 없었던 불임입양부모들, 나이가 더 어린 아동을 입양한 입양부모들이었다. 분석결과는 국내에서 더 나이든 아동을 입양한 가족들이 나이 어린 아동을 입양한 가족들보다 입양에 대해 덜 만족하고 있음을 분명히 보여주고 있다([표 9]).

종합적으로, 국내 입양부모들의 입양에 대한 만족은 그들의 입양자녀가 어릴 때에는 지속되지만, 그러나 아동이 성장하여 입양의 의미와 친생부모 상실을 깨달을 만큼의 나이가 되면, 입양부모들은 입양에 대해 계속 만족하지 않는 듯 보였다. 가임입양부모들이 그들의 입양에 대해 불임입양부모들보다 덜 만족하고 있다는 것은 놀라운 발견이었다. 그러나 이것은 국내 입양가족들이 입양자녀의 나이 듦을 어떻게 다루어야 할지에 대해 잘 모른다는 사실을 밝혀주는 것이며, 이것을 위한 지원이 강하게 요구됨을 시사해준다 하겠다.

[표 8] 입양부모의 입양에 대한 전반적인 만족

변수	*B*	t	p
(Constant)	13.395	59.922	.000
입양아동의 현재 나이	-.204	-3.135	.002**
입양아동의 입양당시 나이	-.185	-2.945	.003**
다른 입양가족과의 모임참여	.162	2.93	.004**
R = .356, R2 = .127 (R2 = .119), F (d, f) = 15.472 (3, 319), p = .000***			

*P 〈 .05; **p 〈 .01

[표 9] 입양부모의 입양에 대한 전반적인 만족 (자녀들과의 의사소통 패턴이 통제됨)

변수	*B*	t	p
(Constant)	9.234	16.787	.000
애정적 및 소통적 의사소통	.414	8.488	.000***
입양아동의 입양당시 나이	-.226	-4.609	.000**
가족의 가임성	-.132	-2.751	.000**
R = .520, R2 = .270 (R2 = .263), F (d, f) =38.820 (3, 315), p = .000***			

*P 〈 .05; **p 〈 .01; ***p 〈 .000

현재 가족생활에 대한 만족

입양가족의 가족생활 만족측정을 위한 두 항목의 빈도분석은 5점 만점에 평균점수 4.13으로서 현재 가족생활에 대한 비교적 높은 만족을 보여 주었으나, 그들의 입양만족에 대한 평균 점수였던 4.43보다는 조금 낮았다.

위 측정의 단계회귀분석은, 아동의 입양당시 나이와 입양부모의 교육이 유의미한 요인임을 보여 주었으나, 아동의 입양당시 나이는 입양부모의 가족생활 만족에 부정적으로 유의미하였다([표 10]). 또한 입양부모의 입양만족이 통제된 경우의 회귀분석은, 입양만족, 입양부모의 교육, 가족의 가임성이 유의미한 요인임을 보여주었다. 이 경우 회귀모델의 변량(R^2)이 0.034에서 0.362로 매우 크게 증가하였다([표 11]).

[표 10] 입양부모의 가족생활에 대한 만족

변수	B	t	p
(Constant)	8.109	64.451	.000
입양아동의 입양당시 나이	-.164	-2.978	.003**
교육	.137	2.472	.014*
R = .201, R2 = .040 (R2 = .034), F (d, f) = 6.715 (2, 319), p = .001**			

*P 〈 .05; **p 〈 .01

[표 11] 입양부모의 가족생활에 대한 만족 (입양만족이 통제됨)

변수	B	t	p
(Constant)	1.561	3.106	.002
입양만족	.605	13.323	.000***
교육	.103	2.283	.023*
가족의 가임성	.096	2.099	.037*
R = .607, R2 = .368 (R2 = .362), F (d, f) = 61.226 (3, 315), p = .000***			

*P 〈 .05; ***p 〈 .001

분석결과는 입양가족은 먼저 그들의 입양에 대해 만족하여야만, 그들의 가족생활에 대해 만족한다는 것을 보여주었다. 이것은 두 종속변수인 입양만족과 가족생활만족 간의 유의미한 상관관계에서도 잘 나타나고 있다([표 12]).

즉 국내 입양부모들 중에서 현재의 가족생활에 대해 만족하는 입양부모들은, 자신들의 입양에 대해 만족하는 입양부모들, 대학에서 2년 이상 대학교육을 받은 입양부모들, 친자가 있는 가임입양부모들임을 보여 주었다([표 11]).

특히 가임입양부모들은 일단 자신들의 입양에 만족하면, 현재의 가족생활에 대해 불임입양부모들보다 더 만족하는 것을 보여 주었다.

[표 12] 측정변수들간의 피어슨 상관관계

	입소의	실입소	입만	가생만	애정적소통
차이인식	.147**	.113*	-.180**	-.190***	-.080
입양소통의지	1	.533***	.097	.124*	.091
실제입양소통		1	-.047	-.049	.043
입양만족			1	.597***	.461***
가족생활만족				1	.336***

* P 〈 .05; **p〈.01***p〈.001

측정변수들 및 독립변수들간의 관계

본 연구의 변인들 간의 관계를 파악하기 위한 피어슨 상관관계 분석은 다음과 같았다. 측정변수들 간의 관계는, 입양부모들의 입양과 출산의 차이점에 대한 이해는 다른 두 측정변수인, 입양에 대해 입양자녀와 이야기하려는 의지, 실제 입양자녀와 입양에 대해 이야기하는 정도와 긍정적으로 연관되어졌으나, 다른 측정변수인, 입양부모들의 입양에 대한 만족과는 부정적인 상관관계를 보였다([표 12]).

이것은 측정변수인, 입양부모들의 입양과 출산의 차이에 대한 이해가, 입양부모들의 입양만족에 부정적으로 영향을 미치는 두 독립변수인, 아동의 입양당시 나이 및 입양아동의 현재 나이와 유의미한 관계이기 때문인 듯하다([표 13]).

본 연구의 측정변수들 중에, 입양에 대한 만족은 다른 두 측정변수인, 가족생활에 대한 만족, 자녀들과의 애정적인 의사소통패턴과 긍정적으로 연관되었다([표 12]). 그러나 입양부모들의 입양만족은 입양과 출산의 차이인식과 부정적으로 연관되었다([표 12]). 입양가족들의 입양과 출산의 차이인식은 두 독립변수인, 아동의 입양당시 나이, 입양아동의 현재 나이와 긍정적인 유의미한 관계를 보여주었다([표 13]).

즉 입양가족들 중에, 나이 든 아동을 입양하고 입양한 아동이 현재 나이가 든 입양가족들은 입양과 출산의 차이점을 인식할 수 있는 확률이 더 크다 하겠다. 그러나 입양부모가 현재 나이 든 입양자녀를 어떻게 다루어야 할지 그 방법을 잘 모른다면, 아동을 양육하면서 느끼는 스트레스로 인해 입양에 대한 만족이 크지 않을 수 있다.

따라서 입양가족의 입양과 출산의 차이인식이 입양에 대한 불만족과 직접적으로 연관되는 것은 결코 아닌 것이다: 오히려 입양부모의 입양과 출산의 차이에 대한 인식은 입양아동의 유전적인 기원과 관련된 그의 특징적인 행동 등에 대해 더 공감적이 될 수 있음으로 해서 입양부모의 입양만족에 긍정적인 요인이 될 수 있다.

그러나 국내 입양가족들은 나이 든 입양자녀를 어떻게 다룰 것인가에 대한 지식이 부족한 까닭에, 입양아동의 입양관련 질문 등에 스트레스를 느끼며, 출산과의 차이를 인식하게 되므로 입양에 대해 덜 만족하는 결과를 보여 주는 듯하다. 가족수입은 다른 어떤 변인들과도 유의미한 관계를 보여주지 않았다(Bai, 1987).

연구의 분석결과는, 국내 입양가족들은 나이가 든 입양자녀들과 그들의 입양과 관련된 이야기와 질문들을 어떻게 다루면서 대처해 나갈 것인가에 대해 잘 모르고 있으며, 여기에 대한 교육이 절실히 필요함을 보여 주었다.

[표 13] 종속 및 독립변인들 간의 피어슨 상관관계

	PA	FF	Edu.	MOF	DR	ATA	AS
현재 아동나이	.495***	.131*	-.001	.250***	.174**	.438***	-.321***
입양당시 나이 PA	1	.124*	.121*	.019	.196***	.115*	-.276***
가족 가임성 FF		1	.114*	.029	.003	.174*	-.134*
교육 Ed			1	.041	.192***	.046	-.022
모임참여 MOF				1	.170**	.490***	.117*
차이인식 DR					1	.113*	-.180**
실제입양 소통 ATA						1	-.047

PA=입양당시 나이(Placement age); FF=가족가임(Family Fertility); Edu.=교육(Education); MOF=다른 입양가족과의 모임(Meeting w/ Other Families); DR=입양차이 인식(Difference Recognition); ATA=실제 입양이야기 하기(Actual Talking on adoption); AS=입양만족(Adoption Satisfaction).

* P 〈 .05; **p〈.01;***p〈.001

입양자녀 양육 중 가장 어렵고 도움이 필요한 영역

국내 입양가족들이 그들의 입양자녀를 양육하는 중에 가장 어렵고 도움이 필요한 부분을 파악하기 위해 3개의 개방형 질문이 활용되었으며, 그 각각에 대한 입양가족들의 응답은 아래와 같았다:

입양부모로서 어느 부분에 입양사전 준비가 더 필요하였다고 생각하십니까?

위 질문에 대한 응답률은 49.7%(175)이며, 입양부모들은 입양사전 준비로서, 입양 전에 입양의 고유한 어려움과 갈등에 대해 더 많이 알았었기를 원했고, 입양아동들에 대해 좀 더 많이 이해할 수 있었었기를 원했다. 이러한 바람은 다음과 같이 표현되었다; "입양아동의 독특한 상황과 관련하여 입양을 더 잘 이해하도록 배웠어야 했었다.", "아동에게 그의 입양에 관해 언제 어떻게 이야기하는 가에 대해 좀 더 많이 생각했었기를 원한다." 등이었다.

또한 입양부모들은 특히 불임인 경우에, 입양 전에 부모로서의 심리적인 준비가 좀 더 잘 되었었기를 원했으며 이것은 다음과 같이 표현되었다; "부모가 되는 것에 대한 더 많은 심리적인 준비", "양부모로서 잘 키울 수 있다는 자신감과 용기", "입양부모 자신의 내적 치유", "아픈 가슴과 눈물" 등이다. 입양가족들은 또한 자신들의 경제적 안정성에 대해 입양 전에 좀 더 고려했었기를 원한다고 보고했다.

입양부모로서 가장 어려운 점은 무엇입니까?

위 질문에 대한 응답률은 80.1%(282)로서, 세 질문 중 가장 응답률이 높았다. 이것은 〈질문 1〉과 〈질문 3〉이 모두 〈질문 2〉에 귀결되기 때문인 듯하다. 입양가족들은, 아동에게 언제 어떻게 그의 입양에 대해 이야기하는가? 하는 것이 입양아동 양육에 가장 어려운 점이라고 응답했다. 이것은 다음과 같이 피력되었다; "아이에게 자신의 입양에 대해 이야기할 것인지의 여부에 대한 갈등", "아이가 자신의 입양에 대해 알게 될까봐 두렵다."

입양부모들은 입양자녀에게 어떻게 그의 입양에 대해 이야기하고 또 이야기한 후에 그 상황을 어떻게 대처할 지에 대해 모르는 것을 가장 어려운 문제로 느끼고 있었다. 이것은 다음과 같은 언급에서 잘 나타났다; "아직은 어려움이 없지만 일단 우리 아이가 자신의 입양에 대해 알게 되면 어떻게 될 지 두려워요."

입양가족들은 또한 그들의 입양자녀가 자신들이 이해할 수 없는 행동이나 불안정한 정서를 보일 때 어떻게 대응할지를 몰라 가장 힘들다고 보고했으며, 또한 입양자녀에 대해 헐뜯는 듯한 타인들의 태도가 힘들다고 보고했다. 부모들은 그들의 입양자녀에게 소요되는 비용으로 인한 재정적인 어려움도 함께 피력했다.

입양부모로서 자녀양육 중 가장 도움이 필요한 부분 및 분야는 어디입니까?

위 질문에 대한 응답률은 69%(243)이며, 입양부모들은 가장 도움이 필요한 영역을 다음과 같이 응답하였다; "입양에 대해서 아이에게 어떻게 이야기하는 방법과 아이가 정체감을 형성하도록 돕는 방법에 대해 아는 것", "아이의 친생부모에 대한 궁금증을 어떻게 다루어야 할지에 대해 아는 것", "아이의 입양에 대한 질문에 어떻게 답해야 할지에 대해 아는 것" 등이다.

가족들은 이러한 모든 것을 배우기 위해서 장기교육과 상담이 필요하다고 피력했다. 즉 입양가족들은 입양 후에 가족들에게 입양기관이 제공하는 입양사후서비스와 나이 든 입양아동들의 정체감 형성을 도울 수 있는 교육프로그램에 대한 욕구도 표현하였다. 특히 입양가족들은 입양자녀가 성장하면서 자신의 입양에 대해 알 수 있을 나이가 되었을 때, 입양부모들이 대처할 수 있는 양육방법에 대해 가장 도움이 많이 필요한 듯 하였다. 일반인들의 입양에 내한 태도의 개선과 보든 입양가족들에게 지원되는 입양보조금을 또한 원했다.

세 질문에 대한 응답을 종합해보면, 국내 입양가족들이 그들의 입양자녀를 양육하면서 가장 힘들고 도움이 필요하다고 생각하는 영역은 다음과 같았다: ① 입양자녀에게 입양에 대해 이야기하는 시기와 방법에 대해 궁금해 하였으며, 이야기한 후에 입양자녀가 경험하게 될 충격과 혼란을 어떻게 다룰 것인 가에 대해 가장 염려하였다. 거의 모든 가족들이 이러한 염려와 관련하여 정기적이며 지속적으로 배울 수 있는 교육프로그램을 원했다; ② 입양가족들이 입양자녀와 혼란을 겪을 때 가장 외부의 지원이 많이 필요하므로, 입양기관이 입양사후 상담서비스를 제공하여 이것을 항상 활용할 수 있게 되기를 원했다; ③ 입양가족들의 재정적인 어려움의 감소를 위해, 입양아동의 교육, 보육, 의료보호 등을 위한 정부의 입양보조금을 원했다; ④ 일반인들의 입양자녀에 대한 편견적인 폄하태도는 입양부모들의 마음을 아프게 하였다. 특히 입양자녀의 입양에 대해 알고 있는 사람들이 쓸데없는 동정을 입양자녀에게 베풀면서 친자와 다르게 대할 때 상처받는다고 한다.

입양가족들의 수많은 응답을 통해 볼 때, 잘 계획된 정기적인 교육프로그램이 국내 입양 가족들에게 가장 필요하며, 이러한 교육을 통해 가족들은 입양아동의 나이에 따른 심리적인 욕구를 잘 이해할 수 있게 되고, 그의 입양에 대해 이야기하는 것과 입양자녀로부터 그의 유전적인 기원에 대한 질문을 받고 대처하는 것에도 차츰 편안해 질 수 있게 될 것이다(Brodzinsky et al., 1992).

6 _ 결론 및 시사점

본 연구의 결과는 국내 입양가족들이 아직 입양의 본질과 그 특성에 대해 잘 이해하지 못하고 있다는 것을 보여 주었다. 대부분의 가족들이 입양아동의 특정적 욕구인, 유전적인 친생부모에 대해 알고자 하는 욕구에 대해 잘 알지 못하고 있었다. 이러한 아동의 욕구가 충족되어야만 정체감 형성과 함께 아동이 자신의 입양위치에 대해 비로소 정서적으로 안정적이 된다는 사실을 이해하지 못했다(Brodzinsky, 2006).

연구결과는 국내 입양부모들이 입양에 대해 입양자녀에게 이야기하겠다는 의지는 높게 나왔지만, 실제 입양아동을 양육하는 일상생활에서는 그의 입양에 대해 거의 이야기하지 않는다는 것을 보여 주었다. 입양부모들은 입양에 대해 입양 자녀와 “지금까지 한두 번 이야기하였다”거나, “일 년에 한두 번 정도 이야기한다” 정도였다([표 5]).

입양부모들의 양육스타일에 포함되는 의사소통패턴과 관련하여, 입양부모들은 입양아동의 나이가 어릴 때의 상호작용 시 애정적이고 소통적이 될 확률이 더 높았다([표 7]).

본 연구는 국내 입양가족들이 그들의 입양에 대한 전반적인 만족은 매우 높다는 것을 보여 주었다. 그러나 입양가족들의 입양만족은 그들의 입양자녀가 아직 나이가 어려 그의 입양에 대해 모를 때, 따라서 그들이 아동으로부터 입양과 관련된 호기심이나 질문을 다루지 않아도 될 때까지만 입양에 대해 만족하는 듯하였다. 즉 입양자녀가 나이가 들어 그의 입양에 대해 알게 되고, 입양에 대해 입양부모에게 질문하기 시작하면, 입양부모들은 불안해하며 스트레스를 받아 입양에 대해 만족하지 않는 듯 보였다.

국내 입양가족들은 이러한 스트레스를 그들이 겪는 어려움과 관련하여 명백히 피력하였고, 입양자녀가 성장하는 과정 중에 외부의 지원이 필요한 영역임을 절실히 느끼고 있었다. 그러므로 국내 입양가족들이 입양자녀가 나이가 들어도 그들의 입양에 대해 계속 만족할 수 있도록 하기 위해서는, 그들이 나이 든 입양자녀를 다루는 방법과, 입양에 대해 그와 소통하는 방법을 배울 수 있어야 할 것이다. 따라서 이러한 교육프로그램이 입양가족에게 반드시 필요하다 하겠다.

연구결과는 입양가족들 중, 친자가 있는 가임입양가족들이 불임입양가족들보다 입양에 내해 만족할 확률이 더 낮다는 다소 놀라운 사실을 발견하였다([표 8]). 그러나 이것은 가임가족들이 불임가족들보다 나이 든 아동을 입양하였고, 현재 그들의 입양자녀가 나이가 더 들었기 때문일 것이다. 이것은 가족의 가임성, 입양아동의 현재 나이, 입양아동의 입양당시 나이 간의 유의미한 상관관계에서도 알 수 있다([표 11]).

따라서 가임입양가족들의 입양만족이 불임입양가족들보다 더 낮은 것은 그들의 입양자녀가 입양당시와 현재에 나이가 더 많기 때문일 것이다. 즉 나이 든 입양자녀를 둔 가임입양가족들이 그들의 입양자녀가 입양에 대해 궁금해 하며 질문을 할 때 어떻게 자녀를 다루어야 할지를 모르기 때문에 입양에 대한 그들의 만족감이 감소된다는 것이다. 그러므로 국내 입양가족들은 그들의 입양자녀가 입양의 의미를 알 수 있을 나이가 되어도, 그의 입양관련 질문으로부터 스트레스를 받지 않고 입양에 대해 계속 만족할 수 있도록 지원받을 필요가 있는 것이다. 그러나 가임입양가족들은 일단 입양에 대해 만족하면, 비가임입양가족들보다 그들의 가족생활에 대해 더 만족하는 것을 보여 주었다([표 11]).

무엇보다도, 본 연구를 통한 가장 고무적인 발견은 입양부모의 다른 입양가족들과의 모임참여가 보여주는 강력한 힘이라 하겠다. 즉 입양부모들이 지지집단의 다른 입양가족들과의 모임에 참여하는 것이 입양아동의 전반적인 복지와 입양부모의 입양만족에 긍정적으로 기여하는 가장 강력하고 유의미한 요인으로 나타난 것이다([표 2, 4, 5, 8, 11]).

다른 입양가족들과의 지역모임에 활발히 참여하는 입양부모들이, 모임에 참여하지 않는 입양부모들보다 입양의 본질에 대해 더 잘 이해하며, 입양아동과 입양에 대해 이야기하려는 의지가 더 많으며, 입양아동과 실제 일상생활에서 입양에 대해 더 많이 이야기하며, 또한 그들의 입양에 대해 더 많이 만족하였다. 이 변인은 입양부모들의 입양만족 측정에서 유일하게 긍정적으로 유의미한 요인이었다([표 8]). 입양가족들의 현재 가족생활에 대한 만족과 관련하여, 국내 입양부모들은 그들의 입양에 대해 우선적으로 만족하여야만 그들의 현재 가족생활에 만족하는 듯 보였다([표 9]).

통합적으로, 국내 입양가족들을 위해 입양자녀를 어떻게 양육할 것인가에 대한 매뉴얼이 개발될 필요가 절실히 있으며, 이것은 특히 입양아동에게 언제 어떻게 입양을 말할 것인가에 초점을 두어야 할 것이다. 또한 입양가족들이 입양자녀 양육 중 어려움에 부딪쳤을 때 상담 받을 수 있도록, 더 많은 입양전문가들이 전국에 걸쳐 입양기관에 모집되고 훈련될 필요가 있다. 현재 국내의 주요 입양기관들은 과다업무로 인해 적절한 입양사후서비스를 가족들에게 제공하기 힘든 상태이므로, 더 많은 입양전문가들이 입양기관에 존재하게 되면, 입양가족들이 양질의 입양사후서비스를 입양기관으로부터 제공받을 수 있게 될 것이다.

결론적으로, 본 연구는 현재 입양자녀를 양육하고 있는 국내 입양가족들의 입양에 대한 이해 및 만족과 관련하여 중요한 시사점을 보여 주었다: 첫째, 국내 입양부모들을 위한 교육이 절실히 요구된다는 것이다. 입양가족들은 나이 든 입양자녀의 친생부모에 대한 호기심과 질문들을 다룰 수 있는 방법을 배우고, 이로 인해 스트레스를 받지 않는 방법을 배울 수 있는 교육이 절실히 필요한 상태이다. 이러한 교육을 통해 입양아동이 나이가 들어도 입양부모는 계속입양에 대해 만족할 수 있게 될 것이다.

둘째, 입양가족에게는 언제나 양질의 입양사후서비스가 제공되어져야 한다.

셋째, 국내 입양부모들의 입양태도에 영향을 미치는 요인들 중에, 가장 긍정적으로 유의미한 요인은 입양가족의 다른 입양가족들과의 모임참여였다. 즉 입양가족의 지지집단들이 국내 입양가족들을 위해 참으로 중요한 긍정적인 지지의 원천으로서 그 역할을 잘 수행하고 있음을 분명히 보여 주었다. 따라서 입양가족 지지집단에 대한 지원이 계속 제공되어져야 할 것이며, 더 많은 지지집단의 조직도 격려되어야 할 것이다.

넷째, 적절한 입양보조금이 입양아동의 양육기간동안 모든 입양가족들에게 제공되어져야 한다.

이러한 것들을 통해, 국내 입양가족들의 입양에 대한 이해의 증가와 함께 입양아동의 복지를 위한 긍정적인 입양태도 변화와 함께 그들의 입양에 대한 더 많은 만족을 가져오게 될 것이다. 이것은 또한 진정한 미래의 국내 입양발전과도 연결될 것이다.[5]

---

5. 본 연구에 참여하여 설문지를 작성해 주신 국내 입양부모님들께 심심한 감사의 말씀을 드리고 싶다. 그분들의 도움으로 본 연구가 현재 입양자녀를 양육중인 국내 입양가족참여 연구 중에 가장 큰 규모의 연구가 될 수 있었다. 또한 본연구의 자료수집이 가능하도록 중간에서 수고해 주신 분들의 노고에 깊은 감사의 마음을 드리고 싶다. 고마운 마음을 전하고 싶은 그 분들은 다음과 같다: 한국입양홍보회(엠펙)의 한연희 회장님, 엠펙의 전북지회 강경복님, 대한사회복지회의, ① 부산지부 박성희 지부장님; ② 대구지부 최낙창 전(前)지부장님, 박미향 과장님; ③ 광주지부 강춘심 지부장님; ④ 경기지부 강영임 전부장님, 홀트아동복지회의, 1) 입양부모모임 한사랑회 유해연 회장님; 2) 부산지소 황재필 소장님; 3) 대전지소 염미영 소장님; 4) 경기지소 노혜정 소장님; 5) 경남마산지소 김교덕 소장님, 동방사회복지회 1) 서울 본부 위인숙 전부장님; 2) 부산지소 최정희 소장님, 성가정입양원 서울본부 서숙경 부장님, 엠펙 경남지부, 고민제님, 김정희님, 부산 호산나교회 황수섭 목사님.

참고문헌

Ahn, J. J., Kwon, J. S., Byun, M. H., & Choi, W. S. (2010). An Explorative study on adoption -related communication in non-secretive adoptive families, Journal of the Korean Society of Child Welfare, 31, pp.143-167.

Bai, T. S. (1987). *Attitudinal differences among prospective adoptive parents in Korea.* Un-published Ph.D Dissertation, the University of Chicago.

Bai, T. S. (1998). Suggested revisions on adoption laws and program development for adop-tion in Korea. *Journal of the Korean Society of Child Welfare, 3,* pp.107-126.

Bai, T. S. (2003). The first self-help group for adoptive parents and the prospect for adoption development in Korea. *The Journal of Humanistic Studies*, pp.231-251. Institute of Humanistic Studies. Kyungnam Univrsity.

Bai, B. S. (2007). Korea' s overseas adoption and its positive impact on domestic adoption and child welfare in Korea. In K. j. S. Bergquist, M. E. Vonk, D. S. Kim, & M. D. Feit (Eds.). *International Korean adoption: A fifty-year history of policy and practice.* pp.207-219. N.Y. : The Haworth Press, Inc.

Bai, T. S. (2009). Open adoption services in the United States and the implications: A case from Oregon, *Korean Journal of Family Welfare,* Vol. 14. No. 2, pp.71-102.

Berry, M. (1993). Adoptive parents' perceptions of and comfort with, open adoption. *Child Welfare*, 72(3), pp.231-253.

Berry, M. Dylla, D. J., Barth, R. P., & Needell, B. (1998). The role of open adop- tion in the adjustment of adopted children and their families. *Children and Youth Services Review*, 20, pp.151-171.

Borgman, R. (1982). The consequences of open-closed adoption for older children. *Child Welfare*. 61, 2 (March-April), pp.17-226.

Brodzinsky, D. M., Schechter, N. D. & Henig, R. M. (1992). *Being adopted: The life-long search for self.* New York: Doubleday.

Brodzinsky, D. (2006). Family structural openness and communication openness as predictors in the adjustment of adopted children. *Adoption Quarterly*, 9(4), pp.1-18.

Bradbury, S. & Marsh, N. (1988). Linking families in pre-adoption counseling: A familysystem model. *Child Welfare*, 67(4). pp.327-335.

Choi, M. M., Lee, K. Y., Choi, H. M., & Kim, J. J. (2009), *Multicultural social work in Korea.* Seoul: Hakji Publishing Co..

Conway, P. & Valentine, D. (1988). Reproductive Losses and Grieving. In Valentine, D. (ed.), *Infertility and Adoption: A Guide for Social Work Practice.* New York: Haworth Press, pp.43-64.

Covington, S. (1988). Psychosocial Evaluation of the Infertile Couple: Implications or Social Work Practice. In Valentine, D. (ed.), *Infertility and Adoption: A Guide for Social Work Practice.* New York: Haworth Press, pp.85-72.

Duxbury, M. (2007). *Making room in our hearts: Keeping family ties through open adoption.* New York: Routledge.

Dukette, R. (1984). Value issues in present-day adoption. *Child Welfare*, 63(3), pp.233-243.

Elbow, M. (1986). From caregiving to parenting: Family formation with adopted older children. *Social Work*, 31(5), pp.366-370.

Etter, J. (1993). Levels of cooperation and satisfaction in 56 open adoptions. *Child Welfare*, 72(3). pp.257-267.

Grotevant, H. D. & McRoy R. G. (1998). *Openness in adoption: Exploring family connection.* CA: Sage Publication Inc.

Grotevant, H. D. Perry, Y. P. & Mcroy, R. G. (2005). Openness in adoption: Outcomes for adolescents within their adoptive kinship networks. In D. M. Brodzinsky & J. Palacios, (Eds.), *Psychological issues in adoption: Research and practice.* pp.167-186. CT: Prager Publisher.

Hartman, A. & Laird, J. (1990). Family treatment after adoption: Common themes. In D. Brodzinsky & M. Schechter (Eds.). *The psychology of adoption.* pp.221-239. New York: Oxford Uni. Press.

Hoopes, J. (1990). Adoption and identity formation. In D. Brodzinsky & M. Schechter (Eds.), The psychology of adoption (pp.144-166). New York: Oxford Uni. Press.

Kirk, D. (1984). Shared fate: A theory and method of adoptive relationships. Rev. ed. Port Los Angeles, Wash.: Ben-Simon Publications.

Kirschner, D. (2006). *Adoption: Uncharted waters.* Woodbury, New York: Juneau Press.

Lee, B. J. (2007). Recent trends in child welfare and adoption in Korea: Challenges and future directions. In K. j. S. Bergquist, M. E. Vonk, D. S. Kim, & M. D. Feit (Eds.). *International Korean adoption: A fifty-year history of policy and practice.* pp.189-206. N.Y. : The Haworth Press, Inc..

Lee. G. K. (1975). *Kinship system in Korea.* Haven, Conn.: Human Relations Area Files Inc.

Mahlstedt, P. P. & Johnson, P. T. (1988). Support to persons experiencing infertility: Family and friends can help. In Valentine, D. (ed.). *Infertility and Adoption: A Guide for Social Work Practice,* N.Y. : Haworth Press, pp.65-71.

McRoy, R., Grotevant, H., & White, K. (1988). *Openness in adoption: New practices, new issues.* New York: Praeger.

Ministry of Health & welfare. (2004, 2008, 2011). *Yearly statistical report.* Seoul. Korea.

MPAK (2011). Quarterly MPAK report. Seoul: MPAK.

MPAK (2011) MPAK's diary village. www.mpak.org.kr.

Neil, E. (2003). Understanding other people's perspectives: Tasks for adopters in open adoption. *Adoption Quarterly,* 6(1), pp.3-30.

Neil, E. (2006). Coming to terms with the loss of a child: The findings of birth parents and grandparents about adoption and post-Adoption contact. *Adoption Quarterly,* 10(1), pp.1-23.

Oregon Department of Human Services (1997). *Manual for mediation in termination case.* Salem, Oregon.

Palacios, J. & Sanchez-Sandoval, Y. (2005). Beyond adopted/non-adopted comparisons. In D. M. Brodzinsky & J. Palacios, (Eds.), *Psychological issues in adoption: Research and practice.* pp.117-144. CT: Prager Publisher.

Pannor, R. & Baran, A. (1984). "Open Adoption as Standard Practice". *Child Welfare.* 63, 3 (May-June), pp.245-250.

Reitz, M. & Watson, K. W. (1992) *Adoption and the family system: Strategies for treatment.* New York: The Guilford Press.

Rosenberg, M. B. (1989). *Growing up adopted.* New York: Bradbury Press.

Schooler, J. E. & Atwood, T. C. (2008) *The whole life adoption book.* Colorado Springs, CO: Nav Press.

Singer, E. & Krebs, M. (2008). Assisting adoptive families: Children adopted at older ages. *Pediatric Nursing,* 34(2), pp.170-174.

Silber, K. & Dorner, P. M. (1990). *Children of open adoption*. San Antonio, TX: Corona Publishing Co..

Silber, K. & Speedlin, P. (1998). *Dear birth mother, thank you for our baby*. San Antonio, TX: Corona Publishing Co.

Sullivan, R. & Lathrop, E. (2004). Openness in adoption: Retrospective lessons and prospective choices. *Children and Youth Services Review*, 26, pp.393-411.

Triseliotis, J. (1973). *In search of origin*. London: Routledge and Keagan Paul.

Triseliotis, J. & Hill, M. (1990). Contrasting adoption. foster care, and residential rearing. In D. Brodzinsky & M. Schechter (Eds.). *The psychology of adoption*. pp.107-120. New York: Oxford Uni. Press.

Winkler, R. C., Brown, D. W., Keppel, M. V., & Blanchard, A. (1988). *Clinical practice in adoption*. Elmsford, N.Y.: Pergamon Press.

부록 2

참고 칼럼: 한국입양홍보회 엠펙MPAK의
10년 발자취와 비전 2020

부록 2: 한국입양홍보회 엠펙MPAK의 10년 발자취와 비전 2020*

배태순**

한국 최초 입양부모들의 자조집단인 한국입양홍보회(MPAK, 엠펙)가 10년 전 설립되기 이전의 한국 국내 입양은 그 발전적인 측면에서 볼 때에 밝은 미래를 전망하기 어려운 상황이었다. 그 이유는 어느 사회에서든 입양이 발전되려면 전제조건으로서 입양아동이 입양가정에서 성장하면서 자신에 대한 입양아로서 정체감이 잘 형성될 수 성장환경이 요구되기 때문이다.

입양아동이 자신에 대한 정체감이 잘 형성되어야만 비로소 입양부모와 신뢰에 바탕을 둔 진정한 부모자녀관계가 형성될 수 있으며, 이러한 관계가 입양가족의 입양에 대한 만족감과 입양의 성공으로 이어지게 되므로 곧 그 사회의 입양발전을 초래할 수 있게 되는 것이다. 따라서 입양이 발전되려면 먼저 입양부모에게 입양자녀의 정체감 형성을 돕는 양육방법이 필수적으로 요구되게 된다. 즉, 입양부모는 친생자녀의 양육과는 다른 입양자녀의 양육방법에 대해 반드시 배워서 인식하고 숙지할 필요가 있게 된다는 것이다. 그러나 입양부모에게 이러한 배움과 인식의 기회가 제공되지 않는다면, 입양가족은 입양자녀를 양육하는 다른 양육방법에 대해 알 수 없

---

* 엠펙의 설립자 Steven Morrison회장님(한국명 최석천)과, 엠펙의 회장으로서 1999년부터 2013년 초까지(중간에 2년 제외) 엠펙과 국내 입양의 발전에 지대하게 공헌하신 한연희 회장님, 두 분께 입양발전을 염원하는 학자로서 본인의 깊은 고마움을 전하고자 한다.
본 칼럼은 엠펙의 "입양가정소식", 가을호(2009)에 게재되었음.
(엠펙설립초기에는 한연희 회장님과 함께 부산의 황수섭 목사님(호산나교회)도 2년간 공동회장이었음.)

** 경남대학교 사회복지학과 교수. 엠펙 초대이사 및 현 이사.

게 되며, 이런 이유로 국내의 입양부모들은 그동안 전통적으로 내려온 입양사실을 비밀에 부치는 비밀입양을 수행해 오게 된 것이었다. 그러나 입양의 발전은 이런 상황에서 결코 성취 될 수 없으며, 이것이 바로 10년 전, 엠펙MPAK이 설립되기 전 한국의 열악한 입양환경이었던 것이다.

즉, 국내에서는 입양아동이 성장하는 동안에 정체감을 형성할 수 있도록 도와주는 입양아동을 양육하는 (친자녀양육과 다른) 양육방법을 입양부모에게 가르쳐 주는 입양기관이 존재하지 않는 상황이었다. 따라서 진정한 입양발전을 위해서 이러한 입양자녀의 양육방법을 직접 모델로서 보여주며 가르쳐 줄 수 있는 입양부모들이 절실히 필요했었던 상황이었다. 이러한 입양가족의 모델이 절박하게 필요한 때에 미국에서 성공한 한국입양인 스티븐 모리슨(한국명 최석천)님이 국내 입양발전이라는 소명을 띄고 혜성같이 한국에 출현하여 대한사회복지회의 중재로 입양모 한연희님(입양부 유연길님)과의 극적인 만남은, 이후 두 분이 국내에서 각각 설립자와 초대회장의 위치에서 한국입양홍보회MPAK 설립과 국내 입양부모들의 조직으로 이어지게 되었다. 이로써 국내에서도 그토록 입양발전을 위해 절실히 필요했던 입양가족의 모델들을 일반인들에게 보여줄 수 있게 되었다.

이처럼 국내 최초의 전국적 입양가족들의 집단인 엠펙이 일반인들에게 입양부모와 입양자녀가 어떻게 실제 삶을 함께 이루어 나가는 지에 대한 생활을 직접 보여줄 수 있게 됨으로써, 국내 입양도 입양가족모델 부재의 딜레마를 넘어서 진정한 국내 입양발전을 향한 궤도에 비로소 진입하게 된 것이었다 하겠다.

지난 10년간 한국입양홍보회와 그 회원인 입양부모님들의 활약은 참으로 눈부셨다. 즉 매년 개최되는 입양가족들의 전국적인 대회와 여름캠프 및 수 회에 걸친 각 지회의 모임 등을 통해 입양아동 정체감형성을 지원하는 양육방법에 대한 경험과 정보를 서로 교환하며, 입양의 어려움에 대해 서로를 지지할 수 있음으로 해서 입양의 질과 입양성공의 확률을 높여 왔다. 또한 엠펙의 입양가족들은 TV, 신문, 라디오, 강연 등을 통해 자신들의 입양에 대한 '산 경험'의 교육을 일반인들에게 제공하며 입양에 대한 올바른 개념을 인식시킬 수 있게 되어, 그동안 망설였던 많은 예비입양가족들이 입양에 접근할 수 있도록 도와주었다. 이것의 결과는 2000년 이후 입양수수료가 면제되기 전 해인 2006년까지 국내 입양수가 엠펙설립 전에 비해 매년 500여 건 이상의 꾸준한 증가를 보여준 것에서 잘 보여주고 있다.

한국입양홍보회는 1999년 11월의 설립과 그 이듬해 2000년 10월 역사적인 제 1차 전국양부모대회개최를 마감하면서 국내 입양 활성화를 위해 총 10항에 달하는 "대정부 건의안"을 정부에 제안하였다. 지난 10년간 한국입양홍보회의 눈부신 활약은 국내 입양발전을 향한 "대정부 건의안"의 실현을 위해 활동한 것이며, 그것은 다음과 같다:

1항) 친부나 친모가 아동을 시설에 입소시키고 처음 몇 번 또는 전혀 연락이 두절되는 경우 아동 방치 등으로 간주하여 친권을 박탈시켜 아동이 입양되어 가정에서 자랄 수 있도록 해야 합니다; 2항) 입양신고(호직징리)시 간편한 신고방법이 필요합니다; 3항) 입양가정의 경제적 지원으로(특히 입양 알선 수수료 부담) 양육부담을 덜어 주어 경제적인 이유로 입양을 포기하지 않게 도와줘야 합니다; 4항) 산전 후 휴가와 같이 입양 시 입양휴가가 필요합니다(군인, 공무원 등).; 5항) 장애아 입양가정에 의료비의 확대지급을 원합니다; 6항) 입양가정에 세제 혜택과 유치원교육비의 할인혜택을 원합니다; 7항) 입양의 날 혹은 입양의 달을 제정하여 집중적인 입양홍보를 원합니다; 8항) 정부에서 입양에 대한 확고한 의지와 매스컴을 통한 광고를 해야 합니다; 9항) 모든 교과과정에 입양을 출산과 같은 분량의 내용을 실어야 합니다; 10항) 입양에 관한 동화책이 많이 발간될 수 있도록 지원을 해야 합니다.

위 엠펙의 건의안 1항은 영구적인 가정이 없이 양육시설에서 성장하는 아동들에게도 입양될 수 있는 기회제공을 위해 법적인 조치가 필요함을 강조한다. 2항은 입양아동의 신분으로서도 떳떳하게 입양신고가 가능하도록 하고자 한다. 3항은 입양가정에 대한 입양할 때와 입양아동양육에 대한 경제적지원이며, 4항은 입양아동과의 적응을 위한 입양후의 유급휴가에 대한 요청이다. 5항은 장애아동양육에 대한 의료 기구를 포함한 일체의 의료비지원이며, 6항은 입양가정에 대한 세제혜택과 입양아동의 유치원교육비지원이다. 건의안 7항·8항·9항·10항은 입양에 대한 올바른 인식을 위한 교육을 통해 미래 입양발전을 겨냥하는 홍보와 관련된다.

그러나 한국의 혈연중심사상은 아동을 학대·방임하는 부모에 대한 친권박탈을 어렵게 만들고 있다. 단지 부나 모가 있다는 이유만으로 아동양육시설에 맡겨진 아동들이 십여 년간 부모와 연결되지 않아도 부모의 친권이 박탈되지 않으므로 법적으로 입양대상아동이 되지 못하므로 (입양가정이 아닌) 시설에서 계속 성장하는 시설성장아동이 된다. 2항의 간편한 입양신고에 대한 절차변경도 변화되지 못한 상태이다. 3항의 입양가족에 대한 경제적지원의 일환으로 입양 시에 입양기관에 지불하는 입양수수료의 부담과 모든 입양가족에 대한 매월 양육비 10만원의 지원이 2007년 1월 정부로부터 시행되었다.

이것은 엠펙의 연구 활동의 일환으로 수행된 일반인에 대한 전국적인 입양태도에 관한 연구결과로서 입양증진을 위해 정부의 입양가족에 대한 경제적지원이 강력히 제안된 결과이기도하다 하겠다. 4항의 입양한 가족에 대한 유급휴가의 지급이 현재 공무원에게만 적용되고 있으며, 입양가족도 입양을 통해 새로운 가족구성원을 맞이하므로 적응을 위해 출산휴가와 같은 입양휴가가 동일하게 제공되어져야만 한다. 5항과 6항도 3항과 마찬가지로 넓게는 입양가족에 대한 경제적지원의 확대이다.

특히 5항은 장애아동을 입양한 가족에 대한 의료비지원과 관련되며, 현재 연 252만 원 선에서 의료비가 환급되고 있으나 많이 부족하며 정신치료관련 상담비는 의료비지원에 제공되고 있지 않는 미미한 상황이다. 6항의 입양아동의 유치원교육비에 대한 지원과 입양장려의 일환으로 입양가족에 대한 일괄적인 세제혜택지원이 바람직하겠으나 아직 실현되지 못하고 있다. 7항·8항·9항 및 10항의 건의안은 입양에 대한 인식변화를 유도하여 입양의 발전을 도모하고자 하는 의도이며, 어느 정도의 실현을 통한 성과는 있다 하겠다. 즉, 입양의 날 제정(2006년)과 정부의 입양인식에 대한 광고활동 및 정부의 중앙입양정보원의 설립준비와 설립(2008년~2009년) 등의 성과가 있으며, 초등교 2학년 교과과정부터 입양에 대한 내용이 조금씩 다루어지기 시작하였다. 또한 입양관련 동화책이 발간되고 있으나, 출판사에 대한 발간과 관련된 인센티브의 부재로 수익이 없으면 출간되지 않게 되므로 장려금지원이 많은 입양동화책 발간을 위해 요구된다 하겠다.

엠펙설립이후의 지난 10년간 입양발전의 밑거름이 되는 이러한 엠펙의 대정부 건의안의 현실화와 관련된 성취는 엠펙의 면밀하게 계획된 주도적인 노력의 결과라 할 수 있다. 즉, 매년 11월에 개최되는 엠펙의 전국 입양가족대회를 위시하여, 매년 여름에 개최되는 입양부모와 성장하는 입양아동들을 위한 입양가족캠프와 이의 결과에 대한 효과의 영향력에 힘입은 바 매우 크다. 또한 엠펙이 운영하는 웹사이트(www.mpak.co.kr)는 누구나 접근이 가능하며, 이를 통한 입양관련이슈에 대한 교육과 홍보의 영향력도 매우 크다 하겠다. 무엇보다도 웹사이트를 통해 엠펙회원인 국내 입양부모님들이 보여주는 입양아동의 양육과 관련된 "입양일기"의 게재는 일반인들에게 입양에 대한 지속적인 교육의 장이 되고 있으며 입양의 긍정적인 홍보역할을 수행해왔다. 대정부 건의안의 성공적인 결과는 이러한 노력의 산물이라 할 수 있다.

지난 10년간 정부의 역할을 대신하며 국내의 집 없는 아동들에게 입양가정을 제공해 주려는 엠펙의 노력과 그 성공은 이제 다음 십 년을 향한 "비전 2020"을 제시하고자 하며 그 내용은 아래의 10항이다:

① 입양부모 및 아동 적응에 필요한 심리치료, 교육 프로그램 등 사후관리 비용지원이 필요합니다; ② 불임클리닉에서의 입양 정보제공을 의무화 할 필요가 있습니다; ③ 입양가능아동에 대한 국가관리 통합시스템 구축이 필요합니다; ④ 보건복지부의 설립허가를 받아 운영되고 있는 한국입양홍보회의 운영비 전액을 지원해 주시길 원합니다; ⑤ 입양아동들에게도 바우처 혜택이 필요합니다; ⑥ 대통령 이하 정부 및 전 공무원의 반편견 입양교육을 필수화 해 주시기 바랍니다; ⑦ 입양가족교육(세미나 등)비의 전액지원이 필요합니다; ⑧ 1년 이상 시설아동과 연락 두절된 친생부모의 친권상실을 법으로 제정해 주시기 바랍니다; ⑨ 입양아동의 삶의 질 향상을 위

해 입양부모의 종합건강검진 비용을 지원해 주시기 바랍니다; ⑩ 입양아동의 뿌리 찾기에 관한 정부 관리 시스템을 구축할 필요가 있습니다.

위 비전 2020은 엠펙과 입양부모님들이 향후 10년의 더 질높은 국내 입양발전을 위해 제안하는 비전이며, 그 주요 논점은 다음과 같다.

국내의 저출산율(1.12)의 문제는 대한민국의 존재와 관련되는 심각한 국가적인 문제이며 이것의 의미는 국내에서 이미 태어난 우리 아동들을 모두 돌보고 키우는 데 국가예산을 조금도 아껴야 할 때가 아님을 깨달을 필요가 있다는 뜻이다. 즉 국내에서 출산된 단 한명의 아이도 건강히 성장할 수 있도록 국가적인 노력을 기울여야 할 때이며, 이미 외국으로 보낸 우리 아동들에게도 성장 후 고국에 돌아올 수 있는 제도적인 정비를 위해 노력하여야 할 때이다. 이것은 국내에서 임신된 모든 아동들이 건강히 태어날 수 있고, 또 국내의 가정에서 행복하게 잘 성장할 수 있도록 국가는 모든 노력을 기울여야 한다는 것이다.

따라서 정부는 국내에서 태어났으나 친생부모와 살 수 없는 모든 아동들이 입양가정에서 잘 성장할 수 있도록 모든 필요한 자원을 동원하여야 할 때이다. 이것은 입양가족이 입양아동을 양육하는 데에 소요되는 경비, 특히 장애아동 입양을 포함한 입양아동의 건강과 관련된 정신치료 상담 및 교육과 의료기구등의 의료비지원, 입양가족의 교육(세미나) 참여비 지원, 입양아동이 잘 양육될 수 있도록 입양부모의 건강을 위한 입양부모 종합건강검진지원, 입양아동들의 교육과 관련된 바우처 혜택 제공 등에 대한 전폭적인 재정적 지원의 제공을 포함 한다는 뜻이다.

엠펙은 국내의 일반인들에게 입양가족의 모습을 보여줌으로써 입양아동들의 성장을 지켜볼 수 있는 기회를 제공하여 입양에 대한 잘못된 인식과 두려움을 떨치고 입양에 접근할 수 있도록 도움으로써 국내 입양발전에 지대한 공헌을 하고 있다. 또한 설립이후 지난 십 년간 입양 부모들간의 정기적인 모임을 통해 국내의 어떤 입양기관도 제공하지 못한 입양부모들에 대한 사후입양서비스를 제공하고 있다. 입양성공과 발전에는 입양 후 입양아동과의 적응을 도와줄 수 있는 입양가족에 대한 사후서비스제공이 필수적으로 요구되나 한국입양홍보회 설립 이전에는 입양기관의 재정적·인적자원의 부족으로 국내에서는 이것이 불가능하였다. 정부는 국내 입양발전과 관련하여 이러한 막대한 활동을 전개하고 있는 입양홍보회의 운영비 전액을 지원해주어야 하며, 현재의 약 28%수준에 머물러서는 안될 것이다.

정부는 이제 모든 가능한 통로channel를 통해 입양을 홍보하여야 할 것이며, 이것은 불임클리닉을 찾는 사람들에게도 입양에 대한 정보를 제공하여 그들이 입양을 빨리 고려해 볼 수 있도록 도와두어야 한다. 또한 바른 입양 인식에 기초한 입양발전을 위해 장관급이상의 고급공무원을 비롯한 모든 공무원들에게도 입양교육을 의무화할 필요가 있다. 집단적인 아동양육시설에서 개별적인 성인의 관심과 사랑을 받지 못하고 외로이 불행하게 성장하는 대한민국의 아동들이 더 이상 존재하지 않도록 하기 위해, 친부모가 아동을 양육시설에 맡겨둔 후 몇 년간 방치하고 아동방문이 없다면, 더 이상 아동양육에 관심이 없는 것으로 간주하여 친권을 박탈하도록 세도화함으로써, 그 아동이 법적으로 입양대상아동이 될 수 있게 되어 입양가정에서 성장할 수 있도록 기회를 제공하여야 할 것이다.

이러한 입양 가능한 입양대상아동들을 전국적으로 관리하는 통합시스템을 구축하면, 아동이 어느 한 지역에만 국한되지 않고 전국적으로 적합한 입양가정을 물색할 수 있게 되어 아동의 입양가능성을 한층 높일 수 있게 된다. 또한 이와 연계하여 이들 아동들이 입양된 이후에도 뿌리와 관련하여 입력된 정보들이 이후에 계속 통합적으로 관리될 수 있게 될 것이다. 그러므로 모든 입양대상아동들에 대한 국가적인 통합관리시스템구축이 필요하게 된다 하겠다.

지난 10년간 한국입양홍보회는 국내에서 입양발전을 위해 가장 기초적으로 변화가 요구되었던 사항들을 위해 노력해왔다면, 향후 10년의 비전은 국내에서 탄생된 모든 아동들이 가정에서 행복하게 성장할 수 있는 기회를 제공하고자 주력하게 될 것이다. 또한 동시대에 혹은 그 이후의 10년은 지구촌의 아동들에게도 똑같은 기회를 제공하고자 노력하게 될 것이다.

한국입양홍보회 엠펙MPAK의 입양가족 지역모임: 총 13개 지역

경기도 과천시 관물로 130, 304호(중앙동, 1단지 종합상가)

Tel: 02)503-8301. www.mpak.org

- **서울 지역:** 서울 강남·강동지역, 서울 남부지역, 서울 강북지역, 서울 강서지역
- **경기 지역:** 경기 부천지역, 경기 동부지역(가평, 여주), 경기 안산지역(안산) 샘물지역(분당샘물교회 입양부), 경기 안성지역(안성, 평택, 오산) 경기 화성지역(화성), 경기 북부지역(고양, 김포, 파주) 경기 남부지역(과천, 안양, 군표, 의왕), 경기 수원·용인지역(수원, 용인) 경기 남양주지역
- **인천 지역:** 인천 북부지역, 인천 남부지역
- 충남 지역
- 충북 지역
- 전북 지역
- 광주·전남 지역
- 강원 지역
- 대전 지역
- 대구·경북 지역
- 부산·김해 지역
- 경남·거창 지역
- 미주 지역
- 연장아 모임
- 목회자 모임

부록 3

- 입양특례법
- 국내 입양기관 현황

입양특례법

〈시행 2012.8.5〉〈[법률 제11007호, 2011.8.4 전부개정〉

제1장 총칙

제1조(목적) 이 법은 요보호아동의 입양入養에 관한 요건 및 절차 등에 대한 특례와 지원에 필요한 사항을 정함으로써 양자養子가 되는 아동의 권익과 복지를 증진하는 것을 목적으로 한다.

제2조(정의) 이 법에서 사용하는 용어의 뜻은 다음과 같다.

1. "아동"이란 18세 미만인 사람을 말한다.
2. "요보호아동"이란 「아동복지법」 제3조제4호에 따른 보호대상아동을 말한다.
3. "입양아농"이란 이 법에 따라 입양된 아동을 말한다.
4. "부양의무자"란 「국민기초생활 보장법」 제2조제5호에 따른 부양의무자를 말한다.

제3조(국가 등의 책무) ① 모든 아동은 그가 태어난 가정에서 건강하게 자라야 한다.

② 국가와 지방자치단체는 아동이 그가 태어난 가정에서 건강하게 자랄 수 있도록 지원하고 태어난 가정에서 자라기 곤란한 아동에게는 건강하게 자랄 수 있는 다른 가정을 제공하기 위하여 필요한 조치와 지원을 하여야 한다.

③ 모든 국민은 입양아동이 건강하게 자랄 수 있도록 협력하여야 한다.

④ 국가와 지방자치단체는 건전한 입양문화를 조성하고 요보호아동의 국내 입양을 활성화하며, 아동이 입양 후의 가정생활에 원만하게 적응할 수 있도록 하는 등 입양아동의 권익과 복지 증진을 위하여 다음 각 호의 사항을 실시하여야 한다.

1. 입양정책의 수립 및 시행
2. 입양에 관한 실태조사 및 연구
3. 입양 및 사후관리 절차의 구축 및 운영
4. 입양아동 및 입양가정에 대한 지원
5. 입양 후 원만한 적응을 위한 상담 및 사회복지서비스 제공
6. 입양에 대한 교육 및 홍보
7. 그 밖에 보건복지부령으로 정하는 필요한 사항

제4조(입양의 원칙) 이 법에 따른 입양은 아동의 이익이 최우선이 되도록 하여야 한다.

제5조(입양의 날) ① 건전한 입양문화의 정착과 국내 입양의 활성화를 위하여 5월 11일을 입양의 날로 하고, 입양의 날부터 1주일을 입양주간으로 한다.

② 국가와 지방자치단체는 제1항에 따른 입양의 날 취지에 적합한 행사 등 사업을 실시하도록 노력하여야 한다.

제6조(정보시스템 구축·운영) ① 국가는 입양아동 등에 대한 사후서비스 제공과 국내 입양 활성화에 필요한 정보를 입양기관 등에 제공하기 위하여 정보시스템을 구축·운영하여야 한다.

② 제1항에 따른 정보시스템은 법인이나 단체에 그 업무의 전부 또는 일부를 위탁하여 운영할 수 있다.

제7조(국내 입양 우선 추진) ① 국가 및 지방자치단체는 입양의뢰 된 아동의 양친養親될 사람을 국내에서 찾기 위한 시책을 최우선적으로 시행하여야 한다.

② 입양기관의 장은 보건복지부령으로 정하는 바에 따라 입양 의뢰된 아동의 양친을 국내에서 찾기 위한 조치를 취하고, 그 결과를 보건복지부장관에게 보고하여야 한다.

③ 입양기관의 장은 제2항에 따른 국내 입양을 위한 조치에도 불구하고 양친을 찾지 못한 경우 제6조에 따른 정보시스템을 활용한 관련 기관과의 정보공유를 통하여 국내 입양을 추진하여야 한다.

④ 입양기관의 장은 제2항 및 제3항에도 불구하고 국내에서 양친이 되려는 사람을 찾지 못하였을 경우에 한하여 국외입양을 추진할 수 있다.

제8조(국외입양의 감축) 국가는 아동에 대한 보호의무와 책임을 이행하기 위하여 국외입양을 줄여나가기 위하여 노력하여야 한다.

제2장 입양의 요건 및 효력

제9조(양자가 될 자격) 이 법에 따라 양자가 될 사람은 요보호아동으로서 다음 각 호의 어느 하나에 해당하는 사람이어야 한다.

1. 보호자로부터 이탈된 사람으로서 특별시장·광역시장·도지사 및 특별자치도지사(이하 "시·도지사"라 한다) 또는 시장·군수·구청장(자치구의 구청장을 말한다. 이하 같다)이 부양의무자를 확인할 수 없어 「국민기초생활 보장법」에 따른 보장시설(이하 "보장시설"이라 한다)에 보호 의뢰한 사람
2. 부모(부모가 사망이나 그 밖의 사유로 동의할 수 없는 경우에는 다른 직계존속을 말한다.) 또는 후견인이 입양에 동의하여 보장시설 또는 제20조에 따른 입양기관에 보호 의뢰한 사람
3. 법원에 의하여 친권상실의 선고를 받은 사람의 자녀로서 시·도지사 또는 시장·군수·구청장이 보장시설에 보호 의뢰한 사람
4. 그 밖에 부양 의무자를 알 수 없는 경우로서 시·도지사 또는 시장·군수·구청장이 보장시설에 보호 의뢰한 사람

제10조(양친이 될 자격 등) ① 이 법에 따라 양친이 될 사람은 다음 각 호의 요건을 모두 갖추어야 한다.

1. 양자를 부양하기에 충분한 재산이 있을 것
2. 양자에 대하여 종교의 자유를 인정하고 사회의 구성원으로서 그에 상응하는 양육과 교육을 할 수 있을 것
3. 양친이 될 사람이 아동학대·가정폭력·성폭력·마약 등의 범죄나 알코올 등 약물중독의 경력이 없을 것
4. 양친이 될 사람이 대한민국 국민이 아닌 경우 해당 국가의 법에 따라 양친이 될 수 있는 자격이 있을 것
5. 그 밖에 양자가 될 사람의 복지를 위하여 보건복지부령으로 정하는 필요한 요건을 갖출 것

② 양친이 될 사람은 양자가 될 아동이 복리에 반하는 직업이나 그 밖에 인권침해의 우려가 있는 직업에 종사하지 아니하도록 하여야 한다.

③ 양친이 되려는 사람은 입양의 성립 전에 입양기관 등으로부터 보건복지부령으로 정하는 소정의 교육을 마쳐야 한다.

제11조(가정법원의 허가) ① 제9조에서 정한 아동을 입양하려는 경우에는 다음 각 호의 서류를 갖추어 가정법원의 허가를 받아야 한다.

1. 양자가 될 아동의 출생신고 증빙 서류
2. 제9조 및 제10조의 자격을 구비하였다는 서류
3. 제12조 및 제13조에 따른 입양동의 서류
4. 그 밖에 아동의 복리를 위하여 보건복지부령으로 정하는 서류

② 가정법원은 양자가 될 사람의 복리를 위하여 양친이 될 사람의 입양의 동기와 양육능력, 그 밖의 사정을 고려하여 제1항의 허가를 하지 아니할 수 있다.

③ 제1항에서 정한 가정법원의 입양 허가에 필요한 서류는 대통령령으로 정하는 기관이 서류의 작성에 필요한 사항을 조사·확인한 후 이를 발급하되, 서류의 작성 등에 필요한 사항은 보건복지부령으로 정한다.

④ 제1항에 따른 허가신청 절차, 심리 및 허가 등에 필요한 사항은 대법원규칙으로 정한다.

제12조(입양의 동의) ① 제9조 각 호의 어느 하나에 해당하는 아동을 양자로 하려면 친생부모의 동의를 받아야 한다. 다만, 다음 각 호의 어느 하나에 해당하는 경우에는 그러하지 아니한다.

1. 친생부모가 친권상실의 선고를 받은 경우
2. 친생부모의 소재불명 등의 사유로 동의를 받을 수 없는 경우

② 친생부모가 제1항 단서의 사유로 인하여 입양의 동의를 할 수 없는 경우에는 후견인의 동의를 받아야 한다.

③ 제9조제2호에 해당하는 아동을 양자로 하고자 할 경우에는 보호의뢰 시의 입양동의로써 제1항에 따른 입양의 동의를 갈음할 수 있다.

④ 13세 이상인 아동을 입양하고자 할 때에는 제1항 또는 제2항에 따른 동의권자의 동의 외에 입양될 아동의 동의를 받아야 한다.

⑤ 제1항부터 제4항까지의 규정에 따른 동의는 제11조제1항의 허가가 있기 전에는 철회할 수 있다.

⑥ 제1항부터 제4항까지의 규정에 따른 입양의 동의 또는 제5항에 따른 입양동의의 철회는 서면으로 하며, 동의에 필요한 사항은 보건복지부령으로 정한다.

제13조(입양동의의 요건 등) ① 제12조제1항에 따른 입양의 동의는 아동의 출생일부터 1주일이 지난 후에 이루어져야 한다.

② 입양동의의 대가로 금전 또는 재산상의 이익, 그 밖의 반대급부를 주고받거나 주고받을 것을 약속하여서는 아니 된다.

③ 입양기관은 제12조제1항에서 정한 입양동의 전에 친생부모에게 아동을 직접 양육할 경우 지원받을 수 있는 사항 및 입양의 법률적 효력 등에 관한 충분한 상담을 제공하여야 하며, 상담내용 등에 대하여는 보건복지부령으로 정한다.

④ 입양기관은 제12조제4항에서 정한 입양동의 전에 입양될 아동에게 입양동의의 효과 등에 관한 충분한 상담을 제공하여야 하며, 상담내용 등에 대하여는 보건복지부령으로 정한다.

제14조(입양의 효과) 이 법에 따라 입양된 아동은 「민법」상 친양자와 동일한 지위를 가진다.

제15조(입양의 효력발생) 이 법에 따른 입양은 가정법원의 인용심판 확정으로 효력이 발생하고, 양친 또는 양자는 가정법원의 허가서를 첨부하여 「가족관계의 등록 등에 관한 법률」에서 정하는 바에 따라 신고하여야 한다.

제16조(입양의 취소) ① 입양아동의 친생의 부 또는 모는 자신에게 책임이 없는 사유로 인하여 제12조제1항제2호에 따라 입양의 동의를 할 수 없었던 경우에는 입양의 사실을 안 날부터 6개월 안에 가정법원에 입양의 취소를 청구할 수 있다.

② 가정법원은 입양의 취소 청구에 대한 판결이 확정되거나 심판의 효력이 발생한 때에는 지체 없이 그 뜻을 가정법원 소재지 지방자치단체에 통보한다.

제17조(파양) ① 양친, 양자, 검사는 다음 각 호의 어느 하나의 사유가 있는 경우에는 가정법원에 파양을 청구할 수 있다.

1. 양친이 양자를 학대 또는 유기하거나 그 밖에 양자의 복리를 현저히 해하는 경우
2. 양자의 양친에 대한 패륜행위로 인하여 양자관계를 유지시킬 수 없게 된 경우

② 가정법원은 파양이 청구된 아동이 13세 이상인 경우 입양아동의 의견을 청취하고 그 의견을 존중하여야 한다.

③ 가정법원은 파양의 청구에 대한 판결이 확정되거나 심판의 효력이 발생한 때에는 지체 없이 그 뜻을 가정법원 소재지 지방자치단체에 통보한다.

제18조(국내에서의 국외입양) 국내에서 제9조 각 호의 어느 하나에 해당하는 사람을 양자로 하려는

외국인은 후견인과 함께 양자로 할 사람의 등록기준지 또는 주소지를 관할하는 가정법원에 보건복지부령으로 정하는 바에 따라 다음 각 호의 서류를 첨부하여 입양허가를 신청하여야 한다.

1. 양자가 될 아동의 출생신고 증빙 서류
2. 양자가 될 사람이 제9조의 자격을 구비하였다는 서류
3. 제10조제1항에 따른 양친이 될 사람의 가정상황에 관한 서류
4. 제12조 및 제13조에 따른 입양동의 서류

제19조(외국에서의 국외입양) ① 외국인으로부터 입양알선을 의뢰받은 입양기관의 장은 입양알선을 하려면 보건복지부장관이 발행한 해외이주허가서를 첨부하여 가정법원에 입양허가를 신청하여야 한다.

② 국외에 거주하는 외국인이 국내에 거주하는 아동을 입양하기 위하여는 입양기관을 통하여 입양절차를 진행하여야 한다.

③ 양자가 될 사람이 해외이주허가를 받고 출국하여 그 국가의 국적을 취득하였을 때에는 입양기관의 장은 보건복지부령으로 정하는 바에 따라 지체 없이 그 사실을 법무부장관에게 보고하고, 법무부장관은 직권으로 그의 대한민국 국적을 말소할 것을 등록기준지 관할 가족관계등록관서에 통지하여야 한다.

④ 제1항에 따른 신청을 받은 보건복지부장관은 다음 각 호의 어느 하나에 해당하는 경우에는 해외이주허가서를 발행하지 아니할 수 있다

1. 양자가 될 사람이 미아이거나 그 밖에 보건복지부령으로 정하는 사람인 경우
2. 입양기관의 장이 입양을 원하는 외국인의 국가나 그 국가의 공인받은 입양기관과 입양업무에 관한 협약을 체결하지 아니한 경우
3. 입양을 원하는 외국인의 국가가 대한민국과 전쟁상태 또는 적대적인 상태에 있는 국가인 경우

제3장 입양기관 및 중앙입양원

제20조(입양기관) ① 입양기관을 운영하려는 자는 「사회복지사업법」에 따른 사회복지법인으로서 보건복지부장관의 허가를 받아야 한다. 다만, 국내 입양만을 알선하려는 자는 시·도지사의 허가를 받아야 한다.

② 제1항에 따라 허가받은 사항 중 대통령령으로 정하는 중요한 사항을 변경하려고 하는 경우에는 신고하여야 한다.

③ 외국인은 입양기관의 장이 될 수 없다.

④ 입양기관의 장과 그 종사자는 입양아동의 인권을 보호하고 건전한 입양문화를 정착시키기 위하여 정기적으로 보건복지부령으로 정하는 보수교육을 받아야 한다.

⑤ 입양기관의 장이 입양을 원하는 국가나 그 국가의 공인을 받은 입양기관과 입양업무에 관한 협약을 체결하였을 때에는 보건복지부장관에게 보고하여야 한다. 이 경우 입양업무에 관한 협

약에 포함되어야 할 사항은 대통령령으로 정한다.

⑥ 입양기관의 시설 및 종사자의 기준과 허가 및 변경신고 등에 필요한 사항은 보건복지부령으로 정한다.

제21조(입양기관의 의무) ① 입양기관의 장은 입양의뢰 된 사람의 권익을 보호하고, 부모를 알 수 없는 경우에는 부모 등 직계존속을 찾기 위하여 노력을 다하여야 한다.

② 입양기관의 장은 입양을 알선할 때 그 양친이 될 사람에 대하여 제10조에서 정한 사실을 조사하여야 한다.

③ 입양기관의 장은 양친이 될 사람에게 입양 전에 아동양육에 관한 교육을 하여야 하며, 입양이 성립된 후에는 보건복지부령으로 정하는 바에 따라 입양아동과 그에 관한 기록 등을 양친 또는 양친이 될 사람에게 건네주고, 그 결과를 특별자치도지사·시장·군수·구청장에게 보고하여야 한다.

④ 입양기관의 장은 입양업무의 효율 및 입양기관 간의 협력체계 구축을 위하여 입양아동과 가족에 관한 정보를 보건복지부령으로 정하는 바에 따라 제26조에 따른 중앙입양원에 제공하여야 한다.

⑤ 입양기관의 장은 입양업무에 관한 사항을 보건복지부령으로 정하는 바에 따라 기록하여야 한다. 이 경우 입양기록은 전자문서로서 기록할 수 있다.

⑥ 제5항에서 정한 입양업무에 관한 기록은 입양아동에 대한 사후관리를 위하여 영구보존하여야 하다.

⑦ 제4항에 따른 정보의 범위 및 내용과 제5항에 따른 입양기록 및 전자기록의 보존 등에 필요한 사항은 보건복지부령으로 정한다.

제22조(입양기관의 장의 후견직무) ① 입양기관의 장은 입양을 알선하기 위하여 보장시설의 장, 부모 등으로부터 양자될 아동을 인도받았을 때에는 그 인도받은 날부터 입양이 완료될 때까지 그 아동의 후견인이 된다. 다만, 양자가 될 아동에 대하여 법원이 이미 후견인을 둔 경우에는 그러하지 아니하다.

② 제1항의 경우에 양자로 될 아동을 인도한 친권자의 친권행사는 정지된다. 다만, 친권자가 제12조제5항에 따라 입양의 동의를 철회한 때에는 다시 친권을 행사할 수 있다.

제23조(가족관계 등록 창설) 입양기관의 장은 양자가 될 아동을 가족관계등록이 되어 있지 아니한 상태에서 인계받았을 때에는 그 아동에 대한 가족관계 등록 창설 절차를 거친다.

제24조(입양알선이 곤란한 사람 등의 보호) ① 입양기관의 장은 다음 각 호의 어느 하나에 해당하는 사람이 있는 경우에는 시·도지사 또는 시장·군수·구청장에게 이를 보고하여야 한다.

1. 제9조제2호에 따라 보호 의뢰된 사람으로서 입양알선이 곤란한 사람
2. 이 법에 따른 입양이 취소되거나 파양을 선고받은 사람으로서 보호자가 입양기관에 보호를 요청한 사람

② 시·도지사 또는 시장·군수·구청장은 제1항에 따른 보고를 받은 사람에 대하여 「아동복지법」 제15조에 따른 보호조치를 지체 없이 하여야 한다.

제25조(사후서비스 제공) ① 입양기관의 장은 입양이 성립된 후 1년 동안 양친과 양자의 상호적응을 위하여 다음 각 호의 사후관리를 하여야 한다. 다만, 국외입양의 경우에는 다음 각 호를 적용하지 아니한다.

1. 양친과 양자의 상호적응상태에 관한 관찰 및 이에 필요한 서비스
2. 입양가정에서의 아동양육에 필요한 정보의 제공
3. 입양가정이 수시로 상담할 수 있는 창구의 개설 및 상담요원의 배치

② 입양기관의 장은 해당 국가의 협력기관을 통하여 입양아동이 입양된 국가의 국적을 취득하였는지를 확인하고 그 결과를 제26조에 따른 중앙입양원의 원장을 통하여 보건복지부장관에게 보고하여야 한다.

③ 입양기관의 장은 국외로 입양된 아동을 위하여 모국방문사업 등 대통령령으로 정하는 사업을 실시하여야 한다.

제26조(중앙입양원의 설립) ① 보건복지부장관은 국내 입양 활성화 및 입양에 대한 사후관리 등을 위하여 중앙입양원을 설립·운영하여야 한다.

② 중앙입양원은 재단법인으로 한다.

③ 중앙입양원을 설립할 때에는 정관을 작성하여 보건복지부장관의 인가를 받아야 한다. 정관을 변경하고자 하는 경우에도 또한 같다.

④ 중앙입양원은 다음 각 호의 업무를 수행한다.

1. 입양아동·가족정보 및 친가족 찾기에 필요한 통합데이터베이스 운영
2. 입양아동의 데이터베이스 구축 및 연계
3. 국내외 입양정책 및 서비스에 관한 조사·연구
4. 입양 관련 국제협력 업무
5. 그 밖에 보건복지부장관으로부터 위탁받은 사업

⑤ 중앙입양원에 관하여 이 법에 규정된 것을 제외하고는 「민법」 중 재단법인에 관한 규정을 준용한다.

제27조(중앙입양원의 임직원 등) ① 중앙입양원에 이사장 1명을 포함한 9명 이내의 이사와 감사 1명을 둔다.

② 중앙입양원 이사장은 보건복지부장관이 임명한다.

③ 중앙입양원 원장은 중앙입양원을 대표하고, 업무를 총괄한다.

④ 중앙입양원 이사장은 원장을 겸임한다.

⑤ 이사, 감사 및 직원에 대한 임명절차 및 임기 등에 관한 필요한 사항은 보건복지부령으로 정한다.

제28조(비용보조) ① 정부는 중앙입양원의 설립·운영에 필요한 경비를 예산의 범위에서 보조할 수 있다.

② 제1항에 따른 보조금의 사용 등에 필요한 사항은 「보조금의 예산 및 관리에 관한 법률」에서 정하는 바에 따른다.

제29조(관계 기관 등에 대한 협조 요청) ① 중앙입양원 원장은 업무수행을 위하여 필요한 경우 공공기관, 입양기관 등에 대하여 자료를 제출하도록 요청할 수 있다. 이 경우 그 요청을 받은 기관은 특별한 사유가 없으면 그에 따라야 한다.

② 제1항에 따라 중앙입양원에 제공된 자료는 제26조제4항에서 정한 업무수행을 위한 목적 외에는 사용할 수 없다.

제30조(중앙입양원의 지도·감독) ① 보건복지부장관은 중앙입양원을 지도·감독한다.

② 보건복지부장관은 중앙입양원에 대하여 업무·회계 및 재산에 관하여 필요한 사항을 보고하게 하거나 소속 공무원으로 하여금 중앙입양원의 장부·서류, 그 밖의 물건을 검사하게 할 수 있다.

③ 제2항에 따라 검사를 하는 공무원은 그 권한을 표시하는 증표를 관계인에게 보여주어야 한다.

④ 보건복지부장관은 제2항에 따른 보고 또는 검사의 결과 필요하다고 인정하는 경우에는 시정명령 등 필요한 조치를 할 수 있다.

제4장 입양아동 등에 대한 복지 지원

제31조(아동의 인도) ① 입양기관 또는 부모는 법원의 입양허가 결정 후 입양될 아동을 양친이 될 사람에게 인도한다.

② 국외입양의 경우 아동의 인도는 보건복지부령으로 정하는 특별한 사정이 없으면 대한민국에서 이루어져야 한다.

제32조(비용의 수납 및 보조) ① 제20조제1항에 따른 입양기관은 대통령령으로 정하는 바에 따라 양친이 될 사람으로부터 입양 알선에 실제로 드는 비용의 일부를 받을 수 있다.

② 국가와 지방자치단체는 양친이 될 사람에게 제1항의 입양 알선에 실제로 드는 비용의 전부 또는 일부를 보조할 수 있다.

제33조(요보호아동의 발생예방) 국가와 지방자치단체는 아동이 태어난 가정에서 양육될 수 있도록 요보호아동의 발생예방에 필요한 시책을 강구하여야 한다.

제34조(사회복지서비스) 국가와 지방자치단체는 입양기관의 알선을 받아 아동을 입양한 가정에 대하여 입양아동을 건전하게 양육할 수 있도록 필요한 상담, 사회복지시설 이용 등의 사회복지서비스를 제공하여야 한다.

제35조(양육보조금 등의 지급) ① 국가와 지방자치단체는 입양기관의 알선을 받아 입양된 장애아동 등 입양아동이 건전하게 자랄 수 있도록 필요한 경우에는 대통령령으로 정하는 범위에서 양육수당, 의료비, 아동교육지원비, 그 밖의 필요한 양육보조금을 지급할 수 있다.

② 국가와 지방자치단체는 입양기관의 운영비와 「국민기초생활 보장법」에 따라 지급되는 수급품 외에 가정위탁보호비용을 보조할 수 있다.

③ 제1항에 따른 양육보조금의 지급과 제2항에 따른 입양기관의 운영비 및 가정위탁보호비용의 보조에 필요한 사항은 대통령령으로 정한다.

제5장 입양아동 등에 대한 정보의 공개

제36조(입양정보의 공개 등) ① 이 법에 따라 양자가 된 사람은 중앙입양원 또는 입양기관이 보유하고 있는 자신과 관련된 입양정보의 공개를 청구할 수 있다. 다만, 이 법에 따라 양자가 된 사람이 미성년자인 경우에는 양친의 동의를 받아야 한다.

② 중앙입양원 또는 입양기관의 장은 제1항에 따른 요청이 있을 때 입양아동의 친생부모의 동의를 받아 정보를 공개하여야 한다. 다만, 친생부모가 정보의 공개에 동의하지 아니하는 경우에는 그 친생부모의 인적사항을 제외하고 정보를 공개하여야 한다.

③ 제2항의 단서에도 불구하고 친생부모가 사망이나 그 밖의 사유로 동의할 수 없는 경우에는 양자가 된 사람의 의료상 목적 등 특별한 사유가 있는 경우에는 친생부모의 동의 여부와 관계없이 입양정보를 공개할 수 있다.

④ 제1항부터 제3항까지의 규정에서 정한 정보공개의 청구대상이 되는 정보의 범위, 신청 방법과 절차, 그 밖에 필요한 사항은 대통령령으로 정한다.

제37조(비밀유지의 의무) 중앙입양원 또는 입양기관에 종사하는 사람 또는 종사하였던 사람은 그 업무를 행하는 과정에서 알게 된 비밀을 누설하여서는 아니 된다. 다만, 제36조에 따라 입양정보를 공개하는 때에는 예외로 한다.

제6장 지도·감독 등

제38조(지도·감독 등) ① 보건복지부장관, 시·도지사 또는 시장·군수·구청장은 입양기관을 운영하는 자에 대하여 소관 업무에 관하여 필요한 지도·감독을 하며, 필요한 경우 그 업무에 관하여 보고 또는 관계 서류의 제출을 명하거나 소속 공무원으로 하여금 입양기관의 사무소 또는 시설에 출입하여 검사하거나 질문하게 할 수 있다.

② 제1항에 따라 검사나 질문을 하는 관계 공무원은 그 권한을 표시하는 증표를 지니고 이를 관계인에게 보여주어야 한다.

제39조(허가의 취소 등) ① 보건복지부장관 또는 시·도지사는 입양기관이 다음 각 호의 어느 하나에 해당할 때에는 6개월 이내의 기간을 정하여 업무정지를 명하거나 제20조제1항에 따른 허가를 취소할 수 있다.

1. 제20조제6항에 따른 시설 및 종사자의 기준에 미치지 못하게 되었을 때
2. 제13조제3항·제4항 또는 제21조제1항을 위반하여 입양의뢰 된 사람의 권익을 해치는 행위를 하였을 때

3. 정당한 사유 없이 제38조에 따른 보고를 하지 아니하거나 거짓으로 하였을 때 또는 조사를 거부·방해하거나 기피하였을 때
4. 이 법 또는 이 법에 따른 명령을 위반하였을 때

② 제1항에 따른 행정처분의 세부적인 기준은 그 행정처분의 사유와 위반의 정도 등을 고려하여 보건복지부령으로 정한다.

제7장 보칙

제40조(청문) 보건복지부장관 또는 시·도지사는 제39조제1항에 따라 허가를 취소하려면 청문을 하여야 한다.

제41조(권한의 위임) 이 법에 따른 보건복지부장관 또는 시·도지사의 권한은 그 일부를 대통령령으로 정하는 바에 따라 시·도지사 또는 시장·군수·구청장에게 위임할 수 있다.

제42조(「민법」과의 관계) 입양에 관하여 이 법에 특별히 규정한 사항을 제외하고는 「민법」에서 정하는 바에 따른다.

제43조(벌칙 적용에서의 공무원 의제) 중앙입양원의 임직원은 「형법」 제129조부터 제132조까지의 규정에 따른 벌칙을 적용할 때에는 공무원으로 본다.

제8장 벌칙

제44조(벌칙) 다음 각 호의 어느 하나에 해당하는 자는 3년 이하의 징역 또는 2천만 원 이하의 벌금에 처한다.

1. 제11조, 제18조 또는 제19조를 위반하여 법원의 허가를 받지 아니하고 입양을 행한 자
2. 제20조제1항을 위반하여 허가를 받지 아니하고 입양알선 업무를 행한 자
3. 제37조를 위반하여 정당한 사유 없이 업무상 알게 된 비밀을 누설한 자

② 제20조제2항을 위반하여 신고 없이 허가사항 중 중요 사항을 변경한 자는 1년 이하의 징역 또는 300만 원 이하의 벌금에 처한다.

제45조(양벌규정) 법인의 대표자, 법인 또는 개인의 대리인, 사용인, 그 밖의 종사자가 그 법인 또는 개인의 업무에 관하여 제44조의 위반행위를 하면 행위자를 벌하는 외에 그 법인 또는 개인에게도 해당 조문의 벌금형을 과科한다. 다만, 법인 또는 개인이 그 위반행위를 방지하기 위하여 해당 업무에 관하여 상당한 주의와 감독을 게을리하지 아니한 경우에는 그러하지 아니한다.

부칙 〈제11007호, 2011.8.4〉

제1조(시행일) 이 법은 공포 후 1년이 경과한 날부터 시행한다.

제2조(중앙입양원에 대한 경과조치) ① 이 법 시행 전에 설립된 재단법인 중앙입양정보원은 이 법에 따른 중앙입양원으로 본다.

② 이 법 시행 당시 중앙입양정보원에 속하던 모든 재산과 권리·의무는 이 법에 따른 중앙입양

원이 포괄 승계한다.

③ 이 법 시행 당시 등기부, 그 밖의 공부에 표시된 중앙입양정보원의 명의는 이 법에 따른 중앙입양원의 명의로 본다.

④ 제2항에 따라 이 법에 따른 중앙입양원에 포괄승계되는 재산의 가액은 이 법 시행일 전일의 장부가액으로 한다.

⑤ 이 법 시행 당시 중앙입양정보원의 직원은 이 법에 따른 중앙입양원의 직원으로 본다.

제3조(다른 법률의 개정) ① 농어촌주민의 보건복지증진을 위한 특별법 일부를 다음과 같이 개정한다.

제23조제3호를 다음과 같이 한다.

3. 「입양특례법」 제2조제2호에 따른 요보호아동要保護兒童을 입양한 가정

② 사회복지사업법 일부를 다음과 같이 개정한다.

제2조제1호차목을 다음과 같이 한다.

차. 「입양특례법」

③ 의료급여법 일부를 다음과 같이 개정한다.

제3조제1항제4호를 다음과 같이 한다.

4. 「입양특례법」에 따라 국내에 입양된 18세 미만의 아동

④ 제주특별자치도 설치 및 국제자유도시 조성에 관한 특별법 일부를 다음과 같이 개정한다.

제334조의 제목 중 "입양촉진 및 절차"를 "입양"으로 하고, 같은 조 중 "「입양촉진 및 절차에 관한 특별법」 제5조제1항제5호, 제10조제5항, 제19조제2항 및 제23조제3항의 규정"을 "「입양특례법」 제10조제1항제5호, 제20조제5항·제6항, 제35조제3항 및 제39조제2항"으로 한다.

제4조(다른 법령과의 관계) 이 법 시행 당시 다른 법령에서 종전의 「입양촉진 및 절차에 관한 특례법」 또는 그 규정을 인용한 경우에 이 법 가운데 그에 해당하는 규정이 있으면 종전의 규정을 갈음하여 이 법 또는 이 법의 해당 규정을 인용한 것으로 본다.

국내 입양기관 현황

시도	지정기관	소재지	연락처
서울	홀트아동복지회 동방사회복지회 대한사회복지회 한국사회봉사회 성가정입양원 서울아동복지센터	서울 마포구 합정동 364-70 서울 서대문구 창천동 493 서울 강남구 역삼동 718-35 서울 도봉구 쌍문동 533-3 서울 성북구 성북2동 산 9-15 서울 강남구 수서동 산4-1	02)331-7037 02)312-0116 02)552-1017 02)908-9191 02)764-4741 02)2040-4252
부산	부산아동보호종합센터 동방부산상담소	부산 서구 아미동2가 125-1 부산 중구 대창동1가 23	051)240-6362 051)469-5586
대구	대구아동복지센터	대구 남구 봉덕2동 920	053)473-3771
인천	해성보육원	인천 남구 용현4동 183-6	032)875-3240
광주	광주영아일시보호소	광주 동구 소태동 446-3	062)222-1095
대전	늘사랑아동센터	대전 동구 가양1동 307-3	042)634-0061
울산	울산양육원	울산 울주군 언양읍 송대리 산6-2	052)277-5636
경기	동방안양상담소 대한의정부상담소	경기 안양시 동안구 비산2동 570-9 경기 의정부시 녹양동 318-5	031)466-7569 031)877-2849
강원	자비아동입양위탁소	강원 강릉시 포남 1동 1156	033)642-3555
충북	꽃동네천사의집	충북 음성군 맹동면 임곡리산 1-45	043)879-0285
충남	홍성사회복지관	충남 홍성군 홍성읍 오관리 701-1	041)631-3691
전북	전주영아원	전주 완산구 중화산동 2가 623-2	063222-1559
전남	이화영아원	전남 나주시 보산동 127-1	061)332-1964
경북	임마뉴엘영육아원	경북 김천시 교동 591	054)434-2821
경남	홀트아동복지회(마산지소) 동방사회복지회(진주지소)	경남 창원시 마산회원구 3.15대로 521 경남 진주시 강남동 226-1번지	055)223-3334 055)742-7990
제주	홍익아동복지센터	제주시 도련1동 2043-1	064)755-0844
계	23개소(입양알선: 6개소, 입양지정: 17개소)		